教育部人文社会科学青年基金项目（项目编号：18YJC860041）资助
江苏省"双创博士"（项目编号：JSSCBS20211182）资助
2024年度淮阴工学院学术专著出版重点资助

用户的价值感知
与使用意愿研究
——以数字出版产品为例

杨方铭 ◎著

中国财经出版传媒集团

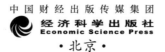

经济科学出版社
Economic Science Press
·北京·

图书在版编目（CIP）数据

用户的价值感知与使用意愿研究：以数字出版产品
为例/杨方铭著. -- 北京：经济科学出版社，2024.1
ISBN 978 - 7 - 5218 - 5500 - 5

Ⅰ.①用… Ⅱ.①杨… Ⅲ.①电子出版物 - 研究
Ⅳ.①G255.75

中国国家版本馆 CIP 数据核字（2024）第 006331 号

责任编辑：李　雪　袁　溦
责任校对：王苗苗
责任印制：邱　天

用户的价值感知与使用意愿研究
——以数字出版产品为例

杨方铭　著

经济科学出版社出版、发行　新华书店经销
社址：北京市海淀区阜成路甲 28 号　邮编：100142
总编部电话：010 - 88191217　发行部电话：010 - 88191522
网址：www. esp. com. cn
电子邮箱：esp@ esp. com. cn
天猫网店：经济科学出版社旗舰店
网址：http：//jjkxcbs. tmall. com
固安华明印业有限公司印装
710×1000　16 开　16.5 印张　214000 字
2024 年 1 月第 1 版　2024 年 1 月第 1 次印刷
ISBN 978 - 7 - 5218 - 5500 - 5　定价：82.00 元
（图书出现印装问题，本社负责调换。电话：010 - 88191545）
（版权所有　侵权必究　打击盗版　举报热线：010 - 88191661
QQ：2242791300　营销中心电话：010 - 88191537
电子邮箱：dbts@ esp. com. cn）

前　　言

　　出版促进了人类的文明与文化成果的保存和传播，它的发展始终与技术形影不离，可以说是文化与技术融合的产物。中国四大发明中的造纸术和印刷术给出版带来了革命性变革。纸的发明使出版载体由笨重、昂贵的自然物甲骨、金石、简牍、泥版、羊皮，逐渐过渡到轻便、便宜的纸张。中国人在隋唐之际发明的雕版印刷术，使传统的手工抄写图书的方式逐渐被印刷取代。15 世纪 40 年代中叶，在中国印刷术的基础上，德国人谷登堡发明了金属活字印刷术，使出版物得到普及，推动了社会文化的快速传播，为西方文艺复兴和工业革命提供了知识支撑，在产业革命的影响下进入了机械印刷时代。

　　电子技术脱胎于物理中的电磁学，是与电子有关的技术。1897 年汤姆逊用实验验证了电子的存在。1904 年弗莱明发明了最简单的真空二极管，1906 年德福雷斯特在二极管的基础上，发明了具有放大作用的三极管。于是电子技术作为一门新兴学科兴起。电子技术作为处理信息的一种手段，开始应用于控制、计量、计算技术等方面，于是形成了信息电子技术。信息电子技术包括模拟电子技术和数字电子技术。信息电子技术与出版的结合形成了电子出版，从此开启了电子屏幕显示图文声像的虚拟出版时代。随后其发展经历了早期的电子出版、桌面出版、网页出版、网络出版、互联网出版，到今天的数字出版。

如果把信息处理、检索技术改变传统纸质资源储存或检索方式的探索活动，看作是电子出版的发端，那么20世纪40年代用电脑储存媒体的穿孔卡片，1950年美国的詹姆斯·W.佩里（James W. Perry）等利用孔卡卷纸为储存媒体开发的索引摘要检索机器，1961年美国化学文摘服务社利用计算机编制的《化学题录》，则是电子出版的早期探索活动。《韦氏词典》将"电子出版"（electronic publishing）第一次使用时间定为1963年，并将其定义为"通过计算机网络发行信息或者利用计算机能够识别的格式生产信息的出版"。兰开斯特（F. W. Lancaster）指出，电子出版的早期研究主要是利用计算机去生产传统印刷出版物，是计算机技术与出版活动的结合产物。

早期的探索活动和研究主要限于以美国为首的发达国家，中国尚未涉及。1976年福克（Folk）指出电子出版前途光明，1978年4月在"科技社会下的出版未来"研讨会上，乌尔夸特（J. A. Urquart）阐述了电子出版对图书馆采购预算的影响；同年9月在第39届国际文献联盟会议上，丽塔勒纳（Rita Lerner）发表了题名为《电子出版》的论文，12月在第二届国际在线信息会议上也出现了以电子出版为主题的论文（*Electronic Publishing: a Live Experience*），这些前期探索性研究逐渐引起了中国出版界对电子出版的重视。受此影响，20世纪80年代中国开始出现研究电子出版的期刊论文，经过近40多年的发展，数字出版已成为出版学研究领域中的重要分支，也成为了出版业的发展方向。

本书从影响用户使用数字出版产品意愿的角度展开研究。首先对用户选择、使用数字出版产品过程中容易受哪些影响因素进行访谈，基于访谈获得的原始资料从消费者行为学角度出发对使用意愿影响因素进行分析和探究，并构建数字出版产品使用意愿影响因素的理论架构。然后以媒介丰富度理论、使用满足理论和UTAUT2模型为基础理论，再结合国内外已有使用意愿影响因素研究成果，构建数字出版产品使用意愿影响因素模型。在此基础上，结合数字出版产品的特征和成熟的量表设计调查问卷，经过正式问卷调研后，采用数据统计分析方法检验模型与假设。最后依据研究结果，对数字出版企业开发新产品、制定营销策略、促进用户使用意愿等进行深层剖析并给出相应的对策建议。

本书对出版学学理构建有着积极意义，对业界实践与政府规划管理也有一定的参考意义。总体上说，本书研究严谨，思路清晰，结构完整，内容充实，研究方法合理，论述充分，学术规范性好，创新性强，不仅吸取了国内外优秀研究成果，还具有自己独立的学术见解，是数字出版研究领域中具有重要学术价值与现实意义的专著。

杨方铭

2024 年 1 月

目　　录

第 1 章

绪　　论

1.1　研究背景

随着我国市场经济的发展，数字出版业逐渐成为了竞争性行业。出版企业不仅要关注利润、市场规模、价格等指标，还需要关注用户这一重要资源。2012～2021 年我国数字出版产业整体规模从 1935.49 亿元增长到 12762.64 亿元，年均增长率为 23.32%，而其主要产品体现形式电子出版物的出版总量规模却在下降，从 2012 年的 11822 种降低到 2021 年的 8199 种；电子书的阅读量处于波动上升态势，从 2012 年的 2.35 本增长到 2015 年的 3.26 本，再下降到 2019 年的 2.84 本，再增长到 2021 年的 3.3 本[①]。用户作为数字出版产品的使用者、评判者、回应者和效益体现者，对他们如何认识或者感知数字出版产品质量、如何提升用户的使用意愿，以及二者之间有什么联系都是亟须明晰、解决的问题，于是本研究以数字

---

① 杨方铭，刘满成，童安慧. 数字出版产业高质量发展评价体系构建与测度 ［J］. 中国出版，2023（2）：42－47.

出版产品为例，对用户的价值感知和使用意愿展开研究。

1.1.1 政府鼓励数字出版产业发展

2000 年前后，"数字出版"一词在我国期刊论文中出现，之后迅速获得了业界的广泛关注。2005 年首届中国数字出版博览会的举办，2006 年首届数字出版年会的召开，同年"首届数字时代出版产业发展与人才培养国际学术研讨会"的举行，这些情况表明："数字出版"获得了社会各界的认可。2006 年国家先后公布《国家中长期科学和技术发展规划纲要（2006～2020 年）》《中华人民共和国国民经济和社会发展第十一个五年规划纲要》《国家"十一五"时期文化发展规划纲要》，在这三个规划纲要中把数字出版技术、数字化出版印刷、复制和发展新媒体列入了科技创新的重点。2007 年中国管理部门第一个有关数字出版产业发展状况的年度报告《2005～2006 中国数字出版产业年度报告》正式出版，以及"国家数字复合出版系统工程"全面启动，表明政府对数字出版产业的重视。2008 年中国设立科技与数字出版司，我国政府在管理体制上保障数字出版产业的发展[①]。2010 年发布《关于进一步推动新闻出版产业发展的指导意见》和《关于加快我国数字出版产业发展的若干意见》，2016 年数字出版第一次被写入国家五年规划纲要，并颁布《网络出版服务管理规定》，这样从政策上保障数字出版产业的发展，也指明其发展方向。2017 年 10 月 1 日，在我国实施的《国民经济行业分类（GB/T 4754–2017）》中，数字出版以小类（编码：8626）增加在新闻和出版业大类下面，从此有了自己的独

---

① 杨方铭，张志强. 中国数字出版研究脉络——数字出版主题图书统计分析［J］. 出版发行研究，2018（1）：46–50.

立身份，在国民经济中的地位和作用得到政府层面上的认可。2022年 7 月，《中华人民共和国职业分类大典（2022 年版）》（公示稿）进行了公示，在"编辑"职业中，增加了"数字出版编辑 S、网络编辑 S"等职业，说明数字出版编辑和网络编辑职业既是社会数字化发展的需要，也是遵循社会职业发展规律、推动出版业高质量发展的结果，标志着数字出版编辑作为职业身份获得国家认证，将加快建设数字出版人才队伍。

政府推动、激励数字出版业的改革与创新。2014 年 4 月发布《关于推动新闻出版业数字化转型升级的指导意见》，2015 年发布《关于推动传统出版和新兴出版融合发展的指导意见》，2017 年 5月发布《关于深化新闻出版业数字化转型升级工作的通知》，为数字出版产业的创新发展给予政策层面上的指导和鼓励。2008 年我国首个国家数字出版基地在上海落成，到 2020 年 12 月为止，共有 14家国家审批运营及正在建设的国家数字出版产业基地①；在 2012 年《关于开展传统出版单位转型示范工作的通知》的基础上，2013 年原新闻出版总署确定 5 家出版集团、20 家图书出版单位、5 家报业集团、20 家报纸出版单位、20 家期刊出版单位为"数字出版转型示范单位"，2015 年又确定 10 家报业集团、5 家出版集团、30 家报纸单位、29 家期刊单位、26 家图书单位（含音像电子）为"数字出版转型示范单位"，这给传统出版向数字出版变革树立了标杆和榜样；2015 年 3 月启动"专业数字内容资源知识服务模式"试点工作，并确定首批 28 家出版单位作为专业数字内容资源知识服务模式试点单位，后来又经过第二批遴选报刊、电子音像企业和第三批遴选大学、科研机构院所等单位，截至 2018 年 6 月 21 日，共

---

① 9 年，国家级数字出版产业基地怎么样了？［EB/OL］.［2017 - 12 - 05］. https：//www. sohu. com/a/208678158_177490.

遴选了 110 家相关新闻出版企业作为试点单位，并启动 7 项新闻出版知识服务的国家标准和 2 项行业标准①。这样为出版社的数字出版模式创新、数字出版产品革新、知识服务开展提供了标准上的支持并明确了实施主体。

2018 年 3 月 20 日，原国家新闻出版广电总局印发《关于加快新闻出版行业智库建设的指导意见》；2020 年 5 月，以第五代移动通信技术（5G）、人工智能、云计算、物联网等为代表的"新基建"被纳入当年政府工作报告，出版业新基建被提上重要日程，出版企业积极构建有利于数字出版成长壮大的技术基础和技术平台，加速新技术在内容产业的深层次应用，加快内容供给的智能化进程，数字出版的知识服务需要进一步升级；2021 年 3 月 11 日，十三届全国人大四次会议表决通过的《中华人民共和国国民经济和社会发展第十四个五年规划和 2035 年远景目标纲要》规定："实施文化产业数字化战略，加快发展新型文化企业文化业态、文化消费模式，壮大数字创意、网络视听、数字出版、数字娱乐、线上直播等产业"；2022 年，《关于推进实施国家文化数字化战略的意见》指出，数字出版业是实施国家文化数字化战略的重要阵地。这些文件为数字出版的未来发展指明了方向：从给用户提供高质量的出版物向嵌入用户场景的知识服务方向转变。

总之，近年来，政府从政策、制度、体制、改革创新等方面不断为数字出版产业发展提供适宜的条件，有效促进了数字出版产业的完善和升级，也使其成为出版产业的发展方向，成为出版学研究的重要分支。同时数字出版产品形态的不断推陈出新、表现形式的多元化，使其成为人们阅读、学习、获取知识的重要媒介。

---

① 知识服务国家标准和行业标准启动暨研制工作协调会在京召开 ［EB/OL］. ［2018 － 06 － 29］. https：//mp. weixin. qq. com/s/206X2P7ra5wfojXE3DwESQ.

1.1.2 数字出版产品市场巨大、竞争激烈

现如今，数字信息技术成为了人类社会变革的发动机，驱使着人类逐渐由纸质阅读向数字阅读转变。以阅读为生存根本的出版产业，随之向数字出版产业变迁并形成自己的产品市场。《数字出版"十二五"时期发展规划》指出："'十一五'期间，人们对于精神文化产品的需求越来越旺盛，加快了数字出版产品消费市场形成。"① 《新闻出版业数字出版"十三五"时期发展规划》指出："数字出版在'十二五'时期迅猛发展，已经成为新闻出版业的第二大产业，其作为战略性新兴产业和出版业发展主要方向的重要地位日益凸显。"② 可见，我国数字出版产业发展迅速，产品市场已基本形成。

党的十九大报告指出："我国社会主要矛盾已经转化为人民日益增长的美好生活需要和不平衡不充分的发展之间的矛盾。"③ 矛盾的变化反映了人民对美好精神生活的向往和对优质精神文化产品的需求。出版社作为人民群众精神食粮的主要编辑加工者和提供者，需要积极主动地去创新数字出版产品的形态类型、增加数量、拓展传播渠道，从"生产产品"向"服务供给"方向转型，以满足人民的这些需求。

从数字上看，近年来，中国数字出版产业市场规模大致如表 1-1 所示。截至 2017 年底，中国数字出版产业累计用户规模达到 18.25

① 数字出版"十二五"时期发展规划 [J]. 中国出版，2011（17）：18-21.
② 新闻出版业数字出版"十三五"时期发展规划 [EB/OL].［2016-06-29］. http：//www. gapp. gov. cn/ztzzd/zdgzl/cbyszhzxsjxmzl/contents/4380/315105. shtml.
③ 习近平在中国共产党第十九次全国代表大会上的报告 [EB/OL].［2017-10-28］. http：//cpc. people. com. cn/n1/2017/1028/c64094-29613660. html.

亿人（家/个）[①]，2020 年电子阅读器出货量为 237 万台[②]，2020 年全国数字阅读用户规模达 4.94 亿人，表明数字出版产品市场发展潜力巨大；2013～2020 年 8 年间，数字出版产业整体收入规模从 2540.35 亿元增长到 2020 年的 11781.67 亿元，实现了近五倍的增长，2020 年占到当年中国 GDP 总量 1013567.0 亿元[③]的 1.16%，说明其收入规模不容小觑。在数字出版产业发展蒸蒸日上的情况下，2020 年电子书收入仅为 62 亿元，并且 2013～2020 年其在数字出版产业整体收入规模中所占比例持续下降，由 2013 年的 1.50% 降低到 2020 年的 0.53%，此问题逐渐引起出版社的注意，也引起学界的关注。

表 1-1　　　　　　　中国数字出版产业市场情况

名称	指标	2013 年	2014 年	2015 年	2016 年	2017 年	2018 年	2019 年	2020 年
数字出版产业	总收入（亿元）	2540.35	3387.7	4403.85	5720.85	7071.93	8330.78	9881.43	11781.67
	总收入增长率（%）	31.25	33.36	30.00	29.91	23.62	17.8	18.61	19.23
电子书	收入（亿元）	38	45	49	52	54	56	58	62
	收入增长率（%）	22.58	18.42	8.89	6.12	3.85	3.7	3.57	6.9

---

① 李明远.《2017—2018 中国数字出版产业年度报告》发布 [EB/OL]. [2018－07－30]. http://new.chinaxwcb.com：28080/info/123984.

② 中商产业研究院. 2018 年电子书阅读器市场前景研究报告 [EB/OL]. [2022－10－31]. https://baijiahao.baidu.com/s? id=1721614826982581038&wfr=spider&for=pc.

③ 国家统计局. 国家统计局关于 2020 年国内生产总值（GDP）最终核实的公告 [EB/OL]. [2020－01－18]. http://www.stats.gov.cn/tjsj/zxfb/202001/t20190118_1645555.html.

名称	指标	2013 年	2014 年	2015 年	2016 年	2017 年	2018 年	2019 年	2020 年
电子书	人均阅读量（本）	2.48	3.22	3.26	3.21	3.12	3.32	2.84	3.29
	阅读量增长率（%）	5.53	26.43	1.24	−1.53	−2.80	6.41	−14.46	15.85
网民	规模（亿人）	6.18	6.49	6.88	7.31	7.72	8.29	9.04	9.89
	规模增长率（%）	9.57	5.02	6.01	6.25	5.61	7.38	9.05	10.4
数字阅读	接触率（%）	50.1	58.1	64.0	68.2	73.0	76.2	79.3	79.4
居民人均可支配	收入（元）	18311	20167	21966	23821	25974	28228	30733	32189
	收入增长率（%）	10.91	10.14	8.92	8.44	9.04	8.68	8.87	4.74

注：本表依据历年的《中国数字出版产业年度报告》《新闻出版产业分析报告》《全国国民阅读调查报告》《中国互联网络发展状况统计报告》等制作而成。

数字出版产品存在巨大的潜在市场。截至 2020 年 12 月，中国网民规模达 9.89 亿人，并连续增长，互联网普及率达到 70.4%，手机网民规模达 9.86 亿人[①]，为数字出版产品提供了庞大的潜在消费群体。2020 年，我国智能手机用户数为 8.74 亿户，活跃智能手机数是 10.63 亿个[②]，微型计算机设备产量达 37800.41 万台，笔记

---

① CNNIC. 第 47 次《中国互联网络发展状况统计报告》［EB/OL］．［2021 - 08 - 20］. http：//www. cnnic. net. cn/hlwfzyj/hlwxzbg/hlwtjbg/201808/P020180820630889299840. pdf.

② 华经产业研究院．全球智能手机行业竞争格局及发展战略规划报告［EB/OL］．［2023 - 04 - 11］. https：//zhuanlan. zhihu. com/p/527461065.

本计算机产量 23524.63 万台①。这些作为数字阅读、使用数字出版产品重要设备的普及，为扩大数字出版产品需求提供了必要的前提条件。2020 年我国数字化阅读方式（网络在线阅读、手机阅读、电子阅读器阅读、Pad 阅读等）的接触率为 79.4%，另外，76.7%的成年国民利用手机进行数字阅读，71.5%的成年国民通过网络进行数字阅读，利用电子阅读器阅读的成人国民占比 27.2%，采用Pad（平板电脑）进行数字化阅读的成人国民有 21.8%②；2020 年中国居民人均可支配收入为 32189 元，增速为 4.74 个百分点③，这些数据表明，在阅读习惯、经济可支配收入方面，有力保障和促进了数字出版产品消费市场的继续发展。但是从表 1－1 可以看出，近几年，人均电子书阅读量出现下滑，在增长的各项数据中，电子书收入增长速度缓慢，特别是 2019 年仅为 3.57%，远低于数字出版产业总收入增长率的 18.61%。在外部条件一片大好的情况下，电子书作为数字出版的重要产品之一，却表现比较萎靡不振，此问题不得不引起关注，值得深入探究。

面对数字出版市场这块大蛋糕，出版社不得不向数字出版进军，对纸质图书进行升级——配备光盘、添加二维码等，建立自己的数据库或推出手机软件（App）客户端，并不断创新数字出版产品形态。其他行业纷纷涉足数字出版产品市场。如以图书售卖起家的亚马逊、当当等销售商提供自出版服务；诞生于社会化媒体环境下的众筹出版，如美国的募资网（Kickstarter）、众筹创意平台（Indiegogo）、京东的众筹出版等，有效联结生产者和消费者，提供

---

① 国家统计局．年度数据［EB/OL］．［2023－07－24］．https：//data. stats. gov. cn/easyquery. htm？cn＝C01&zb＝A0E0H&sj＝2021.

② 中国新闻出版研究院．第十八次全国国民阅读调查成果发布［EB/OL］．［2021－04－24］．https：//www. sohu. com/a/462561933_359593？_trans＝000019_wzwza.

③ 国家统计局．2020 年中国居民人均可支配收入及人均消费支出统计［EB/OL］．［2021－01－19］．http：//www. chyxx. com/industry/201801/605349. html.

新的出版模式；网络文学的崛起，让出版社在服务草根作者、选题等方面暴露缺陷；大型实体书店开展按需印刷服务，向产业链上游挺进；中国移动、中国电信等通信运营商推出自己的阅读产品；近几年，移动互联网信息服务商借助社会化媒体的便利性和人们碎片阅读特点，推出知识付费，使问答服务、订阅专栏、精品课等知识产品成为一种知识消费潮流，等等。这样，让人眼花缭乱的相关数字内容产品和服务与蜂拥而至的其他行业企业的加入，进一步加剧了数字出版产业的竞争态势，使产品形态和服务模式花样辈出，使数字出版产品市场从产品导向逐渐过渡到用户导向，这样就需要强化用户研究，明晰用户的需求偏好、使用意愿、使用行为等。以此为基础，思考怎样生产数字出版产品和提供知识服务，满足用户需求和解决用户问题。

1.1.3　数字出版产品开发需要以用户为导向

信息活动的发展应该始于研究潜在的信息使用者和研究人们为了理解世界而提出的问题[①]。而数字出版作为信息活动的上游产业，必须对用户、潜在用户的信息行为以及他们想要获得的知识内容和需求进行研究。这样才能在互联网时代形成我国传播学家郭庆光指出的"谁掌握了大众，谁就掌握了一切"[②] 的优势。

"用户及其需求对出版业的发展有着重大的影响，尤其是在媒体选择极其丰富的年代，达到由用户需求驱动的临界市场规模，将是每一个出版社生存与发展的大事，出版将会成为一个越来越以需

---

① Dervin, B. Communication gaps and inequities: Moving toward a reconceptualization [J]. Progress in Communication Sciences, 1980 (2): 73 –112.

② 郭庆光. 传播学教程 [M]. 北京：中国人民大学出版社，1999：151.

求为中心的市场。"① 可见，用户需求及其使用意愿成为了左右出版业发展的重要因素之一。2017 年，原国家新闻出版广电总局和财政部联合发布《关于深化新闻出版业数字化转型升级工作的通知》，明确指出：以用户为导向，充分发挥市场调节作用，是新闻出版企业数字化转型升级的基本原则之一②。英国出版学者迈克尔·巴斯卡尔（Michael Bhaskar）在其《内容之王：出版业颠覆与重生》（*The Content Machine：Towards a Theory of Publishing from the Printing Pressing to the Digital Network*）一书的结尾指出："出版是内容机器，因为几个运作流程就可以成为出版，出版同时也是一种社会机器。然而存在一个问题：机器时代已经终结。现在对于出版的重新定义要从'内容机器'向'内容算法'转变。"③ 出版业要向"内容算法"转变，就必须对用户画像，掌握用户搜索、阅读、交互、选择、利用出版物的行为，掌握影响用户使用意愿的因素，这样才能依据用户需求和影响因素经过"内容算法"给用户提供最优化的数字出版产品，才能让出版产品的社会效益和经济效益得到充分发挥。

事实上，出版产业与其他产业一样，需要通过努力创造价值来获得收入④。创造价值意味着用户要能认可产品和服务，如教材能让学生学到知识，小说能给读者带来扣人心弦的体验等。因此，出

---

① 徐丽芳. 读者需求的变化及其对出版业的影响 ［J］. 图书情报知识，2002（4）：91 - 92.

② 国家新闻出版广电总局，财政部. 关于深化新闻出版业数字化转型升级工作的通知 ［EB/OL］. ［2017 - 05 - 18］. http：//news. sina. com. cn/o/2017 - 05 - 18/doc - ifyfkkmc9642910. shtml.

③ 迈克尔·巴斯卡尔. 内容之王：出版业的颠覆与重生 ［M］. 北京：机械工业出版社，2017：246.

④ Martin Senftleben, Maximilian Kerk, Miriam Buiten, Klaus Heine. New Rights or New Business Models? An Inquiry into the Future of Publishing in the Digital Era ［J］. International Review of Intellectual Property and Competition Law, 2017（5）：538 - 561.

版社需要开发对用户有价值的产品和服务。价值来源于用户；相反，用户又要识别产品和服务。也可以说，用户使用行为与使用意愿成为关系数字出版产品发挥社会效益和经济效益的关键因素，也关系到出版社的生存和发展。没有用户的使用，出版社就会失去生产、加工数字出版产品的动力，数字出版产业也会质疑其存在的必要性。用户的使用行为体现了产品的商业价值，使得产品本身获得经济利益，是一种重要的经济资源；还体现了社会价值，用户汲取产品中的知识内容，能丰富学识、开阔视野、创新思维等。于是出版社需要把服务用户作为自己的服务宗旨。如哈珀·柯林斯把了解用户需求和提供完美的出版产品作为自己的服务目标[①]。

传统出版物的营销价值核心在于发行量，而数字出版产品的核心在于用户的使用。这样就需要对用户使用行为进行研究，诚如不列颠图书馆与英国联合信息系统委员会（British Library and JISC）发布的《未来研究人员的信息行为》（*Information Behavior of the Researcher of Future*）指出，出版商、图书馆等机构需要充分了解用户，否则将会在数字信息消费市场被边缘化[②]。因此，出版机构若不考虑用户的使用行为，按照传统发行惯例，图书卖出去就完事的做法，必将流失用户，必将被以用户需求为主开发的文化产品所替代或逐渐被排挤出历史舞台。在这种情况下，就需要关注用户使用数字出版产品的行为。而用户使用行为又受到其使用意愿的制约和影响，这样使用意愿也就成了研究的主要内容。那么，有哪些因素会影响到用户的使用意愿？如何依据影响因素契合用户需求？如何从影响因素视角展开数字出版产品优化研究？对这些问题的研究就

[①] SERVICES［EB/OL］.［2018 – 06 – 26］. https：//www. harpercollins. com/corporate/services/？ service = General.

[②] British Library and JISC. information behavior of the researcher of future［EB/OL］.［2007 – 12 –01］. http：//www. jisc. ac. uk/media/documents/programmes/reppres/ggworkpackageii. pdf.

显得特别重要和急迫，对数字出版企业如何优化数字出版产品的编辑、加工流程、营销策略以及提供相关知识服务均有所裨益。

1.1.4 出版社需要掌握用户使用意愿影响因素

笔者对出版社的数字出版产品存在的问题进行了实地调研（访谈提纲见附录1）。由于受时间、精力、财力等方面的限制，本研究选取抽样调查方法，采用一对一的面对面访谈方式。统计学中，一般规定30为样本量界限，大于30称为大样本，小于30称为小样本。探索性研究中，小样本通常就可以满足定性研究①，为此本研究选取了16家出版社作为样本。该样本主要分布在北京、南京、苏州等地区，涉及中央、地方级别的出版社，其具体名称为：商务印书馆、中华书局、生活·读书·新知三联书店、化学工业出版社、人民邮电出版社、中国建筑工业出版社、社会科学文献出版社、人民卫生出版社、人民文学出版社、电子工业出版社、科学出版社、译林出版社、江苏人民出版、江苏凤凰教育出版社、南京大学出版社、苏州大学出版社。访谈对象为样本的数字出版部及其相关部门负责人。访谈时间控制在30～60分钟。访谈前，至少提前一天把访谈提纲通过微信、E－mail、QQ等方式发给被访者，在获得被访者同意后对访谈内容进行录音。将录音转换为文字，再对其进行分析、归纳、总结，从而找出一些基于访谈资料的出版社在数字出版业务中存在的问题。

（1）不重视用户新需求，电子书依然是纸质书的电子版

电子书作为出版社数字化转型的重要产品之一，经过多年的发

---

① 柯惠新，等. 传播统计学 ［M］. 北京：北京广播学院出版社，2003：71－72.

展，其收入规模已从 2006 年的 1.5 亿元增长到 2020 年的 62 亿元[1]，尽管收入规模增长大约 40 倍，但是 2020 年其收入规模与同年图书零售市场总规模的 970.8 亿元相比，仅约占 6.39%[2]。可见纸质书仍是出版社获得经济收入的主要来源，也决定了出版业务依旧是"编、印、发"流程，只是在纸质书编辑完成后，增加转换电子书的环节，这样不仅不利两者的融合发展，也不利于电子书功能的拓展和完善，造成电子书很难摆脱纸质书的影响。通过调查发现，其主要原因如下。

①出版社不把电子书作为独立存在的形态，不去专门选题和策划电子书。如出版社认为电子书是纸质书的另一种呈现方式，是所谓的"在线优先出版"，这样造成图书的电子版与纸质版内容、版式均相同，未能体现数字技术上的优势，于是电子书逐渐成为销售纸质书的捆绑产品。

②版权及成本问题制约电子书深度开发。存量纸质书转化电子书时，存在出版社没有这些书的数字出版权，需要联系笔者进行补签，此工程浩大、费时费力；正在编辑加工的纸书中，因版税问题和害怕影响销量，部分作者不愿授权数字版权；增强型电子书制作成本高，如人民文学出版社录制有声书，其成本一般需要上千元；人民卫生出版社制作一种富媒体电子书大概需要 20 万元。因此，在电子书尚未被社会大众全面认可和接受的情况下，很难做到收支平衡，再加上经济考核机制，出版社不愿把钱投入花费高、效益低的电子书上。

易盗版阻止了出版社制作电子书的积极性。大部分出版社认为

---

① 章红雨，孙海悦. 逆势上扬，产业年收入达 11781.67 亿元 [N]. 中国新闻出版广电报，2021 - 10 - 29.

② 开卷. 北京开卷：2020 中国图书零售市场报告 [EB/OL]. http：//www.199it.com/archives/997065.html.

超星、方正阿帕比等服务商，不经其允许私自扫描出版社的图书，侵犯他们的版权。例如，2019 年 4 月，电子工业出版社有限公司、社会科学文献出版社等 12 家出版社联合发布《关于电子图书版权的联合声明》指出："'十二社'从未授权北京世纪超星信息技术发展有限责任公司及其所有相关公司及关联公司通过各种平台、系统或采用邮件、存储设备等传递方式向机构传播或销售'十二社'作品的电子图书。"[①] 在访谈时，某出版社对服务商侵权状况深表不满，并坚决不与服务商合作。另外，一些高校图书馆以教科研使用为借口，私自把馆藏图书加工为电子书并传递给校内读者使用；加密电子书被非法破解后，被论坛、云盘、即时通信软件群等肆意传播，等等。这些不良现象破坏了电子书版权，削弱出版社生产电子书的积极性。

③被访谈出版社中，除科学出版社不借助第三方平台销售电子书外，其他出版社均在不同程度上与第三方合作，扩大销售渠道、增强市场运营能力，但是第三方一般只和出版社共享少量用户数据，因此影响出版社依据用户数据优化电子书的功能和服务。

④电商促销造成电子书与纸质书基本同价。电子书定价一般为纸质书的 3~7 折，如果第三方平台对纸质书进行促销，其价格基本上与电子书价格差不多，加上用户对纸质书阅读的眷恋，影响了电子书的销量。

总之，表面上看，版权问题、盗版环境、优化功能无依据、电商促销等因素造成了出版社不愿革新电子书，但是深入分析，出版社对电子书的认知不全面，尚未掌握用户阅读电子书的真正需求以及影响用户阅读电子书的因素，才是造成此情况的根源所在。

---

① 十二社. 关于电子图书版权的联合声明 [EB/OL]. [2019 – 04 – 16]. http：//www. tup. tsinghua. edu. cn/newscenter/news_4020. html.

（2）版权保护与用户方便性使用之间存在矛盾

出版社为保护版权，在自己网站上销售的电子书基本上都需要下载相应的阅读软件才能阅读，这种方式虽然能够有效预防盗版的滋生，但是对用户来说使用特别不方便，阅读一家出版社的电子书就需要安装相应的阅读软件，并且还要"烦琐"地注册。因此，出版社对电子书的版权保护与用户使用方便性之间形成了一对矛盾。

（3）运营渠道制约数字出版产品效益和价值的发挥

我国出版社从 2007 年前后开始进行资源数字化加工，其目的之一是把存量图书转化为电子书；2010 年前后，出版社在积累了一定数字化经验后，依据资源特点开始建立自己的数据库；目前，在经历十多年数字化发展后，出版社开始向融合出版和知识服务方向发展，这样就需要充分发挥已有数字出版产品的效益和价值。数字出版产品与纸质出版产品最大的不同是，纸质产品制作好交给新华书店就意味着业务的终结，而数字产品则意味着开始，其后续的运营则是发挥产品效益的关键。但是在后续运营中会遇到资金短缺、品牌影响力小、人才缺乏、技术受制于人等问题。

出版社建设数据库时，容易获得国家各种数字建设基金的资助，但是数据库建成后就得不到基金支持，再加上出版社不愿投入大量资金到数字出版上，造成后续运营资金缺乏。另外，有些中小规模的出版社，由于自身品牌影响力小，已建数据库的资源数据量少，不能有效吸引用户。

缺乏既懂专业知识又懂数字出版技术的复合型人才，为此出版社通过两种方式进行解决：一种是对已有人才进行再教育和培训，虽然能够实现平台和系统的日常维护，但不能实现对产品系统的二次开发和深层次升级；另一种是高薪引进信息技术（IT）人才，但是存在引进人才成本高的问题。如果工资大于现有编辑人员，编辑心理不平衡，小于他们的工资技术人员不肯来。

技术受制于人。虽然通过外包可以一次性开发产品和平台，但是依据用户需求持续升级和实现功能迭代就显得困难重重。此问题可以借鉴新华字典 App 与技术公司共分利润方式来解决，让技术公司从中能够获得利益进而致力于功能完善，可是前提条件是数字出版产品需要有可观的盈利才行。

针对上述问题，出版社不仅要更新观念——把数字出版当作一种满足用户知识信息需求的一种方式，还要尽力优化知识产权环境、深度解析用户数据、构建不同知识吸收场景，也要尽力弄清目前用户使用数字出版产品的现状。在此基础上，掌握用户对现有产品不满意的方面及其因素是什么，这样出版社就需要对用户画像，依据影响用户使用产品的因素去挖掘市场机会、细分市场和完善营销方案，并开发新的数字出版产品。

1.2 研究综述

1.2.1 国内相关研究综述

笔者通过对中国三大数据库（同方、万方、维普）、读秀等进行文献检索和梳理，发现数字出版产品用户使用意愿相关研究成果形式，主要以期刊论文和硕士论文为主，暂时没有发现博士论文和专著。总体上说，此方面的相关研究主要是运用理性行为理论（TRA）、技术接受模型（TAM）、创新扩散理论（IDT）、技术接受与利用整合理论模型（UTAUT）等对电子书、数据库等用户使用行为或使用意愿进行研究，尚未发现利用扎根理论研究方法对数字出版产品的用户使用意愿影响因素进行探索性研究。为借鉴更多人的研究成果，还对部分社会化媒体用户使用行为、使用意愿影响因素的相关研究进行了综述。

（1）电子书使用行为与意愿影响因素研究

电子书作为出版社的重要数字出版产品，也是数字阅读的重要客体。在用户阅读体验、感知、习惯、过程、技术特性等方面与纸质书不同，并对信息服务机构的资源组织、存储、服务以及出版社的生产方式等均产生了重要影响。因此，电子书研究就成为图书馆学、出版学等领域的主要研究内容之一。"国外在 20 世纪 70 年代便开始研究电子书，而国内相对较晚，于 1993 年才出现研究电子书的相关文献，其内容多是对国外电子书出版状况介绍及未来发展的探讨，2010 年国内外迎来电子书研究的高峰。"[①]

目前，研究主题主要集中在阅读、版权、商业模式等方面，研究角度主要是从图书馆、数字出版、新媒体等角度展开。在电子书使用行为方面，研究主要以学生或者图书馆用户为研究对象，通过对他们的使用行为和需求研究，给图书馆数字资源的采访、组织、服务提供建议。如陈铭[②]以南京大学图书馆用户为调研对象，采用抽样调查方法对该馆用户的电子书使用行为、态度、偏好和需求因素进行了分析，并建议图书馆需要加大宣传电子书、提供电子书阅读器、加大采购电子书力度和拓展电子书服务范围与深度等；尹智慧、曹仙叶等[③]以长沙航空职业技术学院的学生为调研对象，采用问卷调查方式对学生使用电子书的使用情况、认知渠道、使用动

[①]　陈翔，张敏. 用户电子书阅读行为研究进展述评［J］. 数字图书馆论坛，2018（4）：28 – 34.

[②]　陈铭. 基于用户使用行为和需求的高校图书馆电子书服务调查——以南京大学图书馆为例［J］. 图书馆论坛，2015，35（3）：73 – 77.

[③]　尹智慧，曹仙叶，彭连刚. 高职院校学生电子图书使用行为研究——以长沙航空职业技术学院为例［J］. 图书馆，2013（6）：133 – 135.

机、对电子书的评价与期望等情况进行分析，指出图书馆要加大宣传、丰富电子书种类和内容、加大软硬件投入等；王逸鸣和封世蓝[1]以北京地区六所重点高校1200余名大学生的阅读行为进行差异性分析，并对纸质阅读形态与电子阅读形态进行对比研究，发现本科生以纸质书阅读为主，硕士研究生以电子书阅读为主，博士研究生无明显阅读倾向；肖娟[2]通过问卷调查方式对云南五所高校大学生的电子阅读行为进行研究，并从资源建设、移动服务建设角度，提出图书馆开展移动电子书阅读的推广策略；刘菊红[3]以广州中医药大学的学生为调研对象，采用纸质问卷调查方式，从数字阅读频率、阅读目的、阅读内容、阅读时长、阅读地点、阅读设备、影响阅读设备选择的因素、阅读效果、阅读障碍、图书馆服务需求等角度，对该校大学生的数字阅读习惯和行为进行调查，并指出中医药院校图书馆应该加强电子阅读服务；常颖聪等[4]对河北师范大学图书馆用户的电子书阅读行为进行调查分析，指出高校图书馆要提供迎合读者阅读习惯的嵌入式移动阅读服务；柴源[5]采用整合技术接受模型对西安航空学院图书馆电子阅读器借阅服务的使用行为、行为意愿及其影响因素进行研究，发现绩效期望、努力期望和社会影响对行为意愿具有正向影响作用，并建议图书馆从社群推广、有用性、易用性、完善辅助体系等方面改进电子书阅读器借阅服务。另

---

① 王逸鸣，封世蓝. 新媒介环境下大学生阅读行为差异性分析——以北京地区六所重点高校为例 [J]. 中国编辑，2015 (3)：33－38.

② 肖娟. 移动网络时代大学生电子阅读行为研究 [D]. 昆明：云南大学，2011.

③ 刘菊红. 中医药院校大学生数字阅读习惯与行为调查分析 [J]. 中国中医药图书情报，2015，39 (2)：36－40.

④ 常颖聪，刘绍荣，路程. 移动用户阅读行为及高校图书馆移动阅读服务策略研究——以电子书阅读为例 [J]. 图书馆理论与实践，2017 (12)：112－116.

⑤ 柴源. 大学生借阅电子书阅读器的行为意愿及其影响因素研究 [J]. 河北科技图苑，2016，29 (3)：24－29.

外，还有张颖①、曲皎②、任会兰③、徐刘靖④等对大学生的使用行为进行研究。从以上研究可以看出，研究对象一般局限在一个高校的在校学生，涉及全体使用者的研究还比较少；研究主要从信息服务者角度出发，通过使用行为与使用意愿分析，来提高图书馆用户的电子书利用率，推动图书馆电子资源建设和提升信息服务能力。但是这些研究各有所指并各具特点，为本研究打下了坚实的前期基础。

对电子书使用行为研究不仅要对检索、选择、购买、采用/接受、阅读等具体行为进行研究，还要对这些行为的影响因素进行研究，这样才能使生产者、信息服务机构有针对性地改进电子书的品质和提供个性化服务。黄昱凯等⑤采用问卷调查方式，利用二元罗吉特模式探讨影响读者选用电子书的因素及其对选择行为所造成的影响，研究结果指出，价格、职业与每周上网时间等因素对于电子书选择行为有显著的正影响作用，并依据研究结果提出生产者扩大电子书市场占有率的对策，即需要完善电子书的功能、排版格式、付费方式等；他⑥还利用 TAM、TPB 理论模型对台湾大学生选择电子书的影响因素进行研究，结果显示，态度正向影响大学生的使用

①　张颖，徐杨丽，王雯，等．"微阅读"时代高校大学生阅读行为方式的调查分析 [J]．图书馆研究与工作，2016（6）：46－49．

②　曲皎，白静，王宁．大学生图书阅读行为实证研究 [J]．大学图书情报学刊，2017，35（5）：79－83，119．

③　任会兰．高校学生的电子图书使用行为研究 [D]．上海：上海交通大学，2011．

④　徐刘靖，刘华．高校图书馆外文电子书使用行为研究——以上海大学图书馆为例 [J]．图书馆杂志，2014，33（2）：60－63，83．

⑤　黄昱凯，万荣水，范维翔．影响读者选择电子书行为因素初探 [J]．出版科学，2011，19（3）：12－17．

⑥　黄昱凯．以蝴蝶剧变模型分析影响选择数字阅读形态因素之研究 [J]．出版科学，2017，25（2）：14－20．

意愿，而易用性和有用性通过态度间接影响使用意愿；蔡秉桦①从电子书使用者的创新特质、绿色消费态度、人格特质角度分析与电子书使用意愿之间的关系，通过已有文献分析，构建由创新特质、绿色消费态度、人格特质对电子书使用意愿产生影响的概念模型，经过检验后发现，用户个人的创新特质、绿色消费态度、人格特质、使用经验等对电子书使用意愿有显著正向影响，性别、教育程度、月薪及婚姻状况对使用意愿没有显著差异；吴季颖②从数位阅读角度出发，以 TAM 为架构基础，研究电子阅读器采用意图的影响因素，结果发现，产品属性通过感知易用性和感知有用性正向影响采用意图，转换成本对采用易用性存在负向影响作用，另外，性别、阅读频率、无线网络经验、触控装置经验均会影响到消费者对电子书阅读器的采购意图；杨苏丹③基于 UTAUT 模型研究了手机电子书用户接受行为的影响因素，结果发现，使用意愿、感知娱乐、网络经验、个人创新、感知风险、社会影响和努力期望对接受行为能够产生直接或间接影响；张郁萍④借助 UTAUT 模型，通过对七百多名消费者采用电子阅读器的影响因素研究发现，使用行为态度、外部配合环境、社会影响对行为意愿有显著影响，而预期绩效和努力期望对其影响不显著，基于研究结果对电子阅读器的营销提出了建议；唐华⑤以 UTAUT 模型为研究架构基础，对手机电子书的使用意愿影响因素进行研究，发现预期绩效、付出预期和社会影响对使

---

① 蔡秉桦. 创新特质、绿色消费态度、人格特质与电子书使用意愿之关系性研究 [D]. 台湾：长荣大学，2013.

② 吴季颖. 阅读行为、产品属性、知觉转换成本对电子书阅读器采用行为之影响 [D]. 台湾：台北大学，2011.

③ 杨苏丹. 手机电子书用户接受行为的影响因素初探 [D]. 北京：北京大学，2010.

④ 张郁萍. 影响消费者使用电子书阅读器采纳意愿之研究 [D]. 台湾：中央大学，2007.

⑤ 唐华. 探讨电子书以智慧型手机为载具之使用意愿研究：UTAUT 模型之应用 [D]. 台湾：世新大学，2010.

用意愿有显著的解释力；李武等①针对手机、计算机、Pad 等设备上运行的电子书阅读客户端，经过整合 UTAUT 模型和感知价值接受（VAM）模型，构建了由感知价值、感知收益、感知牺牲和社会影响等变量组成的读者使用意愿影响因素模型，实证验证后发现，四个变量因素对电子书阅读客户端读者使用意愿均具有显著正向影响；蔡显童等②以 TAM、计划行为理论（TPB）和自我认同理论为理论基础，构建多元观点的电子阅读器采用行为影响因素模型，结果发现，知觉有用性、知觉易用性、知觉享乐性、态度、主观规范和使用者世界主义倾向会影响消费者采用电子阅读器的行为意向。

　　以上对影响因素的研究主要以 TAM、UTAUT、TPB 等理论架构为基础，从用户使用信息技术、信息系统的角度展开研究，发现社会影响、感知有用性、感知易用性等是使用意愿的显著正向影响因素，努力期望、预期绩效是否具有显著影响则没有达成一致意见，另外，这些研究没有考虑到电子书的精神文化特性，较少从用户使用需求、心理等角度展开研究，但是对本研究的研究思路拓展、影响因素间的关系描述具有启发和借鉴价值。

　　只有用户经常使用电子书，并形成习惯，电子书的作用才能发挥，电子产业才能真正迎来属于自己的春天。在电子书持续阅读行为、持续使用行为影响因素研究上，孙梦玥等③就年龄、学历、性别、阅读目的、性格与思维方式等因素对读者持续阅读言情类、悬

　　① 李武，胡泊，季丹.电子书阅读客户端的用户使用意愿研究——基于 UTAUT 和 VAM 理论视角 [J].图书馆论坛，2018，38（4）：103 – 110.
　　② 蔡显童，赖子珍，邱雅铃.从多元观点探讨使用者对于电子书阅读器的采用行为 [J].电子商务学报，2011，13（4）：841 – 871.
　　③ 孙梦玥，李梦晗，王馨逸.电子书持续阅读行为的研究 [J].经贸实践，2017（22）：44 – 46.

疑类、奇幻类电子书产生的影响进行研究；杨涛①通过构建和验证电子书用户持续使用行为理论模型后发现，电子书用户的持续使用意向影响因素可以利用期望确认模型进行解释，期望确认度、感知易用性是影响电子书用户满意度的最重要因素，并针对电子书发展提出建议，即电子书要变得简单和容易，让用户感受到电子书的用处，满足用户预期和培养用户的使用习惯等；郝永丽②以大学生为调研对象，以 TRA、TAM、TPB 为基础理论，构建大学生电子书采纳行为影响因素结构模型，经过验证后发现，感知有用性、感知易用性、感知娱乐性、感知学习性、社会群体等因素对高校学生采纳电子书具有正向影响作用，在人口统计特征上，性别、年龄、学历会影响高校学生采纳电子书的意图；刘鲁川和孙凯③针对用户采纳后持续使用行为的影响因素及行为模式进行理论建模，并通过问卷调查对模型进行验证，结果显示，影响用户持续使用移动数字阅读服务的因素是用户感知、信念、服务内容、界面等，转移成本与持续使用意图之间存在显著负向相关关系；李武等④以大学生为研究对象，在期望确认（ECM）模型的基础上建构大学生社会化阅读 App 持续使用意愿及其发生机理的概念模型，经过问卷调查和数据分析后指出，期望确认度、满意度、阅读有用认知和主观规范对大学生持续使用社会化阅读 App 的意愿有重要影响，期望确认程度对满意度、阅读有用性认知和社交有用性认知存在影响作用，主观规范对大学生的阅读有用认知和社交有用认知存在显著影响。这些对

---

① 杨涛. 电子图书用户持续使用行为研究：期望确认模型的扩展 [J]. 图书馆学研究，2016（22）：68，76-83.

② 郝永丽. 高校学生群体电子图书采纳行为研究 [D]. 天津：天津大学，2013.

③ 刘鲁川，孙凯. 移动数字阅读服务用户采纳后持续使用的理论模型及实证研究 [J]. 图书情报工作，2011，55（10）：78-82.

④ 李武，赵星. 大学生社会化阅读 App 持续使用意愿及发生机理研究 [J]. 中国图书馆学报，2016，42（1）：52-65.

用户持续使用行为影响因素的研究各有所长，给本书提供丰富的参考资料，对激发学术灵感有很大帮助。

　　购买行为及其影响因素的研究，也是用户行为的主要研究内容之一。陈敏[①]通过剖析电子书消费者的购买行为记录，指出专业类电子书是未来专业出版的发展方向，在销售上出版社需要优化平台、提供优质服务和优化购物流程等建议；在购买意愿的影响因素方面，刘新荣[②]依据创新扩散理论和新产品采用模型为理论基础，研究影响创新消费者的电子书购买意愿影响因素，结果发现，产品创新性、产品设计和消费者创新性对电子书购买意愿存在显著正向关系。阅读作为电子书的主要使用行为之一，从阅读角度出发进行的研究也受到了学者们的重视。杨芳[③]以大学生为调查对象，从阅读角度出发，在 TRA 理论模型中引入情境、自我控制等变量构建了大学生使用电子书的影响因素模型，通过问卷发放和分析，结果显示，行为态度和主观规范对使用意愿有正向显著影响，而人际影响和社会影响对主观规范有正向显著影响；朱宇[④]通过借鉴技术接受模型和使用与满足理论，从电子书读者购买和消费行为的角度构建并验证电子书读者阅读行为的影响因素模型，结果显示，感知有用性、感知易用性、感知享乐性、感知成本和需求满足五个变量，均对读者选择阅读和消费电子书的态度或行为意向有显著的积极影响；戴孟宗等[⑤]利用文献分析法，构建电子书易读接受模型，利用 50 名大学生的

---

　　① 陈敏. 专业类电子书的特点及其消费者行为分析——基于化学工业出版社的实证研究 [J]. 科技与出版，2012（5）：64 – 67.
　　② 刘新荣. 产品设计与科技创新对消费者购买意愿之影响——以电子书为例 [D]. 台湾：高雄第一科技大学，2010.
　　③ 杨芳. 大学生电子书使用影响因素实证研究 [D]. 天津：河北工业大学，2012.
　　④ 朱宇. 电子书读者行为调查及影响因素研究 [D]. 南京：南京大学，2018.
　　⑤ 戴孟宗，谢彦如，林素淳. 电子书易读接受模式 [J]. 中华印刷科技年报，2012（6）：599 – 607.

问卷调查数据验证模型，结果表明，外部因素（影响手段、价格、印刷品质、销售排行、作者吸引力等）和需读性（读者需要阅读书籍的动机程度，如教材学习需求、个人喜好题材、是否有助于自我提升成长或具有娱乐功能等）对读者的阅读意愿有影响作用。

忠诚度和满意度是影响用户使用电子书客户端的重要影响因素，李武①将感知价值划分为社会、价格、内容、互动和界面设计等价值，通过实证研究发现，价格价值、内容价值和界面设计价值对用户满意度存在正向影响作用，内容价值对忠诚度有正向影响作用。信息检索行为也是影响用户使用电子书的原因之一，关系到用户能否快速找到自己所需要的电子书及内容，于是杜晓敏和孙海双②通过问卷调查法分析影响大学生信息检索能力的主要因素。另外，马韵鸿③、陈晓韬④、王瑞辉⑤、王丽娜⑥等分别基于新媒体语境、电子书特点、消费心理对电子书的消费行为进行研究。

通过以上文献分析发现，影响用户使用行为、使用意愿的因素很多，需要从多角度、借鉴不同的理论进行分析，电子书作为数字出版产品的主要类型，这些对电子书选择、购买、采用、接受、持续使用、阅读等行为的研究，虽然大部分研究是从图书馆学角度出发，为的是提高电子书使用率和利用率，但是能够给本书提供一些可资借鉴的理论基础，也有助于本研究从不同角度分析问题。

---

① 李武. 感知价值对电子书阅读客户端用户满意度和忠诚度的影响研究 ［J］. 中国图书馆学报，2017，43（6）：35 – 49.
② 杜晓敏，孙海双. 大学生信息检索行为影响因素分析 ［J］. 农业图书情报学刊，2013，25（6）：135 – 138.
③ 马韵鸿. 新媒体语境下大学生虚拟消费行为研究——以付费电子书为例 ［J］. 新经济，2016（23）：25 – 26.
④ 陈晓韬. 大学生的跨屏消费行为研究 ［D］. 上海：华东师范大学，2014.
⑤ 王瑞辉. 电纸书消费者心理行为分析 ［D］. 武汉：华中科技大学，2011.
⑥ 王丽娜，周伟斌. 专业电子书的消费者行为研究——化学工业出版社电子书读者调查问卷分析 ［J］. 科技与出版，2009（4）：48 – 50.

　　总体上看，目前关于电子书使用行为、使用意愿的影响因素研究主要针对某一具体行为进行研究，研究仅仅是验证某些因素是否会对使用意愿产生显著影响，但是缺乏依据影响因素对出版企业如何优化电子书的研究，更缺乏基于研究结果与出版社电子书出版情况对比分析，以此为基础提出完善电子书对策的研究。目前电子书此类实证研究，大多采用 TAM、使用满足理论、感知价值理论、感知风险理论等西方理论模型，缺乏我国自己的理论创新，缺乏我国特有文化环境的体现。因此，需要结合我国电子书用户实际使用情况，采用扎根理论方法进行归纳、提炼理论，这样或许能够获得影响用户使用电子书的真正因素，得到更有价值的研究成果。

　　研究范式上，基本摆脱不了套用模型、通过问卷进行验证的怪圈，这种研究范式似乎也成为研究使用行为、使用意愿影响因素的标准模式，但是套用的大多数模型，如 TAM、TRA、VAM、TPB、IDT、UTAUT 等，基本上都是针对信息系统或信息技术而开发的模型，电子书虽然也曾被一些人认为是信息系统的一种，但是其本质是知识内容。信息系统强调的是用户如何简单操作，如何帮助用户提高工作效能，而电子书作为精神文化产品强调的是用户知识结构的更新和用户思维的提升，显然采用这些模型得出或验证过的影响因素能够给理解用户使用电子书的行为提供有益的参考，但却不能解释影响用户使用行为、使用意愿的本质。

　　（2）数据库使用行为研究

　　数据库作为出版社数字出版再转型的基础，几乎每个出版社都在积极建设。2015 年第六届中国数字出版博览会上，国家新闻出版广电总局副局长孙寿山表示："大力推动国家知识资源服务建设，加强内容数据库和用户数据库建设。"[①] 以此为基础推动数字出版向

---

① 龚牟利. 数据库能否挑起知识服务大梁？［N］. 中国出版传媒商报，2015－11－10（001）.

知识服务方向迈进。2021 年，中华书局的中华经典古籍库、社科文献出版社的皮书数据库、上海交通大学出版社的东京审判文献数据库和中国地方历史文献数据库等均成为出版行业数据库建设的翘楚。出版社建立的数据库主要有目录数据库、全文数据库、事实型数据库、多媒体数据库等类型，其优点主要有检索方便、易信息挖掘、易修订和编辑、存储能力强、传播便捷等。出版社利用数据库不仅能够实现对出版资源的科学管理，还能够提供解决用户问题的知识服务，能够开发各种形态的数字出版产品，也能够从资源层面与用户及时交流互动。

个人用户和团体用户是数据库的主要使用者，对其使用行为研究不仅利于出版社进一步完善数据库功能，还利于信息服务机构的采购和数字资源建设。周剑等[1]采用观察、面谈、比较等研究方法，总结了读者使用纸质文献与古籍数据库的行为特征，并统计古籍数据库与纸质文献的重复程度和投入产出情况，给图书馆购买数据库决策提供建议；孟凡静[2]对新乡医学院图书馆读者利用电子书数据库的使用行为与需求进行问卷调查，结果显示，使用目的主要是学生课业需求，使用频率与用户所在院系、年级、有无电子书阅读设备及使用实体图书馆频率等因素密切相关，使用电子书数据库的主要困难和不满意之处是不熟悉数据库、找不到需要文献，而对电子书数据库使用最有帮助的方式是培训讲座；李丹丹[3]等通过对 36 名大学生使用数据库的观察学习行为实验研究，结果表明，用户参与观察学习的意愿很强，观察学习的效果很明显，观察学习时跟随他

---

① 周剑，王艳，邓小昭. 基于读者行为特征的数据库购买决策研究 [J]. 图书情报工作，2009，53（21）：68 – 71.

② 孟凡静. 高校图书馆电子书数据库使用行为实证研究 [J]. 图书馆研究，2016，46（4）：92 – 97.

③ 李丹丹，甘利人，白晨. 数据库用户检索决策的观察学习行为实验研究 [J]. 现代情报，2010，30（9）：166 – 172.

人检索经历的表现非常明显，并对数据库网站优化提出建议，即在网站界面上建立用户信息交互平台，给用户观察学习提供便利的渠道等；王建冬和王继民①通过挖掘国内某大型期刊数据库的用户查询日志，分析高校用户使用学术期刊数据库的基本行为特征和用户检索行为的影响因素，并构建研究模型。以上研究得出比较翔实的结论，不仅可以为实践操作提供参考，还可以使理论得到进一步改善。

检索便捷作为数据库的主要优势之一，对用户检索行为进行研究显得非常重要。杨瑜②从认识行为角度出发，对网络数据库用户检索结果选择行为进行分析，为数据库界面优化提供依据；王丽佳和卢章平③通过开展大学生网络学术信息检索行为的实验研究，总结大学生在检索不同类型学术信息时的行为特征，以及大学生在进行网络学术信息检索过程中各个环节的行为特点或规律。检索便捷也是一把"双刃剑"，若合理使用会提高用户获取资源的效率，若恶意下载、盗用、篡改数据等不仅会影响数据库生产者的利益，还会影响其他用户的正常使用与合法权益。张静等④结合图书馆实际工作对违规使用电子资源的各种行为及其对图书馆造成的影响进行研究；朱智武和叶晓俊⑤构建了一个多粒度的数据库用户行为模型，

① 王建冬，王继民. 基于日志挖掘的高校用户期刊数据库检索行为研究［J］. 北京大学学报（自然科学版），2012，48（1）：29 – 36.

② 杨瑜. 网络数据库用户检索结果选择行为探析［J］. 情报理论与实践，2009，32（4）：89 – 92.

③ 王丽佳，卢章平. 大学生网络学术信息检索行为分析［J］. 图书情报研究，2016，9（3）：71 – 78.

④ 张静，强自力，邵晶. 电子资源违规使用行为分析及图书馆的应对措施［J］. 大学图书馆学报，2008（2）：64 – 67.

⑤ 朱智武. 数据库用户行为模型与异常检测［C］//西南财经大学信息技术应用研究所. 2009 国际信息技术与应用论坛论文集（上）.《计算机科学》杂志社，2009：3.

以检测用户异常使用数据库的行为；邹容①在分析数据库用户过量下载行为原因的基础上，提出了应对策略和建议；苑世芬②从法律角度对数据库用户过量下载行为进行分析，指出图书馆需要进一步强化版权保护管理与宣传。这些研究为规避不良使用行为起到积极作用，实践意义极大。

针对某一具体数据库的使用行为研究也受到了研究者的关注，如温暖③以东北大学图书馆 Elsevier Science Direct 数据库为例，对外文电子期刊全文库的使用情况进行统计分析，针对基于用户检索利用行为的学科文献资源保障情况进行研究，为优化图书馆读者服务和资源建设工作提出对策和建议；刘佳音④同样以 Elsevier Science Direct 数据库为例，对用户的检索行为进行分析，了解用户在检索过程中的习惯偏好，以此为图书馆开展信息素养教育提供建议；许伍霞和刘敏⑤利用心智模型理论对综合性文献数据库的使用行为进行研究，并对如何改善数据库使用培训提出建议。在用户持续使用行为影响因素方面，韩金凤⑥从学术数据库系统和用户两个角度出发，综合运用 TAM 模型和 EECM 模型构建学术数据库的持续使用意愿模型，经过对华南师范大学师生用户问卷调查、数据分析、模型验证后指出，用户满意度、感知有用性和感知易用性对用户持续

① 邹容. 数据库过量下载行为分析及规范 [J]. 科技情报开发与经济, 2011, 21 (4)：160 – 161, 164.

② 苑世芬. 数据库过量下载行为的法律视阈分析 [J]. 国家图书馆学刊, 2012, 21 (3)：74 – 78.

③ 温暖. 基于用户反馈行为的高校图书馆数字资源保障研究——以东北大学 Elsevier SD 数据库为例 [J]. 图书馆学刊, 2018, 40 (1)：48 – 53.

④ 刘佳音. 高校图书馆电子资源使用与用户检索行为统计分析——以 ScienceDirect 数据库为例 [J]. 大学图书馆学报, 2012, 30 (2)：81 – 86.

⑤ 许伍霞, 刘敏. 基于心智模型理论的综合性文献数据库用户行为研究 [J]. 农业网络信息, 2016 (4)：88 – 91.

⑥ 韩金凤. 学术数据库持续使用意愿影响因素的实证研究 [J]. 图书馆理论与实践, 2015 (5)：41 – 45.

使用意愿有正向影响作用，自我效能和信息质量对感知有用性有正向影响，自我效能和系统质量对感知易用性有正向影响。

总体上说，数据库用户使用行为研究主要集中在图书馆学领域，以数据库检索行为、选择行为、不良行为等方面的研究为主，也存在少量通过分析使用行为来完善数据库功能的研究，这类研究虽然个性化比较强，但是对其进行归纳和总结对本书有一定的参考价值，特别是对于分析数字出版产品用户不良使用行为具有一定的借鉴意义。

（3）其他多媒体产品使用行为研究

移动互联网时代，人们的生活发生着翻天覆地的变化，出版业在此影响下也在接受着挑战和冲击。为适应移动互联网环境，出版业开始向"两微一端"进发，并优化出版产品和改善营销模式。App 客户端似乎成为了出版社数字出版升级的重要方法，一种书、一类书、提供某类服务等都可以制作成相应的 App 客户端，如中华书局官方 App、新华字典 App、国学游戏"李小白"App、中信书院 App 等。目前，App 使用行为研究领域，主要集中在移动购物、运动、旅游、音乐、医疗健康、移动出行、房屋交易、个性化新闻推荐、移动学习等 App 上。

App 作为移动互联网下的新媒介，用户是否接受、是否习惯使用等问题需要明晰，为此研究者在此方面展开研究。张亚明等[①]利用技术接受模型，结合计划行为理论与移动阅读 App 的经济成本因素，构建并验证一个全新的移动阅读 App 用户采纳行为模型——TAM – TPB，研究结果显示，感知有用性、用户态度和感知行为控

---

① 张亚明，郑莉，刘海鸥. 移动阅读 App 用户采纳行为实证研究 [J]. 图书馆理论与实践，2018（2）：97 – 100，107.

制对用户的采纳意愿存在正向影响作用；秦素贞和李永忠[①]通过在 UTAUT 模型上增设愉悦动机、低价权衡和移动情景等变量，在移动旅游方面构建用户预订接受行为模型（UTAUT2 模型），研究结果表明，影响用户使用行为的因素有：易用期望、移动性、愉悦动机、社会影响、低价权衡和绩效期望；张婷等[②]基于 TAM 技术接受模型和社会影响理论，构建英语学习 App 用户接受行为模型，结果表明，英语学习 App 用户使用行为影响因素主要有感知易用性、感知有用性、用户满意度、使用意愿、使用行为及社会影响；全贞花和谢情[③]以 UTAUT 模型为基础，结合知识付费产品用户的个体特征，引入感知趣味性、个人知识管理需求、交互动机、个人创新、感知财政成本和感知风险 6 个新增变量，并以"得到" App 为例，构建"得到" App 用户使用行为模型，其中个人知识管理需求、绩效期望、感知趣味性、社会影响等因素对用户使用行为具有正向影响作用；叶阳等[④]基于技术接受模型分析有声书 App 用户使用行为的影响因素及其影响程度，结果指出，社会影响、感知有用性对有声书 App 用户使用行为均存在正向影响作用。

参与、分享是 App 的重要功能之一，对此研究能够给数字出版产品功能的完善提供参考。张亚明等[⑤]在体验价值视角下，借助信息系统持续使用模型和感知价值理论，构建并验证社会化阅读 App

① 秦素贞，李永忠. 移动互联网时代旅游 App 用户接受行为研究 ［J］. 山东农业工程学院学报，2017，34（9）：63 – 68.

② 张婷，王晶，李玉丽，等. 英语学习 App 用户接受行为实证研究 ［J］. 现代商贸工业，2017（23）：54 – 57.

③ 全贞花，谢情. 知识付费产品用户使用行为实证研究：以得到 App 为例 ［J］. 广告大观（理论版），2017（4）：71 – 79.

④ 叶阳，张美娟，王涵. 有声书 App 用户使用行为影响因素分析 ［J］. 出版发行研究，2017（7）：34，38 – 41.

⑤ 张亚明，郑莉，刘海鸥. 大学生社会化阅读 App 持续知识共享行为研究 ［J］. 图书馆学研究，2017（22）：69 – 75.

持续知识共享行为的概念模型，并对影响大学生持续知识共享行为
的因素进行分析。企业开发 App 主要目的之一是推销商品、获得盈
利，用户在 App 上购买意愿如何、怎么才能促使用户购买等问题也
需要认真研究。目前，众多学者基于 TRA 理论、TPB 理论或者
TAM 模型对移动营销、移动购物、移动商务的发展情况及其与消费
者行为之间的影响关系展开研究[①]。熊小彤[②]依据 App 的针对性、
即时性、丰富性、趣味性、互动性等几大特点以及 App 的三大营销
模式，以消费者感知价值作为中介变量来研究其对消费者购买行为
的影响。

　　用户能否持续使用也是 App 是否成功的关键，在此方面，谭淑
媛[③]以"今日头条"作为研究对象，以信息系统持续使用模型和信
息系统成功模型为基础，结合对象特征，构建并验证个性化新闻推
荐 App 用户持续使用模型，结果显示，满意度、感知有用性、个性
化、转移成本对个性化新闻推荐 App 用户持续使用意愿有直接显著
影响；周建帮[④]对企业 App 的用户持续使用行为影响因素进行分析，
指出影响用户持续使用行为的因素有用户评分、费用、娱乐性、易
用性、口碑、试用表现和有用性。以上研究基本上都是基于某一行
业进行的，行业特征突出，通用性不强，得出的结论不能直接用于
数字出版产品用户使用行为的研究，还需依据数字出版产品的特征
进行具体问题具体分析，但是这些研究对于拓宽研究视野、影响因
素分析不无裨益。

---

　　① 林琳. 消费者 App 移动购物行为的影响因素研究 ［D］. 北京：北京理工大学，
2015.

　　② 熊小彤. App 营销对消费者购买行为影响实证研究 ［D］. 武汉：湖北工业大学，
2014.

　　③ 谭淑媛. 个性化新闻推荐 App 用户持续使用行为研究 ［D］. 昆明：云南财经大学，
2016.

　　④ 周建帮. 企业 App 用户持续使用行为影响因素研究 ［D］. 青岛：青岛大学，2015.

微信公众号以操作简便、低成本、互动性强、覆盖面广等特点，让众多企业入驻这一平台，以此拓展营销渠道、抢占大量潜在用户。因此，用户为什么使用微信公众号、受什么因素影响等问题获得研究者的重视。韩宇萍①从用户行为视角出发，基于技术采纳理论、期望确认理论、计划行为理论，针对企业微信公众号在精准营销、用户互动、促销等方面的特点，构建并验证企业微信公众号持续使用的影响因素模型，结果指出，内容有用性、内容时效性、内容专业性和主观规范直接影响用户的持续使用。

在 Web2.0 技术的引领下，博客成为了学术交流的一个阵地。甘春梅②针对学术博客环境下用户的链接行为、知识行为以及持续使用博客行为进行实证研究，借鉴社会交换理论、社会资本理论、动机理论、期望确认理论、体验价值理论、交互模型、沉浸理论以及信任相关理论，深入揭示信任和满意度对学术博客用户行为的影响及作用机理。

社会化媒体的"社会化"需要通过用户的使用行为来体现，于是文鹏③以社会化媒体用户使用行为和使用意愿为研究结果变量，对影响社会化媒体用户使用行为的因素进行分析归纳，并构建其影响因素模型，通过实证分析对模型中各变量间的关系和影响程度进行验证；王君珺和闫强④通过问卷调查对高校移动互联网用户碎片时间使用行为进行研究，结果表明，使用质量、成本、社会认同、情感满足等因素能够影响移动互联网用户碎片时间的使用行为。共享是社会化媒体的一个重要特征，共享也是传递知识的重要手段之

---

① 韩宇萍. 基于用户行为的企业微信公众号持续使用影响因素研究 [D]. 长春：吉林大学，2017.

② 甘春梅. 学术博客用户行为及其影响因素研究 [D]. 武汉：华中师范大学，2013.

③ 文鹏. 社会化媒体用户使用行为影响因素研究 [D]. 武汉：武汉大学，2014.

④ 王君珺，闫强. 基于碎片时间的高校移动互联网用户使用行为研究 [J]. 北京邮电大学学报（社会科学版），2012，14（3）：72 - 78.

一。徐美凤[①]通过对自然科学与人文科学两个学科虚拟社区的知识共享行为影响因素比较，发现自然社区信息共享性动机较强，人文社区参与性较强，两社区共同之处是，信任正向影响共享行为，身份特征对浏览行为发挥积极作用。在用户使用行为研究上，还有冯琳[②]通过问卷和访谈方式对大学生利用云课堂学习平台的使用行为影响因素进行分析；李彦娜[③]对移动社交网络的用户行为影响因素进行研究；鲁耀斌和徐红梅[④]基于技术接受模型，对我国互联网用户接纳即时通信应用服务的行为意向影响因素进行研究，等等。任何一种媒体都有各自的独特性，需要运用不同理论进行用户使用行为研究。数字出版产品虽然与社会化媒体存在差别，但是也有相似之处，这为研究从移动多媒体技术角度分析数字出版产品使用行为影响因素提供了参考。

1.2.2　国外相关研究综述

在用户行为研究方面，国外研究主要集中在计算机科学、工程学、社会学、商业经济学、情报学、图书馆学、心理学、行为科学等领域，研究起步比国内早，研究范围涉猎面广，研究内容更加注重对现实问题的解决。在数字出版产品用户行为相关研究上，总体

---

① 徐美凤. 不同学科学术社区知识共享行为影响因素对比分析 [J]. 情报杂志，2011，30 (11)：134－139.

② 冯琳. 大学生云课堂学习平台使用行为的影响因素分析 [D]. 武汉：华中师范大学，2017.

③ 李彦娜. 关于移动社交网络的用户行为影响因素研究 [D]. 大连：东北财经大学，2012.

④ 鲁耀斌，徐红梅. 即时通讯服务使用行为的影响因素实证研究 [J]. 管理学报，2006 (5)：614－621.

上和国内差不多。因此，本书主要针对电子书、电子阅读器等用户行为的相关研究进行总结和简评。

电子书作为图书馆的重要馆藏，给用户提供了便捷的访问通道，能够节省用户查询信息资源的时间，理论上应该受到用户欢迎。那么现实中用户对使用电子书的态度如何呢，谢尔本（Shelburne）① 对此问题进行研究，通过对美国伊利诺伊大学图书馆读者调查，并结合 Springer 出版商的读者使用统计数据，了解读者对电子书的认识、使用和偏好，研究结果表明，电子书在读者中普遍受到欢迎，图书馆需要加强电子书服务；沃特（Velde）和恩斯特（Ernst）② 也对图书馆用户使用电子书的态度进行研究，得出相似的结果。而奥利维拉（Oliveira）③ 在通过调查学生使用图书馆电子书的行为和态度后，却得出相反的结果，指出用户喜欢使用纸质书而不是电子书。了解用户对电子书的接受度、阅读感知度以及使用模式有助于提高图书馆电子书服务质量，提供用户满意的电子书服务，从而能够使用户持续使用并达到利用目的。帕特森（Patterson）和斯普林（Spreng）④ 经过研究指出，满意度对用户未来使用意图有积极的影响；巴特赫吉（Bhattarcherjee）⑤ 指出使用电子书的满意度和持续使用行为之间存在本质上的联系，阿给（Tri‐

① Shelburne, W. A. E‐book usage in an academic library: User attitudes and behaviors [J]. Library Collections, Acquisitions, & Technical Services, 2009 (3): 59 – 72.

② WVD Velde, O Ernst. The future of eBooks? Will print disappear? An end-user perspective [J]. Library Hi Tech, 2009 (4): 570 – 583.

③ Oliveira, S. M. E‐textbooks usage by students at Andrews University: A study of attitudes, perceptions, and behaviors [J]. Library Management, 2012 (8): 536 – 560.

④ Patterson, P. G. and Spreng, R. A. Modelling the relationship between perceived value, satisfaction and repurchase intentions in a business-to-business, services context: an empirical examination [J]. International Journal of Service Industry Management, 1997 (5): 414 – 434.

⑤ Bhattacherjee, A. Understanding information systems continuance: an expectation-confirmation model [J]. MIS quarterly, 2001 (3): 351 – 370.

Agif）等①采用问卷调研方法，基于 TAM 和 EDT 理论，对学生使用
电子书进行实证研究，结果显示，满意度、感知有用性和主观规范
对用户持续使用电子书有正向影响作用；蔡文智（Tsai）② 通过调
查研究后指出，品牌、服务信任、感知有用性对使用电子书的态度
有积极影响，使用态度对电子书使用意向有正向影响作用。在用户
持续使用电子书的影响因素研究方面，现有研究模型已对此进行系
统化研究并提出有价值的见解③④；使用体验、人口因素对技术接受
的调节作用等方面研究也相对成熟，但是缺乏电子书使用行为影响
因素之间的关系研究。尽管如此，图书馆可以利用这些研究结果来
提升电子书服务质量，电子书销售商可以利用这些研究完善营销策
略、增加特色服务。

目前，图书出版业逐渐将电子书称为消费产品，它的内容表现
形式、传播方式都已超越了纸质书，也对由纸质书建起来的图书文
化提出挑战，基于此伯里特（Burritt），卡拉·安尼（Kara Anne）⑤
从阅读心理学、数字人文、出版学等角度出发，通过调研用户使用
电子书行为和访谈生产电子书的出版人士，对电子书怎么改变人们
的阅读行为，为什么把图书当作文化产品，如何以用户为主进行出

① Tri – Agif I, Noorhidawati A, Ghalebandi S G. Continuance intention of using e-book among higher education students ［J］. Malaysian Journal of Library & Information Science, 2016, 21（1）: 19 – 33.

② Wen – Chia Tsai. A study of consumer behavioral intention to use e-books: the Technology Acceptance Model perspective ［J］. Innovative Marketing, 2012, 8（4）: 55 – 66.

③ Al – Maghrabi, T. and Dennis, C. What drives consumers' continuance intention to e-shopping: Conceptual framework and managerial implications in the case of Saudi Arabia ［J］. International Journal of Retail & Distribution Management, 2011, 39（12）: 899 – 926.

④ Chen, S – C., Chen, H – H. and Chen, M – F. Determinants of satisfaction and continuance intention towards self-service technologies ［J］. Industrial Management & Data Systems, 2009, 109（9）: 1248 – 1263.

⑤ Burritt, Kara Anne. E – Books: Revolutionizing Book Culture ［D］. Washington: Georgetown University, 2010.

版等问题进行研究。个人、设备、社会环境等因素均能够影响到用
户的阅读行为、阅读效率或阅读倾向。康延禹（Kang）等[1]对性别
因素影响阅读电子书效率的问题做了实验，对未使用过电子书的
16～18岁的10名女生和10名男生阅读电子书的速度和效率进行测
试，结果显示女性比男性阅读效率高；福阿斯伯格（Foasberg）[2]
通过对在校大学生调查，结果显示，价格是影响大学生使用电子阅
读器的重要障碍，另外，他们也不太喜欢从图书馆借电子阅读器去
阅读上面的电子书。电子阅读器的使用会有不同的目的，雷斯顿
（Reston）[3]对使用苹果iPad的目的进行调查，结果显示37%的被
调查者喜欢在iPad上阅读电子图书，一半的被调查者喜欢浏览网页
和查收电子邮件；吉布森（Gibson）和吉布（Gibb）[4]对学生使用
阅读器的感受进行研究，并给生产企业改进阅读器设备的功能提供
建议。电子书一般通过互联网进行销售，在线交易中，用户为避免
交易中的风险，更愿意和品牌与声誉较好的商家进行交易。史密斯
（Smith）和布林约尔弗森（Brynjolfsson）[5]通过分析20268名用户
的消费行为记录，发现在线图书消费市场中，品牌和声誉是用户购
买图书的重要影响因素。以上研究涉猎面很广，研究结果丰富多
彩，对数字出版产品的使用影响因素研究有一定的借鉴意义，但是
研究还有待深入化和系统化。

---

[1]　Kang Y Y, Wang M J J, Lin R. Usability evaluation of e-books [J]. Displays, 2009, 30
(2)：49－52.

[2]　Foasberg N M. Adoption of e-book readers among college students：a survey [J]. Information Technology & Libraries, 2011, 30 (3)：108－122.

[3]　Reston. comScore releases results of study of Apple iPad and e-reader consumer attitudes, behaviors and Chris Gibson. An evaluation of second-generation e-book reader [J]. The Electronic library, 2011, 29 (3)：303－319.

[4]　Chris Gibson, Forbes Gibb. An evaluation of second-generation e-book reader [J]. The Electronic Library, 2011, 29 (3)：303－319.

[5]　Michael D. Smith, Erik Brynjolfsson. Consumer Decision-making at an Internet Shopbot：Brand Still Matters [J]. The Journal of Industrial Economics, 2001, 49 (4)：541－558.

采纳行为、持续使用行为和使用意愿等也是其他社会化媒体用户行为研究的重要内容。夸迪尔（Quadir）和陈年成（Chen）[1] 对阅读和写作习惯影响用户采纳博客的行为进行了调查，结果显示，用户阅读和写作习惯是博客采纳的重要影响因素，又结合创新扩散理论指出，在早期阶段有深度阅读习惯的用户易倾向采纳博客；许金龙（Hsu）和林川川（Lin）[2] 通过对 212 名用户使用博客的情况调查，验证其构建的涉及技术接受、知识分享和社会因素的模型，结果表明，易用性、享受性、知识分享对使用意愿有正向影响作用，社会因素和态度对用户持续使用博客有积极作用；帕里斯（Paris）等[3]基于传统技术接受模型提出社会化技术接受模型，研究信任、满足感、预期关系等因素对用户使用脸书（Facebook）的影响及其对用户接受事件功能的影响，结果表明，信任和预期关系因素对用户接受事件功能有正向影响作用。姜熙泽[4]通过对智能手机用户进行研究，结果表明，感知美学对感知价值和用户满意有显著影响，感知价值对用户满意有显著影响。帕克等[5]对旅游业中的用户渠道选择和满意度进行研究，结果显示，渠道选择与用户满意度存在正向相关关系，渠道满意度与购买意向存在正向相关关系，

---

① Benazir Quadir, Nian–Shing Chen. The effects of reading and writing habits on blog adoption [J]. Behaviour & Information Technology, 2015, 34 (9)：893–901.

② Chin–Lung Hsu, Chuan–Chuan Lin. Acceptance of blog usage：The roles of technology acceptance, social influence and knowledge sharing motivation [J]. Information & Management, 2008, 45 (1)：65–74.

③ Paris C. M. Lee W. J. Seery P. The Role of Social Media in Promoting Special Events：Acceptance of Facebook "Event" [J]. Information and Communication Technologies in Tourism, 2010 (14)：531–541.

④ 강희택.지각된 심미성과 기업연상이 사용자 행동에 미치는 영향 [J].무역연구, 2016 (4)：539–556.

⑤ Park, Hyunjee, Park, Jungwhan; Lee, Joung–Sil. Analysing the Relationship among Tourism Omnichannel Selecting Factor, Satisfaction and Purchasing Intention on the Tourism Purchasing Stage [J]. Journal of Digital Convergence, 2017, 15 (10)：173–182.

用户体验对渠道选择和渠道满意度有正向调节效应。这些研究表明，涉及使用行为影响因素的研究相对比较全面，利于本书结合数字出版产品特点，因地制宜地选择理论，科学地分析影响因素。

总之，在用户使用行为、使用意愿的影响因素研究上，国内外均取得了一定的成果，建立很多有实用价值和理论指导意义的模型，这些模型从不同视角对影响用户使用行为、使用意愿的因素及其相互关系进行阐述，研究范式基本上都是套用接受信息系统、信息技术方面的理论模型，并利用问卷调查数据对模型进行验证，此范式似乎成为了此领域的研究标准，极少有研究利用扎根理论方法来探究数字出版产品用户使用意愿的影响因素，更缺少依据数字出版产品的精神文化特质来分析影响因素。总体上看，数字出版产品用户使用行为、使用意愿影响因素的相关研究还比较零散，未成体系。现有研究中要么是针对某种单一类型的数字出版产品展开研究，如电子书、电子阅读器、数据库等，研究其用户使用行为，但是尚未从全局和整体角度出发考虑产品的精神文化特征并兼顾产品的特殊要求；要么只探讨用户使用行为影响因素的某一个维度，而未从影响用户使用行为、使用意愿的多维度综合研究，如内容资源、技术接受、用户需求等。于是，本研究在借鉴以上研究成果的基础上，利用扎根理论研究方法对用户使用意愿影响因素进行探索性研究，再结合数字出版产品的精神文化特征以及用户使用行为的内容、模式和过程，从价值感知、内容资源、外部环境等维度考虑影响数字出版产品用户使用意愿的因素。

1.3 概念界定和研究问题

任何一项研究如果概念不清晰、研究问题不明确，将会让假问题呈现在无谓的研究之中，而真问题往往被隐藏起来，为此需要对数字出版产品、使用意愿、价值感知等概念进行界定并明确研究问题。

1.3.1 概念界定

（1）数字出版产品

产品可以从广义和狭义上去理解。广义的产品是指凡是能够满足人们的某种需要和欲望的东西，就是产品。显然它既包括有实体形状的实物产品，又包括无形的服务；而狭义的产品则只包括具有某种特定物质形态和用途的物体，即实体产品[①]。文化产业中，一般采用广义上的产品概念，如影视产品、图书产品等。早在20世纪八九十年代，出版界就把图书称为图书产品。胡典世和练小川（1990）从营销学角度把图书称为图书产品，并从产品整体概念的核心部分、有形部分、延伸部分三个层次去理解图书产品[②]。图书产品的核心部分是提供给读者的实际效用或核心利益，是读者真正想购买的知识内容；有形部分是基于核心利益制作出来的产品或服务，指图书的具体物质形态和知识内容的表现形式；延伸部分是提供给读者的一系列附加服务，主要解决读者在购书前、中、后遇到的各种问题。可见，图书产品主要功能是满足读者的知识内容需求，另外，还要有美丽的外形和解决读者购书过程中出现的问题。

随着技术的快速变化和进步，技术重塑了人们消费文化产品的方式[③]。于是通过互联网获取知识信息成为了人们获取信息资源的

---

① 刘诗白，邹广严. 新世纪企业家百科全书·第4卷［M］. 北京：中国言实出版社，2000：2707－2708.

② 胡典世，练小川. 图书营销学［M］. 武汉：武汉大学出版社，1990：158－160.

③ Suraj Sehga. Future Technologies to Revolutionize Digital Publishing［EB/OL］.［2017－10－20］. https://www.huffingtonpost.com/suraj－sehgal/three－future－technologies_b_12524772.html.

主要渠道，数字阅读逐渐成为阅读的主流方式，人们获取知识信息的需求也表现出多元化和个性化。在此情况下，传统出版物已不能满足用户这些需求，于是数字出版产品开始成为人们阅读、学习的主要媒介。黄孝章和张志林（2012）认为，数字出版产品是指数字出版商基于数字出版技术，设计和生产并提供给市场的、被人们消费和使用以满足人们某种需求和欲望的物品或无形的载体及服务。它是数字出版生产的成果，是用一定的物质载体承载特定精神内容的产品形式①。此定义明确了产品的功能和作用，指出生产主体是数字出版商，产品包括满足用户需求的物品、无形载体及服务。罗欢欢（2014）认为："数字出版产品是出版单位或个人生产出来的以网络为传播渠道的数字化出版产品，它在内容上与传统出版产品保持一致，但是以数字化的形态存在。"② 此定义从与传统出版产品比较的角度进行认知，对生产主体进行了具体化，仅为出版单位或个人；李苓、陈艾婧等（2017）认为，数字出版产品就是借助数字出版技术，以数字出版的方式出版，以"数字"为特征的一种新型出版物，是数字出版活动的成果。它既涵盖传统出版的编辑、复制、发行等环节的数字化改造产品，又包括许多新兴数字媒体的复合型出版产品③。该定义从技术、传统出版角度进行理解，并解释产品范围。

　　虽然以上定义从不同角度对数字出版产品进行阐释，但是它们也存在共同之处，均强调数字出版产品需要采用数字技术，是数字化的出版形态。如果按照定义理论，定义要反映事物的本质。笔者认为上述定义都没能很好地反映数字出版产品的本质，也就是知识内容。为此，本书在借鉴上述研究成果的基础上，从产品整体概念

---

　　① 黄孝章，张志林．数字出版产业发展模式研究［M］．北京：知识产权出版社，2012：73.

　　② 罗欢欢．基于移动终端的数字出版产品研究［D］．保定：河北大学，2014.

　　③ 李苓．数字出版学概论［M］．成都：四川大学出版社，2017：77.

上去认知，数字出版产品是指以满足人们的信息、知识等精神需求为核心，以数字形式编辑、营销、存在的出版产品。这样，此定义不仅强调了数字出版产品的本质，还显示出数字出版产品的核心部分与图书产品相近，只是有形部分和延伸部分差异比较大。数字出版产品的有形部分一般以光盘、优盘、硬盘等为存储载体，通过互联网进行传播，但是正常情况下人们几乎看不到它的有形实体，只能借助电子阅读器、计算机、智能手机、PAD 等设备和相关阅读软件才能呈现，在这种情况下，有形部分便被认为是产品的设计排版、易用性和多元化表现形式等；延伸部分不再注重服务于购买实体的过程，而是侧重解决用户的知识需求问题，提供知识服务和多样化的知识消费场景，通过产品品牌和形象满足用户心理上的需求等。

　　数字出版产品可以从不同角度进行分类，并且每一种分类都有其存在的意义。依据数字出版产品和传统出版物的继承关系，它可以分为两种：一是传统出版物的数字化形态、衍生品等，如电子书、数字期刊、数字报纸等；二是数字环境下新出现的出版物，如手机出版物、博客、网络游戏等。目前，对传统出版物的理解存在广义和狭义之分，中国大百科全书编委会编的《中国大百科全书·新闻出版》① 和 20 世纪 90 年代我国翻译日本的《简明出版百科辞典》② 均指出，狭义上的出版物包括图书、杂志，而广义上的出版物增加了报纸。这样前者又可分为狭义和广义两种类型。狭义的是指电子书、数字期刊、二者的数据库等，广义的是在此基础上增加数字报纸及其数据库等。

　　数字出版产品还可依据其是否具有交互性进行划分，可以分为

---

　　① 中国大百科全书编委会. 中国大百科全书·新闻出版［M］. 北京：中国大百科全书出版社，1990：63.

　　② 布川，角左卫门. 简明出版百科辞典［M］. 申非，等译. 北京：中国书籍出版社，1990：98.

单向类和交互类两种类型。

依据内容所依附的载体划分，可以分为磁带型、磁盘型、光盘型、集成电路卡型、网络型等。

依据其所服务的对象划分，可以分为大众类、教育类、专业类等类型的数字出版产品①。

依据媒介信息的表现形式划分，可以分为文本型、图像型、音频型、视频型、多媒体型等。

依据出版性质划分，可以分为合法数字和非法数字出版产品。

根据研究需求，本研究中的数字出版产品是指按照数字出版产品和传统出版物的继承关系分类下的狭义类型上的数字出版产品，主要对以数字形态存在的图书进行研究，即电子书以及主要由电子书组成的数据库进行研究。对此类数字出版产品的使用者就是本书的调研对象——用户，是指在科研、学习、工作、日常生活等活动中利用数字出版产品的使用者。

（2）使用意愿

消费者行为学认为，消费者行为是一种客观存在的社会现象，是指消费者为获取、使用、处置产品或服务而采取的一系列行动②，对其研究能够发现和掌握用户在使用产品过程的心理与行为特征及其规律，能够使生产者发现市场机会、细分市场、选择市场、定位产品、开发产品、营销产品等，还能够适应、引导、完善和优化用户使用行为。在实证研究方面，费西本（Fishbein）和阿杰恩（Ajzen）③运用社会心理学提出的理性行为理论 TRA，把使用意愿

---

① 国家新闻出版广电总局出版专业资格考试办公室. 数字出版基础：2015 版［M］. 北京：电子工业出版社，2015：12 - 16.

② James F. Engel, Roger D. Blackwell, Paul W. Minard. Consumer Behavior［M］. New York：The Dryden Press，1995：25 - 31.

③ Fishbein, M, Ajzen, I. Belief, attitude, intention, and behavior：An introduction to theory and research［M］. Boston：Addison - Wesley，1975.

作为使用行为的直接决定变量，行为态度和主观规范通过使用意愿来影响用户的实际行为。戴维斯（Davis）[1] 在其博士毕业论文中提出的技术接受模型 TAM，把使用意愿看作使用行为的最终决定因素，使用意愿受感知有用性和使用态度的共同影响。阿杰恩（Ajzen）[2] 在 TRA 理论的基础上提出的计划行为理论 TPB，同样把使用意愿作为实际行为的直接决定因素。随后出现的 TAM2、UTAUT、UTA-UT2 等模型亦是如此。可见，使用意愿逐渐成为研究使用行为的直接决定因素，成为预测用户使用行为的最佳变量，个人对某行为的意愿越强烈，就越有可能采取该行为。

本研究中的使用意愿，是指使用者和潜在使用者依据自己的心理是否采用数字出版产品和服务的一种主观概率判断，反映了用户使用数字出版产品的主观意愿强度和将来是否会愿意考虑使用的强度。由于用户受到内、外部因素的影响，其使用意愿千差万别，即具有多样性又具有复杂性。同时也具有共性，即任何使用意愿都会受人类需求的支配，而需求可以从生理、心理、社会等方面找到解释的原因。于是本研究将利用扎根理论研究方法，探索数字出版产品用户使用意愿的影响因素。

（3）价值感知

马克思在《资本论》中指出，价值是指凝结在商品中的无差别的人类劳动[3]；价值论学家袁贵仁[4]指出，事物的意义就是价值；哲

---

① Fred D. Davis. A Technology Acceptance Model for Empirically Testing New End – User Information Systems：Theory and Results ［D］. Massachussetts Institute of Technology，1985.

② Icek Ajzen. The theory of planned behavior ［J］. Organizational Behavior and Human Decision Processes，1991，50（2）：179 – 211.

③ 马克思（Marx，k.）. 中共中央马克思恩格斯列宁斯大林著作编译局译. 资本论 ［M］. 北京：经济科学出版，1987：62.

④ 袁贵仁. 关于价值与文化问题［J］. 河北学刊，2005（1）：5 – 10.

学家冯契①认为，价值是评价的对象，意义的客观化就是价值。现实生活中，价值处于主客体关系之间，能够依据关系的变化而变化，其含义更多倾向于事物或商品对于人的需求意义，或者说是客体满足主体需求的程度。利用"价值"概念分析问题的研究，相对比较早的学科是市场营销领域，如波特（Porter）② 指出价值是用户愿意支付的价钱；伊斯梅尔（Ismail）和卡蒂比（Khatibi）③ 认为用户价值是基于价格进行衡量的。随着"价值"被更多学科借用，其含义也越来越丰富，其衡量标准开始多元化，如董大海④基于用户价值文献分析，指出用户价值可以采用得失观、总体评价观、得益观等方面进行衡量。得失观是指用户消费得到的利益是通过付出一定的代价换来的，得失是一个差额或是一个函数，此方法比较容易量化，因此得到很多研究者的认可。总体评价观是一个动态过程，相对存在主观性，并容易受到驱动的多维性、不同评价差异情景的影响，还会因不同用户在不同文化、不同时间而产生差异，此方法不能够精确评价用户对某种商品的具体得失，能够从总体上对用户得失进行模糊判断，此方法也是研究者常用的方法之一。得益观仅仅重视正面的价值，认为价值的积极作用才是产生价值的最重要因素。

价值感知是用户满意的自然延伸，是满意度的重要测量变量之一，能够直接对用户的使用意愿产生影响。本书结合数字出版产品

---

① 冯契. 人的自由与真善美 ［M］. 上海：华东师范大学出版社，1996：59.

② Porter, Michael E. Technology and Competitive Advantage ［J］. Journal of Business Strategy, 1985, 5（3）：60 – 78.

③ Ismail H, Khatibi A. Study of the Relationship between Perception of Value and Price and Customer Satisfaction：The Case of Malaysian Telecommunications Industry ［J］. Journal of American Academy of Business, 2004, 4（1/2）：309 – 313.

④ 董大海，金玉芳. 消费者行为倾向前因研究 ［J］. 南开管理评论，2003（6）：46 – 51.

的文化特点，主要从用户知识满足、功能体验、思想认同等方面进行测量，探究价值感知对用户使用意愿的影响。

1.3.2 研究问题

一般情况下，传统出版物需要经过出版机构编辑加工，再经过发行经销商运转，读者才能获得、使用。而数字出版产品借助计算机、通信、网络等技术，实现了数字出版产品与用户直接接触的机会，但是也造成技术服务商、设备制造商、内容运营商等企业的加入，无形中加剧了数字出版市场的竞争态势，使出版机构失去了传统出版时代"振臂一呼、应者云集"的角色，也使用户具有双重身份（作者、读者）。用户作为数字出版产业链的末端，决定着数字出版产品的价值和使用价值的发挥，经过互动交流和角色变换，又会成为产业链的始端，创造作品或者提供修改作品的意见，可以说用户如何获取、阅读、使用数字出版产品对数字出版产业来说就显得特别重要，那么什么因素会影响用户使用行为、使用意愿以及影响程度如何就成了优化数字出版产品、加快发展数字出版产业的关键所在。基于此，本研究在统计分析前人研究成果和相关理论的基础上，借助数字出版产品的精神性、商业性、虚拟性、多媒体等属性特点，尝试探索将使用满足理论、UTAUT2 模型、媒体丰富度理论运用到数字出版产品的使用环境中，从用户使用数字出版产品的内容、模式、过程开始，从个体需求与心理因素、内容资源、外部环境等方面分析用户使用意愿的影响因素，进而构建一个全面、新颖的数字出版产品用户使用意愿影响因素理论模型。通过问卷调研对模型进行验证，分析其中每个维度的影响指标，验证每个指标与数字出版产品用户最终使用意愿与实际使用行为之间的关系。基于上述研究结果，给出版社如何围绕用户使用意愿影响因素改善营销策略、优化和创新数字出版产品、开展知识服务提供可参考性建议。

根据上述研究目的，本书围绕以下问题展开探讨。

第一，探索用户为什么要使用数字出版产品？选择数字出版产品受什么因素影响？有哪些需求得不到满足？利用面对面访谈方法，依据上述问题对用户进行访谈，对获得的资料进行分析、归纳、合并、抽象为相关概念，从中挖掘使用意愿的影响因素。在此基础上，尝试从价值感知、内容资源、阅读习惯、促进因素、努力期望、社会影响等方面分析用户使用数字出版产品的影响因素，结合使用满足理论、UTAUT2 模型、媒体丰富度理论构建数字出版产品用户使用意愿影响因素理论模型。

第二，利用调查问卷研究，采用统计分析、结构方程模型等方法对理论模型进行检验和修正，阐释每一个维度中的具体影响指标，以及其与用户使用意愿之间的关系。在其研究结果上，分析出版社怎样利用用户使用意愿影响因素去完善数字出版产品的功能、发展数字出版业务、匹配用户使用行为和需求，并对我国数字出版的未来发展提出相应的建议和对策。

1.3.3　研究意义

理论来源于实践，实践需要理论指引，两者是相辅相成的关系。目前，中国数字出版产业的实践超前，新产品、新出版模式频频出现，亟须相应理论进行指引，使其走向更加光明的大道。数字出版产品的用户使用意愿影响因素是数字出版产业发展的重要依据之一，它直接影响着产品的编辑、加工、营销及其存在形态等。对使用意愿影响因素进行理论和实证分析，不仅能够丰富数字出版用户理论，还能够为数字出版机构的实践提供理论指引。因此，本研究把使用满足理论、UTAUT2 模型和媒体丰富度理论引入数字出版产品使用环境中，对用户使用意愿的影响因素从多个角度进行探究，提出、测试一个全面、新颖的数字出版产品用户使用意愿影响因素理论模型。这样不仅能够拓展数字出版理论，验证其他学科理论在数字出版中的适应性，还能够为出版学中的用户研究提供新的研究思路和方法。另外，此研究还有助于了解用户心理，探究用户需求，掌握用户阅读、使用偏好，揭示用户使用意愿影响因素的影响程度和关键因素，从而帮助出版社更好地了解用户，引导和判断用户行为，有针对性地开发设计数字出版产品和服务，从而进一步满足人民群众多样化、多层次、多方面的精神文化需求。

1.4　研究思路和研究方法

1.4.1　研究思路

数字出版产品的用户使用意愿是出版社编辑、加工产品的重要依据，它直接影响着产品的选题、开发、形态、营销等。另外，用户还是数字出版产品的评价者和使用者，用户通过购买、使用不仅可以提高产品的社会效益和经济效益，而且还可以让产品功能不断完善、服务持续优化。那么用户使用意愿对出版社的产品开发、制定营销策略就显得特别重要，而影响使用意愿的因素又是其重中之重。因此，本书对用户选择、使用数字出版产品过程中容易受哪些因素影响进行了访谈，基于访谈获得的原始资料从消费者行为学角度出发对使用意愿影响因素进行分析和探究，以媒介丰富度理论、使用满足理论和 UTAUT2 模型为基础理论，再结合国内外已有用户使用意愿影响因素研究成果，构建数字出版产品用户使用意愿影响因素模型。在此基础上，结合数字出版产品的特征和成熟的量表设计调查问卷，经过问卷正式调研后，利用数据统计分析、结构方程模型等方法对模型的适配性和理论假设的合理性进行检验。依据研究结果，对出版社优化、完善数字出版产品功能、形态，开发新产品，市场定位，制定营销策略等方面进行深层剖析并给出相应的对策建议。研究技术路线如图 1 - 1 所示。

1.4.2　研究方法

（1）文献研究法

文献研究法，是一种依据研究主题通过检索、整理、分析相关文献，进而做到全面、详细地掌握研究问题的一种方法。本书围绕人们使用电子书的行为与使用意愿影响因素、使用文献数据库的行为与使用意愿的影响因素、使用社会化媒体的行为与使用意愿影响因素等研究主题，对知网、万方、维普、读秀、综合学科全文数据库（EBSCO）、科学文献数据库（WOS）、博硕士论文全文数据库（PQDT）、谷歌（Google）学术搜索等国内外数据进行检索，得到大量与本研究相关的期刊论文、硕博毕业论文等研究文献，通过对已有研究文献的整理、分析和挖掘，掌握目前研究现状和最新动态，分析用户选择、购买、利用数字出版产品过程存在的问题及其受到的影响因素。在此基础上，对相关研究文献进行梳理并总结研究成果和研究不足。再借用其他学科成熟的理论和方法，形成探究用户使用意愿影响因素的分析架构，同时为访谈研究开展、理论模型构建、研究假设提出、问卷设计等奠定坚实理论基础。

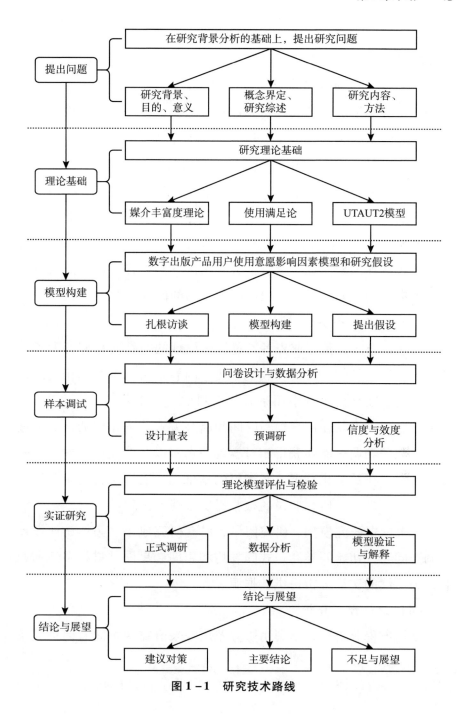

图 1 - 1　研究技术路线

（2） 访谈研究法

访谈研究法，是指访谈者通过访问被访谈者而对某些问题或现象进行调查的一种方法。本书对 36 名用户进行面对面访谈，获取用户使用数字出版产品的真实心理与态度，以及受到内容资源、外部环境等因素的影响，利用 Nvivo11 软件对数据进行分析、归纳与编码，形成影响用户使用意愿的六大因素；邀请出版学、图书馆学、情报学和传播学等学科的 9 名专家进行集体访谈，分析初始问卷存在的问题，以此结果进行适当的优化和完善；通过对北京、南京、苏州三地 16 家出版社的数字出版业务相关负责人实地访谈，获取出版社在编辑、加工、营销数字出版产品，开展数字出版业务过程中存在的问题和困惑，以此明晰本书的研究问题。

（3） 问卷调查法

问卷调查法，是指调查者通过统一设计的问卷向被调查者了解情况，征询意见的一种资料收集方法。问卷是指由一系列相关问题所组成的、在社会调查中用来收集资料的一种工具①。由于它可以采用匿名形式以及在用户填写时间和回答方式基本相同的情况下进行，因此问卷调查能够获得相对客观、真实以及涉及敏感性问题的各种资料，在数字化整理这些资料的基础上，能够进行定量分析研究，给研究模型、研究假设的检验提供数据支撑。

本书依据研究模型、研究假设、已有研究成果、集体访谈设计了调查问卷，初始问卷和正式问卷均利用问卷星网站进行发送和回收，为后续的实证分析提供数据源。

（4） 结构方程分析法

结构方程分析法，是利用协方差矩阵来研究变量间有何种关系

---

① 吴增基，等. 现代社会调查方法 第 2 版 ［M］. 上海：上海人民出版社，2003：153 - 154.

的一种统计方法。本研究利用 AMOS21 软件构建数字出版产品用户使用意愿影响因素的结构方程模型，分析测量模型与结构模型的拟合情况，验证模型中提出的研究假设，分析影响用户使用数字出版产品意愿的因素。

1.5　研究创新

（1）构建数字出版产品用户使用意愿的影响因素模型

本研究通过文献调查和扎根访谈，综合运用 UTAUT2 模型、使用满足理论和媒体丰富度理论，构建数字出版产品用户使用意愿影响因素研究模型，利用数据统计分析、结构方程模型等方法对其进行评估和检验。实证层面上的验证，为此模型理论的应用提供了强有力的支撑，并增加模型的解释力度。通过扎根理论探索性研究，把数字出版产品的内容资源因素细化为内容质量、呈现功能、知识内容和表达方式四个维度；把价值感知因素细化为内容满足、社交互动、体验满足、自我认同和娱乐休闲。最终此模型从数字出版产品的内容资源、用户的价值感知、其他情景因素三个层面有效阐释使用意愿的影响因素，不仅拓宽使用意愿研究的理论视野，还对出版社优化数字出版产品功能、制定营销策略、定位产品市场、升级数字出版业务、匹配用户使用行为和需求等具有一定的参考价值。

（2）影响用户使用数字出版产品意愿的关键因素是价值感知和内容资源

本研究通过实证研究发现，用户使用数字出版产品的主要依据是自己的需求和兴趣，用户需求满足程度越高，其使用数字出版产品的意愿就越强烈，并且价值感知可以通过娱乐休闲、内容满足、体验满足、自我认同和社交互动来正向反映，在这五个因素中，娱乐休闲反映程度最高，其次是内容满足，可以表明用户使用数字出版产品的首要需求是休闲娱乐，然后才是产品的知识内容。数字出版产品品质越高，用户的使用意愿越强烈，其内容资源可以通过呈现功能、内容质量、表达方式和知识内容来正向反映，在这四个因素中，呈现功能反映程度最高，其次是内容质量，可以说明用户更加热衷于数字出版产品提供的有助于阅读和知识吸收的功能。此研究结论有助于出版社掌握用户需求和使用偏好，获知用户使用数字出版产品各个影响因素的影响程度，从而帮助出版社更好地进行用户画像，引导和判断用户需求和行为，有针对性地开发数字出版产品和提供知识服务。另外，基于使用意愿的影响因素，出版社可以从个体需求与心理因素、内容资源、外部环境等方面着手，提高数字出版产品的用户使用意愿，更新理念、制定策略、开展营销和实施激励措施。

（3）定性研究与定量研究相互融合与补充

研究过程中坚持定性研究与定量研究相互补充、规范研究与实证分析相互融合的原则，对用户的使用意愿影响因素进行扎根探究，对数字出版产品用户使用意愿影响因素模型进行构建和验证，并灵活运用多种学科理论，主要从出版学、传播学、消费者行为学、心理学等角度对影响因素进行阐释。在研究方法上有别于以往对数字出版产品的研究。

1.6 小   结

本章阐述了选题背景，对国内外已有相关研究文献进行梳理和述评。在此基础上，明确研究所涉及的名词概念，提出研究问题，并阐释研究意义、研究思路、研究内容、研究方法和研究创新。

第 2 章
理 论 基 础

　　理论是科学研究的灯塔，没有理论的指引研究如同盲人摸象，易于造成以点代面、以偏概全的结果。数字出版产品用户使用行为是极为复杂的活动，会涉及多个学科的理论。为更加清晰、深入地分析用户使用意愿的影响因素，非常有必要借鉴其他学科的理论。因此，本章重点对研究需要的 UTAUT2 模型、媒介丰富度理论、使用满足理论的概念及其应用进行了阐释，以便对使用意愿影响因素的研究更具合理性和可行性。

2.1　UTAUT2 技术接受与利用整合理论

2.1.1　UTAUT2 理论的产生与含义

　　1946 年，美国宾夕法尼亚大学研制成功了世界上第一台通用电子计算机，称为 ENIAC。此后，随着以计算机技术为首的信息技术的迅速发展，逐渐影响到很多产业以及人们的日常生活。于是 20 世纪 60 年代初，日本学者梅卓忠夫在《信息产业论》中提出"信息产业"一词,并指出将来社会发展将更加依赖信息技术,发生"信息革命",进入"信息化社会"①。此观点得到西方社会的认同,出现专门的产业分类和信息经济等。1977 年,美国信息经济学家波拉特(Porat,M. U.)在其发表的《信息经济》(*The Information Economy*)中,突破柯林·克拉克的就业结构三分法,将其分为农业、工业、服务业和信息业,并指出由于信息成本增加,过去四十年生产率整体上呈下降趋势(通过投入与产出计算),而第二次信息部门②的生产率却在提高,主要归功于使用电子计算机和通信技术,由于此技术带来的自动化造成失业,人们又指责该技术③。1980 年,美国社会学家阿尔温·托夫勒在《第三次浪潮》一书中,将人类社会发展划分为三个时期:第一次的农业阶段;从 17 世纪末开始的第二次的工业阶段;从 20 世纪 50 年代后期开始,以电子工业、遗传工程等工业为基础的第三阶段,并对此阶段社会变化进行了重点阐述④。1983 年,J. 霍肯的《下一个经济》中指出,工业化经济是以机械化为特征的"物质经济",而未来的经济则是以微电子信息技术为特征的"信息经济"⑤。这样信息社会、信息产业、信息经济等概念被广泛接受,同时信息技术也让企业生产方式发生翻天覆地的变化,信息化、自动化、数字化等词汇陆续出现,人们开始就信息技术对企业生产产生的影响展开讨论。

当企业面对由信息技术引领的新经济时,很多企业意识到它蕴含着巨大商机,于是投入巨资研发或购买自己的管理信息系统

---

① 张国锋. 管理信息系统 [M]. 北京:机械工业出版社,2001:43.
② 第二次信息部门包含政府和非信息企业创造的用于其内容消费的全部信息服务。
③ 波拉特(Porat,M. U.)信息经济论 [M]. 李必祥,等译. 长沙:湖南人民出版社,1987:230 – 240.
④ 阿尔温·托夫勒. 第三次浪潮 [M]. 朱志焱,潘琪,译. 北京:北京三联书店,1983.
⑤ 殷登祥. 科学、技术与社会概论 [M]. 广州:广东教育出版社,2007:192.

（MIS）、企业资源计划（ERP）、计算机集成制造系统（CIMS）等，以提升自身的管理水平和生产效率。但是却出现"理想很丰满，现实太骨感"的现象，也就是学界所谓的"信息技术悖论"问题。对此原因阐释可谓"仁者见仁，智者见智"。比如一些学者认为是不同统计口径或企业员工需要学习、吸收信息技术等原因造成，也有一些学者认为是管理不当、效益扩散等原因造成；还有部分学者提出相关理论和模型进行分析，如理性行为理论（theory of reasoned action，TRA）、技术任务适配模型（task technology fit，TIF）、计划行为理论（theory of planned behavior，TPB）、技术接受模型（technology acceptance model，TAM）等。这些模型和理论对企业员工在工作中接受与使用信息技术给予阐述，其中 TAM 以其结构简单、实用而备受推崇。

1985 年 12 月，戴维斯（Davis）向麻省理工学院斯隆管理学院提交了自己的博士毕业论文 *A Technology Acceptance Model for Empirically Testing New End – User Information Systems：Theory and Results*，该论文研究目的是发展和验证技术接受模型 TAM，一是提高人们对 TAM 的认识，为设计和实施信息系统提供新的理论视角；二是为测试用户接受信息系统提供理论支撑，能够让设计者和实施者在新信息系统实施前进行评估和测试[①]。TAM 模型是在借鉴 TRA 理论的基础上构建的，二者相同点是使用意向是个体使用行为的直接决定因素；不同之处是 TAM 用感知有用性和感知易用性作为使用态度的决定因素，而 TRA 用行为信念作为使用态度的决定因素。TAM 理论模型如图 2 - 1 所示。

---

① Fred D. Davis. A Technology Acceptance Model for Empirically Testing New End – User Information Systems：Theory and Results［D］. Massachusetts Institute of Technology，1985.

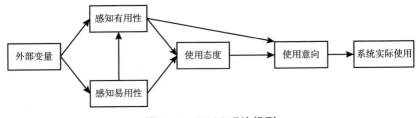

图 2 - 1　TAM 理论模型

　　从图 2 - 1 可以看出，使用态度（attitude toward using）间接影响着系统实际使用（actual system use），使用态度受感知有用性（perceived usefulness）和感知易用性（perceived ease of use）共同影响，并且两者之间也存在联系，感知易用性对感知有用性产生影响。后来有学者指出，感知有用性和感知易用性并非是解释和预测用户接受和使用信息系统的仅有影响因素，如乐可斯（Legris）指出 TAM 模型需要增加组织、社会等方面的因素，以强化它对用户接受信息系统的说服力①。组织环境中，因为用户使用信息系统会受到来自主管、同事等方面的压力，所以 TAM 也不应把主观规范取消②。另外，此模型还存在实验对象单一，调查对象以学生为主，数据采集方法存有可疑之处，信息系统主要使用办公自动化软件或者是自开发软件等问题。针对上述问题，戴维斯（Davis）与他的合作者对 TAM 模型进行多次修正，以提高其解释力。

　　2000 年，文卡特斯和戴维斯（Venkatesh & Davis）把社会影响过程和认知工具性过程作为感知有用性的决定变量引入模型，并称其为 TAM2。社会影响过程包含主观规范、映像等概念，还有自愿

---

　　①　P. Legris, J. Ingham, P. Collerette. Why do people use information technology? A critical review of the technology acceptance model ［J］. Information & Management, 2003, 40 （3）: 191 – 204.

　　②　M. T. Dishaw, D. M. Strong. Extending the technology accept acceptance model with task-technology fit constructs ［J］. Information & Management, 1999, 36 （1）: 9 – 21.

性、经验等调节变量；认知工具性过程由感知易用性、结果呈现性、输出质量、工作相关性等组成①。这样该模型的解释能力得到进一步强化。但是也存在没有考虑到人的内在动机这一变量，实证中样本量小等问题。TAM2 模型如图 2 - 2 所示。

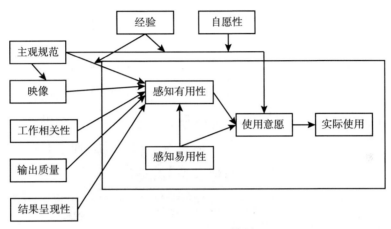

图 2 - 2 TAM2 模型

随着 TAM 模型的应用领域越来越多，单一从外部变量解释行为意愿就显得有些捉襟见肘，再加上还存在其他相关具有一定可靠性解释的模型。于是文卡特斯和戴维斯（Venkatesh & Davis）对 TIF、TRA、TPB、社会认知论（social cognitive theory，SCT）、创新扩散理论（innovation diffusion theory，IDT）、PC 利用模型（model of PC utilization，MPCU）、复合 TAM & TPB 模型、动机模型（motivation model，MM）等理论模型进行整合，如图 2 - 3 所示，构建比以往模型解释力（70%）都高的技术接受与利用整合理论模型（unified theory of acceptance and use of technology，UTAUT）。此模型

---

① 孙建军，成颖，柯青. TAM 模型研究进展——模型演化［J］. 情报科学，2007（8）：1121 - 1127.

包含直接对使用意愿和使用行为产生影响的四个因素（绩效期望、努力期望、社会影响、促成因素）和四个调节变量（性别、年龄、经验、自愿使用）①。其中绩效期望大致对应感知有用性，努力期望大致对应感知易用性，社会影响大致对应主观规范。绩效期望受性别和年龄调节变量影响，努力期望受性别、年龄、经验调节变量影响，社会影响受性别、年龄、经验、自愿使用调节变量影响，促成因素受年龄和经验调节变量影响。此模型推动了该领域的发展，为人们研究用户接受信息系统、信息技术受到的影响因素提供了比较正确的方案，但是它也存在缺陷，如研究假设建立在使用会产生积极效果基础上，用户接受信息系统后会产生怎样的影响没有给出解释，只提供用户接受与拒绝采用信息技术的原因，而没有对让用户如何有效地接受信息技术进行研究等②。

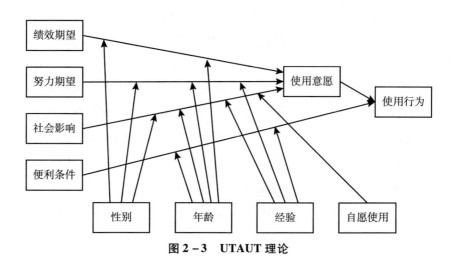

图 2 - 3　UTAUT 理论

———————————

　　①　V. Venkatesh，M. G. Morris，G. B. Davis，F. D. Davis. User acceptance of information technology：toward a unified view ［J］. MIS Quarterly，2003，27（3）：425 – 478.

　　②　高芙蓉，高雪莲. 国外信息技术接受模型研究述评 ［J］. 研究与发展管理，2011，23（2）：95 – 105.

不管是 TAM、TAM2、UTAUT，还是 TRA、TPB 模型理论，均存在一个共性问题，就是从个体用户角度出发研究影响接受信息技术的原因，而没有在组织环境下对管理人员的影响因素及原因进行研究，再加上上述模型还不完善，于是在 2008 年，文卡特斯和巴拉（Venkatesh & Bala）构建了 TAM3 模型①。如图 2 - 4 所示。TAM3 模型是在 TAM2 模型基础上，对感知有用性和感知易用性的决定因素拓展而来。感知有用性拓展为社会规范、结果示范、产出质量、形象和工作相关性，感知易用性直接受个人差异因素和系统特征因素影响。个人差异包含四个因素：计算机自我效能感知、计算机焦虑感知、计算机娱乐性、感知外部控制感；系统特征包含两个因素：感知愉悦性和客观可能性②。感知应用性和感知有用性还受经验和自愿两个调节变量的影响，但是调节变量只在用户使用信息技术的中后期才起作用。在用户刚开始使用信息技术时，感知易用性才会对使用意愿产生作用，随着使用经验的积累这种作用将越来越小。TAM3 与 TAM、TAM2 相比具有全面性和可操作性优势，但是也有缺陷，它的研究方法和研究对象与 TAM2 完全一致，导致 TAM3 也存在与 TAM2 相同的缺陷；测量量表与 UTAUT 理论的量表相同。

为进一步扩大模型的使用领域，2012 年文卡特斯（Venkatesh）、桑格（Y. L. Thong）和徐欣（Xin Xu）③ 在 UTAUT 的基础上，从个人消费环境角度出发，研究香港地区用户对移动互联网技

---

① V. Venkatesh, H. Bala. Technology acceptance model 3 and a research agenda on interventions [J]. Decision Sciences, 2008, 3 (2)：273 - 315.

② 张建斌，赵婧. 国外信息技术接受模型的评述 [J]. 中国商贸，2014 (9)：160 - 161，163.

③ Viswanath Venkatesh, James Y. L. Thong, Xin Xu. Consumer Acceptance and Use of Information Technology：Extending the Unified Theory of Acceptance and Use of Technology [J]. MIS Quarterly, 2012, 36 (1)：157 - 178.

术的接受和使用的影响因素，并较好地解决了用户为什么使用信息系统或信息技术的问题，提出了 UTAUT2 模型，如图 2 – 5 所示。

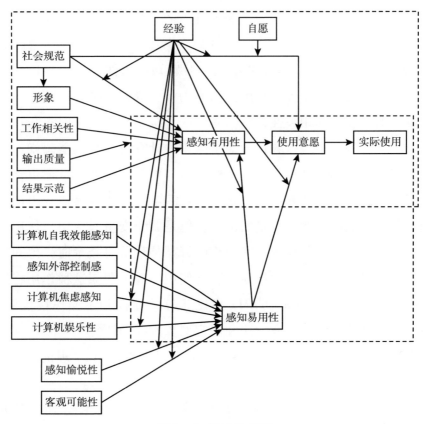

图 2 – 4   TAM3 模型

UTAUT2 是在 UTAUT 模型中的使用意愿四个直接影响因素基础上，增加享乐动机（hedonic motivation）、成本价值（price value）和习惯（habit）三个因素，在调节变量中把自愿使用舍弃。它的变量解释详见表 2 – 1。享乐动机主要弥补 UTAUT 在效用预测方面的

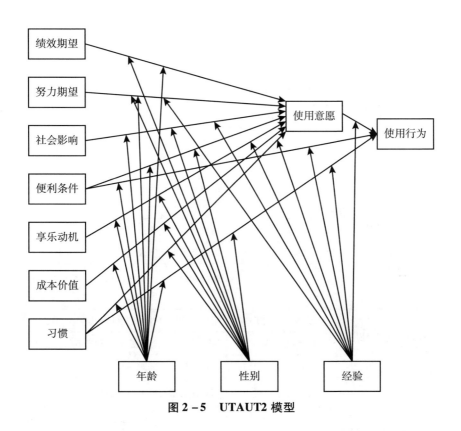

图 2 − 5　UTAUT2 模型

不足；成本价值，是把 UTAUT 中的资源因素从时间、精力延伸到成本，一般消费环境中，成本是用户决策的重要影响因素；习惯是指用户已有经验的感性结构。享乐动机和习惯都受到调节变量年龄、性别、经验的影响，成本价值受年龄和性别因素的影响，习惯还直接影响用户对信息系统的使用行为。成本价值是组织环境下和个人消费环境下用户使用信息技术的重要区别所在，即组织环境下雇员不用考虑使用成本，而个人消费环境下用户会承担使用的资金成本。享乐动机是用户从使用信息技术中获得的乐趣和希望，对接受和使用信息技术起着重要作用①，此理论在消费环境②、信息系统③中均得到证实。

表 2 – 1 UTAUT2 的变量、来源及定义

变量	来源	定义
绩效期望：用户使用信息技术带来利益的程度	有用认知（TAM）	用户认为使用信息技术可以改善工作绩效的程度
	外在动机（TAM）	用户对某一行为的认知，如可能获得提升的工作绩效、工资、发展前景等方面的期望
	工作适配（MPCU）	信息技术帮助用户工作提升的程度
	相对优势（IDT）	信息技术的优势及其对工作的优化程度
	成果期望（SCT）	绩效期望和个人期望的结合，表现为行为的结果
努力期望：用户使用信息技术所做出的努力程度	易用认知（TAM）	用户感觉信息技术的易用程度
	复杂性（MPCU）	信息技术难以被用户使用和理解的程度
	易用性（IDT）	操作信息技术的难易程度
社会影响：社会或群体对用户是否应该使用信息技术的影响程度	主观规范（TRA）	用户认为重要的人对其使用信息技术的压力感知
	社会因素（MPCU）	特定环境中，主流文化、价值观对用户是否使用信息技术产生的影响
	映像（IDT）	对使用信息技术能否提升自己形象或地位的感知

---

① Brown, S. A. Venkatesh, V. Model of Adoption of Technology in the Household: A Baseline Model Test and Extension Incorporating Household Life Cycle [J]. MIS Quarterly, 2005, 29 (4): 399 – 426.

② Childers, T. L., Carr, C. L., Peck, J. and Carson, S. Hedonic and Utilitarian Motivations for Online Retail Shopping Behavior [J]. Journal of Retailing, 2015, 77 (4): 511 – 535.

③ van der Heijden, H. User Acceptance of Hedonic Information Systems [J]. MIS Quarterly 2014, 28 (4): 695 – 704.

变量	来源	定义
便利条件：用户对其使用信息技术的条件或资源的认可程度	行为控制认知（TRA）	内外部情境对用户行为的约束感知
	促成条件（MPCU）	用户认为某情境是促成其使用信息技术的客观因素
	兼容性（IDT）	信息技术与用户价值观、需求、经验的匹配程度
享乐动机：用户从使用信息技术中获得的乐趣或希望	动机理论（MT）	用户使用信息技术带来愉悦的心理状态或判断
成本价值：用户使用信息技术带来的感知利益和其使用信息技术的货币成本之间的认知权衡	价格感知质量关系（PPQR）	用户获得利益高于所付出的精力、时间、资金等总成本时，就会乐意购买和使用信息技术
习惯：用户已有经验的感性结构	自动行为（BF）	用户使用信息技术的行为和意图是非故意的和自发的

注：本表是在孙建军等的 UTAUT 构念、来源以及定义表的基础上制作而成的。

2.1.2 UTAUT2 理论的应用

UTAUT2 作为相对比较新的理论，在阐释用户接受或使用信息系统的影响因素方面获得了认可，特别是更适合以消费者为中心的工作情景下，用户使用行为影响因素的研究，并在多种文化背景下得到证实。科蒂马尼（Kuttimani Tamilmani）等[1]经过统计分析得

---

[1] Tamilmani K，Rana N. P. Dwivedi Y. K. A Systematic Review of Citations of UTAUT2 Article and Its Usage Trends［A］. Kar A. et al.（eds）Digital Nations – Smart Cities，Innovation，and Sustainability［C］. Springer，2017：38 – 49.

出，UTAUT2 的引用量与 UTAUT 相比呈现成比例的增长趋势。在引用 UTAUT2 理论研究中，一般均是把它作为一个基本模型，再依据不同技术环境引用相关理论（如期望确认理论、技术组织环境框架、渠道扩展理论等）构建新的概念模型并进行实证。UTAUT2 的应用领域除个人消费、网络金融等领域外，还扩展到电子政府、在线教育和学习等方面，如卡拉马蒂亚努（Kalamatianou）等[①]利用 UTAUT2 理论去评估经过信息技术改造过的希腊政府服务系统的用户使用行为，以便希腊政府更好地管理公共行政资源和更好地为民众服务；伊马斯里（El - Masri）和塔里尼（Tarhini）[②] 把 UTAUT2 模型和信任理论相结合，研究卡塔尔和美国大学生采用电子学习系统的影响因素，结果表明，在这两个国家中，努力期望、促成因素、享乐动机、习惯和信任是使用意愿的主要影响因素，而成本价值与使用意愿之间关系不明显，努力期望和社会影响对发展中国家卡塔尔学生的使用行为影响较明显，而对发达国家美国学生的影响不显著。另外，此理论还扩展到大学生使用数据库、电子书等研究领域，如柴亚子龙刺（Chaiyasoonthorn）等[③]采用 UTAUT2 理论，以泰国大学 614 名大学生为调研对象，研究大学生使用在线文献数据的影响因素，结果表明，使用意愿和促成因素对大学生使用行为影响不明显，在从促成因素到使用意愿上只有性别起到调节作用；张

---

① Kalamatianou, MA, Malamateniou, F. An Extended UTAUT2 Model for e - Government Project Evaluation [A]. Berntzen, L, GersbeckSchierholz, B. The Eleventh International Conference on Digital Society [C]. Iaria Xps Press, 2017: 48 - 54.

② El - Masri, M, Tarhini, A. Factors affecting the adoption of e-learning systems in Qatar and USA: Extending the Unified Theory of Acceptance and Use of Technology 2 (UTAUT2) [J]. Etr & d-educational Technology Research and Development, 2017, 65 (3): 743 - 763.

③ Chaiyasoonthorn, W, Suksa-ngiam, W. Users' Acceptance of Online Literature Databases in a Thai University: A Test of UTAUT2 [J]. International Journal of Information Systems in the Service Sector, 2018 10 (1): 54 - 71.

浦一（Chang）等①采用 UTAUT2 理论，使用问卷调查方法，调查
对象为马来西亚槟城一所大学的大学生，主要研究目的是检验
UTAUT2 理论的使用意愿影响因素是否能够适应于移动电子书，结
果发现，绩效期望、享乐动机、成本价值和习惯对使用意愿有显著
正向相关关系，努力期望、社会影响、促成因素对使用行为影响不
显著。

总之，UTAUT2 理论已经在全球不同文化中得到广泛的应用和
证实，获得研究者们的一致认同。只是在不同文化、技术背景下影
响因素会有差别，还需要依据不同使用环境，结合不同理论对此模
型进行扩展或简单调整。文卡特斯（Venkatesh）等也认为需要根据
用户对技术的接受和使用情境对 UTAUT2 理论进行定制②。这样才
能依据具体环境发现不同系统、不同技术的真实使用行为影响
因素。

数字出版产品是借助计算机、网络、通信等技术展现的二进制
形态的出版物，具有信息技术、信息系统的特征，因此可以利用
UTAUT2 模型来研究数字出版产品用户使用意愿受到的影响因素。
但是数字出版产品与纸质出版物最大区别之一就是多媒体性，既可
以用多种表达方式传播知识内容，又不局限于图文，这样用户使用
数字出版产品就会受到媒介丰富性影响，而 UTAUT2 没有相关变
量，所以本书引入媒介丰富度理论加以弥补。消费者行为学认为，
任何消费行为都会受到人类需求的支配③，就一次具体行为过程而

---

① Chang Pui Yee, Ng Min Qi, Sim Hau Yong, Yap Jing Wee, Yin Suet Yee. Factors influen-cing behavioral intention to adopt mobile e-books among undergraduates：UTAUT2 framework ［D］. Gaznipur Gity：Universiti Tunku Abdul Rahman, 2015.

② Viswanath Venkatesh, James Y. L. Thong, Xin Xu. Consumer Acceptance and Use of Infor-mation Technology：Extending the Unified Theory of Acceptance and Use of Technology ［J］. MIS Quarterly, 2012, 36（1）：157 – 178.

③ 符国群. 消费者行为学［J］. 北京：高等教育出版社, 2015：119.

言，消费者首先在生理和心理上表现出匮乏状态，这种状态达到一定迫切程度后，需求就会被激活，产生满足需求的动力，即形成动机，在动机的驱使下，消费者采取行动以满足需求。在此方面，UTAUT2 有享乐动机、绩效期望变量，但是数字出版产品是含有丰富性知识内容的出版产品，既属于精神文化产品又属于一般商品，这样对它的使用需求测量需要从精神产品和物质产品两方面考虑，于是本书借鉴使用满足理论加以解释。

2.2 媒介丰富度理论

2.2.1 媒介丰富度理论的产生与含义

企业管理中，组织把消除信息的不确定性和模糊性作为处理信息的目标。不确定性是指组织成员由于没有充分的信息导致他们对任务理解不了或无法准确把握；模糊性是指在执行任务过程中，由于对理解已有信息存在歧义或信息之间存在矛盾，导致组织成员不能对信息形成统一认知。组织设计过程中，通过控制和协调与任务所匹配的丰富信息量来避免不确定性，通过尽量掌握足够多的信息量并强化对这些信息的处理，以及找到成员之间信息快速循环的路径，来降低模糊性。这种对大量信息的处理过程就是达夫特（Daft）和伦格尔（Lengel）提出的信息丰富度理论（information richness theory，IRT）①。

---

① Daft R L, Lengel R H. Information Richness: a New Approach to Managerial Behavior and Organizational Design [J]. Research in Organizational Behavior, 1984 (6): 191–233.

信息丰富度理论是组织对丰富信息的处理，来提升组织成员的理解能力。成员对信息的理解和掌握需要通过媒介传递才能实现，传递过程中媒介的丰富度不仅影响着成员对任务的理解还影响着他们之间的沟通，并且处理信息的数量与任务的复杂性和多样性成比例[①]。也就是说，任务越复杂多样媒介传递的内容就越不确定，为减少不确定就需要更多信息。模糊性任务含有更多模糊性信息，模糊性信息需要双方通过包含规则的媒介来理解。如果任务分析包含规则越多，相应地就需要利用丰富的媒介。另外，不同媒介对模糊性信息的解释能力是不一样的。因此，双方沟通需要依据任务的不确定性和模糊性程度选择适当的媒介。这样，媒介处理信息的作用越来越重要，学者们经过完善和升级信息丰富度理论，于是形成了媒体丰富度理论（media richness theory，MRT）[②]。

媒介丰富度，是指媒介所拥有的潜在信息量和传播效果的能力。沟通者通过媒介能够解决知识背景差异和模糊认识任务的问题，并能取得一致的认识，这样的媒介被称为丰富的[③]，反之称为低丰富度媒介。低丰富度媒介由于提供线索和反馈有限，在处理需要复杂沟通的任务时显得力不从心，但是能够处理已达成共识的信息[④]。媒介丰富度主要表现在四个方面：一是及时反馈，反馈有利于问题的澄清，促进快速达成共识；二是多样化信息表达与多线索

---

① Daft, R. L, Lengel, R. H. Trevino, L. K. Message equivocality, media selection, and manager performance：Implications for information systems ［J］. MIS Quarterly, 1987, 11（3）：355 – 366.

② Pei – Chen Sun, Hsing Kenny Cheng. The design of instructional multimedia in e – Learning：A Media Richness Theory-based approach ［J］. Computers & Education, 2007, 49（3）：662 – 676.

③ 李明辉，卢向华. 媒体丰富度理论的研究综述 ［A］. 信息系统协会中国分会第三届学术年会论文集 ［C］. 复旦大学, 2009：769 – 775.

④ 朱梦茜，颜祥林，袁勤俭. MIS领域应用媒介丰富度理论研究的文献述评 ［J］. 现代情报, 2018（9）：146 – 154.

提示方式，媒体传递线索和信息表达方式越多，越有助于参与者获得丰富信息和容易解读信息；三是语言多样性，媒体描述传递信息的语言能力；四是媒介呈现个人需求的能力，媒介对个人情感或情绪的传递，或者匹配接受者的特殊需求和观点。

2.2.2 媒介丰富度理论的应用

媒介丰富度理论最初主要运用在企业管理领域，选择媒介以解决组织沟通过程的一些相关问题。随着媒介对社会活动产生影响，此理论被用于其他领域。例如，应用到合作研发产品的绩效影响之中，班克（Banker）等[1]的研究结果显示，组织在执行需要多方协作、及时交流和复杂的任务时，晦涩难懂的知识或经验性、技巧性强的知识需要通过丰富度高的媒介进行传递。在网络营销方面，维克瑞（Vickery）等[2]指出，电子商务平台的高丰富度媒介为用户提供互动交流渠道和隐性知识，进一步提高用户的忠诚度，可以说，媒介丰富度对用户忠诚度的影响有直接作用。在出版物销售方面，苏希尔（Suh）等[3]认为，互联网销售图书时，图书的展示应采用低丰富度媒介，这样能够减少用户决定购买图书的时间。赵杨等[4]认为，网站界面的信息丰富度对用户感知平台质量和理解商品有正

---

① Rajiv D. Banker, Indranil Bardhan, Ozer Asdemir. Understanding the Impact of Collaboration Software on Product Design and Development [J]. Information Systems Research, 2006, 17 (4): 327 - 444.

② Vickery S K, Droge C, Stank T P, et al. The Performance Implications of Media Richness in a Business-to - Business Service Environment: Direct Versus Indirect Effects [J]. Management Science, 2004, 50 (8): 1106 - 1119.

③ Kil Soo Suh. Impact of Communication Medium on Task Performance and Satisfaction: An Examination of Media-richness Theory [J]. Information & Management, 1999, 35 (5): 295 - 312.

④ 赵杨，赵雨，吴江. 网站界面设计对消费者购买可穿戴设备意愿的影响研究 [J]. 信息资源管理学报，2017，7 (3): 15 - 23.

向影响作用，进而能够增加用户的购买意愿。

在线学习是指通过网络学习平台进行的学习①，其具有学员自主学习、交互式合作学习、个性化学习等特点。学习效果与媒介丰富度存在密切关系，孙佩辰（Sun）等②研究结果显示，在学习内容难以理解时，利用高丰富度媒介（如动画、视频）进行教学，学员的学习效果较好；但是在学习内容容易理解时，各种媒介对学员学习效果产生的差别效果不明显。蒂默曼（Timmerman）等③指出，在利用计算机辅助教学系统教学时，采用高丰富度媒介的系统对学习效果会产生积极正向影响作用，特别是社会科学教学或者是使用音频表现方式的教学效果更为显著。媒介丰富度不仅对学习效果产生影响还对学习者的积极性、专注度等产生影响。兰柳峰（Lan）等④经过研究指出，教学系统中使用丰富度高的媒介能够减少学生的枯燥感和焦虑感，综合运用娱乐化表达方式与多媒体呈现方式能够提高学生学习的积极性。

随着社会化媒体日趋流行，研究者利用媒介丰富度理论对用户使用媒体、信息技术的意愿和满意度进行研究。张耀生（Chang）等⑤分析了博客使用意愿的影响因素，指出媒介丰富度对用户使用博客的意愿和态度有直接影响，还对用户感知有用性的提升有促进

---

① 魏顺平. 在线学习行为特点及其影响因素分析研究［J］. 开放教育研究，2012，18（4）：17，81 – 90.

② Pei – Chen Sun，Hsing Kenny Cheng. The Design of Instructional Multimedia in E-learning：A Media Richness Theory-based Approach［J］. Computers & Education，2007，49（3）：662 – 676.

③ C. Erik Timmerman，Kristine A. Computer-assisted Instruction，Media Richness，and College Student Performance［J］. Communication Education，2007，55（1）：73 – 104.

④ Lan Y F，Sie Y S. Using RSS to Support Mobile Learning Based on Media Richness Theory［J］. Computers & Education，2010，55（2）：723 – 732.

⑤ Yao – Sheng Chang，Chyan Yang. Why do we Blog? From the Perspectives of Technology Acceptance and Media Choice Factors［J］. Behaviour & Information Technology，2013，32（4）：371 – 386.

作用。周丽[①]对微信公众号使用意愿的影响因素进行研究，结果显示，媒介丰富度和用户的使用态度、感知有用性、使用意愿存在正向相关关系，因此，它是用户使用微信公众号的主要影响因素之一。由此可见，用户的使用行为、使用意愿会受到媒介丰富度影响，用户选择、使用不同媒介的满意度问题也能得到比较合理的解释。

综上所述，媒介丰富度理论应用范围从组织对不确定、模糊性信息的处理、组织内部之间的沟通，延伸到互联网平台对产品的展示和营销，再扩展到在线学习、媒体使用行为影响因素的研究，等等。这样，此理论不仅对企业组织的任务执行、产品营销提供了理论基础，还为基于多媒体的学习、使用媒体的影响因素等研究提供了理论支撑。其研究内容经历了从开始形成时，达夫特（Daft）等对不同媒介的丰富度辨别（面对面交流、电话、电子邮件等），到选择不同丰富度媒介解决模糊性任务，再到媒介丰富度运用到不同领域，去解释需求满足效能和满意度问题。

数字出版产品作为出版物与数字技术结合的产物，其不仅有信息系统的特性，还具有多媒体性质。用户使用数字出版产品的本质就是"用户—产品"之间形成互动关系，解决自己对某方面知识的不确定性、模糊性等，这样产品的媒介丰富度成为用户理解产品内容、获取知识、信息的重要影响因素。实证研究中，在媒介丰富度选择上，一般从媒介传递多线索、反馈及时、语言多样、个人关注等方面进行测量；而在媒介丰富度理论应用上，一般从信息表达方式、信息内容和信息质量等方面去衡量，如唐晓波和陈馥怡[②]在分

---

① 周丽. 用户对微信公众号使用意愿的影响因素研究［D］. 哈尔滨：黑龙江大学，2017.

② 唐晓波，陈馥怡. 微信用户满意度影响因素模型及实证研究［J］. 情报杂志，2015，34（6）：114 – 120.

析微信用户满意度时，从信息内容、表达方式、信息质量三个维度去衡量媒介丰富度；文鹏在[①]研究社会化媒体用户使用行为时，也是从这三个维度衡量媒介丰富度。

本书在借鉴已有研究成果的基础上，结合数字出版产品的特点，从知识内容、表达方式、内容质量、呈现功能四个维度进行测量。知识内容丰富度是指数字出版产品在知识内容含量及其组织的丰富度，产品提供的知识是否与用户已有知识相契合，知识内容表达是否明确，能否优化用户已有的学习、工作和生活等；表达方式丰富度是指数字出版产品的内容表达方式（文本、图像、音频、动画、视频等媒体形式）满足用户需求的丰富度；内容质量丰富度是指数字出版产品的知识内容质量高低和可信程度，知识内容是否明确、优质、无歧义和易理解等；呈现功能丰富度是指数字出版产品的版式设计、最终表现形态、传递渠道的丰富度，以及提供有助于知识吸收、便于用户阅读的功能丰富度。

2.3 使用满足理论

2.3.1 使用满足理论的产生与含义

1940 年，伯纳德·贝雷尔森（Bernard Berelson）在《读书为我们带来什么》一文中指出，人们使用书籍会受到年龄、教育程度、性别等人口统计特征因素的影响，读书动机也因人而异，比如获取

---

① 文鹏. 社会化媒体用户使用行为影响因素研究［D］. 武汉：武汉大学，2014.

知识、消除疲劳、获得夸奖等①；1944 年，H. 赫卓格对广播节目《专家知识竞赛》的 11 名粉丝进行访谈，发现不同的听众对同一个节目的收听动机、满足程度、欣赏角度均不同，粉丝对节目的喜欢主要出于竞争心理、获得新知识、自我评价三方面的心理需求②。这些从受众角度出发阐述影响内容选择、需求满足变化原因的研究获得了传播界的重视，与以往认为受众是信息的被动接受者的观点有很大不同，从此拉开了从受众角度研究媒介使用行为与心理动机的帷幕。

1959 年，卡茨在《大众传播调查和通俗文化研究》（*Mass Communications Research and the Study of Popular Culture：An Editorial Note on a Possible Future for This Journal*）一文中提出了"使用与满足"的理念，认为媒介研究不能仅仅关注媒介对受众做了什么，更重要的是关注受众如何使用媒介③。1974 年，卡茨又在《个人对大众传播的作用》一文中，提出从使用到满足过程的基本框架，如图 2 - 6 所示④。此框架可以从五个方面进行解读，一是人们为满足自己的需求去接触媒介，而需求会受到人们所处社会条件和个人特征的影响；二是实际接触、使用媒介行为受媒介接触可能性和媒介印象的影响，媒介接触可能性是人们能够接触到要使用的媒体，否则就会选择其他替代媒介，媒介印象的作用是人们凭借以往使用媒介的经验去评估需求满足的程度；三是人们依据媒介印象选择能够满足需求的媒介；四是需求满足和不满足是人们接触、使用媒介的结果；五是不管满足与否，人们均会据此优化已有媒介印象，改变媒介期

---

① 段鹏. 传播效果研究：起源、发展与应用［M］. 北京：中国传媒大学出版社，2008：57.

② 李凌凌. 传播学概论第 2 版［M］. 郑州：郑州大学出版社，2014：159.

③ Elihu Katz. Mass Communications Research and the Study of Popular Culture：An Editorial Note on a Possible Future for This Journal［J］. Studies in Public Communication，1959（2）：1 - 6.

④ 李凌凌. 传播学概论第 2 版［M］. 郑州：郑州大学出版社，2014：161.

待，最终影响到以后媒介的使用行为。此框架独特之处是，人们会依据需求积极主动选择和使用适当媒介，选择、使用媒介会受到以往使用媒介的经验、社会条件、个人特征等因素的影响。从此使用满足理论被正式确立。

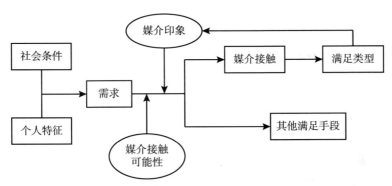

图 2－6　使用与满足过程的基本框架

　　目前，使用满足理论已是传播学领域使用最广泛的理论之一[①]，它主要是从受众的立场出发，运用心理学、社会学等学科知识分析受众使用媒介及其获得满足的行为，阐释受众利用媒介的社会原因与心理动机。主要体现在四个方面：一是解释人们是如何使用媒介来满足自己需求的；二是发现人们使用媒介背后的具体动机；三是发现个人使用媒介所带来的结果[②]；四是从社会、个人等方面阐述影响人们选择、使用媒介行为的因素。

2.3.2　使用满足理论的应用

　　20 世纪 70 年代，使用满足理论被正式确立，以此为界线可以

　　① Bryant，J. Miron，D. Theory and Research in Mass Communication［J］. Journal of Communication，2004，54（4）：662－704.

　　② 陆亨. 使用与满足：一个标签化的理论［J］. 国际新闻界，2011，33（2）：11－18.

把该理论研究分为两个阶段：传统阶段和现代阶段①。传统阶段的研究主要是探究人们使用媒介的目的是什么或者满足什么需求，其研究结论是：当人们有信息、娱乐、社会关系、心理等方面的需求时，才去接触、使用媒介。现代阶段的研究主要是对动机、期望、使用行为之间的关系进行阐释，并以五个假设为始点开展研究。五个假设为：一是人们选择、使用媒介的行为，是存在相应的意图和动机的；二是受众具有选择、使用媒介的主动性；三是社会因素、心理因素会影响人们的使用行为；四是人们基于需求和愿望会甄选媒介和相似资源；五是一般情况下人比媒介更具影响力，但是媒介有时也会影响人的性格、社会、经济、文化等状况。这五个假设基本上是围绕两个核心问题展开：一是人们为什么被媒体吸引；二是媒体给人们提供哪些类型的满足②。基于此，罗杰（Ruggerio）③指出使用满足理论不仅适用于报纸、广播、电视，还适用于现在的网络媒介。

　　如今，随着建立在计算机技术、网络技术之上的新媒体出现和广泛应用，用户产生新需求——生产、分享、转发信息，同时信息的接受者、传播者、生产者紧密联系在一起，三者的边界变得模糊不清，因此该理论中的"满足"概念需要进一步扩充和完善。卡罗琳（Lin）等④认为，网络环境下，用户分享信息是为了满足其娱

---

① 蔡骐，刘维红. 对传播学中使用与满足理论的再探索 [J]. 湖南大众传媒职业技术学院学报，2004（1）：5 - 10.

② Jafar Mehrad, Pegah Tajer. Uses and Gratification Theory in Connection with Knowledge and Information Science：A Proposed Conceptual Model [J]. International Journal of Information Science and Management, 2016, 14（2）：1 - 14.

③ Ruggiero, T. Uses and gratification theory in the 21st century [J]. Mass Communication & Society, 2000, 3（1）：3 - 37.

④ Lin C, Sahveen M B, Abdulla R A. Uses and gratifications of online and offline news：New wine in an old bottle [J]. Onelin news and the public, 2005：221 - 236.

乐、交往、信息搜寻等方面的需求；帕克（Park）等[①]经过研究指出，用户使用脸书（Facebook）的主要目的是为满足他们信息分享、休闲娱乐、互动交流、自我认同等需求；莱拉卡里米（Leila Karimi）等[②]利用使用满足理论分析伊朗、马来西亚、英国和南非等国家大学生参与和持续使用社交网站的动机及原因，结果表明，每个国家的学生参与和使用社交网站的动机是不同的，文化差别是其决定因素，学生参与社交网站的主要动机是："朋友建议使用""我所认识的每个人都在使用社交网站""与他人保持联系"。基于以上研究，用户使用网络的需求可以归为四类：一是获取信息知识；二是互动交流和参与；三是休闲娱乐、打发时间；四是情绪宣泄。

使用满足理论完善后，被认为是一种公理化的理论方法，因为它能够适用于几乎所有类型的媒介传播（传统媒体和网络媒体）。它的应用主题也因此得到进一步扩展，如黄嘉良（Jialiang Huang）和周丽云（Liyun Zhou）[③]利用使用满足理论分析移动购物动机对用户使用个性化网页的影响，结果显示，刺激、社会互动、观念寻求和价格对用户搜索前个性化网页有正向影响，但是产品的多样性对此有负向影响，廉价、产品多样化、社会影响与搜索后个性化网页有密切关联，此外，认知需求对用户使用个性化网页的移动购物动机有正向调节作用；刘俊冉与司浩[④]利用此理论对大学生使用手机的需求及

① Park N, Kee K F, Valenzuela S. Being immersed in social networking environment：Facebook gtoups, uses and gratifications, and social outcomes ［J］. Cyber Psychology & Behavior, 2009, 12（6）：729–733.

② Leila Karimi, Maryam Ehsani, Muhammad Ahmad. Applying the Uses and Gratifications Theory to Compare Higher Education Students' Motivation for Using Social Networking Sites：Experiences from Iran, Malaysia, United Kingdom, and South Africa ［J］. Contemporary Educational Technology, 2014, 5（1）：53–72.

③ Jialiang Huang, Liyun Zhou. Timing of web personalization in mobile shopping：A perspective from Uses and Gratifications Theory ［J］. Computers in Human Behavior, 2018, 88（11）：103–113.

④ 刘俊冉，司浩. 驻保高校大学生手机媒体的使用与满足理论研究 ［J］. 出版广角, 2016（2）：78–80.

其满足情况进行研究。另外，该理论还应用于在线游戏①、基于网络的信息服务②、互联网新闻浏览③、在线教育④等方面的研究。

目前，尽管我国数字化阅读方式接触率从 2008 年的 24.5% 增长到 2022 年的 80.1%，但是 2022 年电子阅读器阅读接触率仅为 26.8%，另外，人均 3.33 本的电子书阅读量也比人均 4.78 本的纸质书阅读量低很多，人均每天 10.65 分钟的电子阅读器阅读时长比 105.23 分钟的手机接触时长、66.58 分钟的互联网接触时长都要低⑤。虽然以电子书、数据库等为代表的数字出版产品是数字阅读的重要载体，但是其接触率、阅读量、阅读时长却很低，造成此种现象的主要原因之一是数字出版产品的功能仍未走出延伸传统出版物功能的阴影，仍然自喜于满足人们检索和获取知识的需求，未能契合互联网用户信息行为、阅读行为的特征，满足他们的新需求，未能优化和增加知识内容生产、发布、转发、互动交流和激发用户使用兴趣的内容和服务。基于此，本研究借鉴使用满足理论从价值感知角度阐述数字出版产品使用意愿受到的影响。唐晓波等⑥依据社会化媒体特点将用户价值感知影响因素划分为自我认同、信息搜

---

① Li, H, Liu, Y, Xu, X, Heikkila, J, & Heijden, H. Modeling hedonic is continuance through the Uses and Gratifications theory: an empirical study in online games [J]. Computers in Human Behavior, 2015, 48 (7): 261 – 272.

② Margaret Meiling Luo, William Remus. Uses and gratifications and acceptance of web-based information services: an integrated model [J]. Computers in Human Behavior, 2014, 38 (9): 281 – 295.

③ Zhang, L, & Zhang, W. Real-time internet news browsing: information vs. experience-related gratifications and behaviors. Computers in Human Behavior, 2013, 29 (6): 2712 – 2721.

④ M. Dolores Gallego, Salvador Bueno, Jan Noyes. Second Life adoption in education: A motivational model based on Uses and Gratifications theory [J]. Computers & Education, 2016, 100 (9): 81 – 93.

⑤ 魏玉山，徐升国. 第二十次全国国民阅读调查主要发现 [J]. 出版发行研究，2023 (3): 13 – 17.

⑥ 唐晓波，文鹏，蔡瑞. 社会化媒体用户使用行为影响因素实证分析 [J]. 同济大学学报（自然科学版），2015，43 (3): 475 – 482.

寻、社会交往和娱乐休闲四个变量。本书在此基础上，结合数字出版产品的精神文化产品属性，增加内容满足变量，用体验满足变量代替信息搜寻变量。

2.4　小　　结

UTAUT2 模型、媒介丰富度理论、使用满足理论从不同角度对数字出版产品用户使用意愿的影响因素研究给予指导，并具有重要的参考意义。如表 2 − 2 所示，归纳总结三种理论对用户使用数字出版产品行为的不同影响。考虑到数字出版产品的多媒体性、精神性、技术性等特征，本书将综合运用这三种理论，构建影响因素理论模型。

表 2 − 2　　　　　　　　　　　理论基础

理论名称	理论内涵	核心概念	对数字出版产品用户使用意愿的影响
UTAUT2 模型	绩效期望、努力期望、社会影响、便利条件、享乐动机、成本价值、习惯直接对使用意愿和使用行为产生影响，并受性别、年龄、经验三个调节变量的影响	绩效期望是用户使用信息技术带来利益的程度； 努力期望是用户使用信息技术所做出的努力程度； 社会影响是社会或群体对用户是否应该使用信息技术的影响程度； 便利条件是用户对其使用信息技术的条件或资源的认可程度； 享乐动机是用户从使用信息技术中获得的乐趣或希望； 成本价值是用户使用信息技术带来的感知利益和其使用信息技术的货币成本之间的认知权衡； 习惯指的是用户已有经验的感性结构	数字出版产品是纸质出版物与数据技术结合的产物，具有信息系统的一些特性，因此需要使用 UTAUT2 分析影响因素

理论名称	理论内涵	核心概念	对数字出版产品用户使用意愿的影响
媒体丰富度理论	一是及时反馈，反馈有利于问题的澄清，促进快速达成共识；二是多样化信息表达与多线索提示方式，媒体传递的线索和信息表达方式越多，越有助于参与者获得丰富的信息和容易解读信息；三是语言多样性，媒体描述传递信息的语言能力；四是媒介呈现个人需求的能力，媒介对个人情感或情绪的传递	媒介丰富度，是指媒介所拥有的潜在信息量；沟通者通过媒介能够解决知识背景差异和模糊认识任务的问题，并能取得一致的认识，这样的媒介就称为丰富的媒介，反之称为低丰富度媒介	用户使用数字出版产品的本质是"用户—产品"之间形成互动关系，解决自己对某方面知识的不确定性、模糊性等，这样数字出版产品的媒介丰富度成为了用户理解产品内容，获取知识及信息的重要影响因素
使用满足理论	一是人们为了满足需求去接触媒介，而需求会受到人们所处社会条件和个人特征的影响；二是实际接触、使用媒介行为受媒介接触可能性和媒介印象的影响；三是人们依据媒介印象选择能够满足需求的媒介以及使用行为	媒介接触可能性是人们能够接触到要使用的媒体；媒介印象的作用是人们凭借以往使用媒介的经验去评估需求满足的程度；用户使用网络的需求是获取信息知识、互动交流、参与、休闲娱乐、打发时间和情绪宣泄	用户有了一定的需求后，才会寻找相关的数字出版产品去使用，以满足自己的需求。在一定程度上，这些需求决定了用户选择、使用数字出版产品的行为和愿望

第3章
数字出版产品的价值感知
与使用意愿模型

出版模式是与同时代的技术发展相呼应的。数字技术的出现，打破了传统信息知识生产、编辑、加工和传播的方式，打破了以往人们线性阅读和利用信息知识的方式，也打破了纸质出版物的垄断地位——数字出版产品日益盛行。数字出版产品是利用数字技术把文字、图像、动画、音频、视频融合在一起的出版物，使人们对它的使用不再局限于眼睛阅读方式，而是扩展到读、听、看的多媒体综合使用方式，也使人们产生互动交流、参与运作、知识信息发布、分享、内容生产等新需求。那么用户使用产品的意愿受到哪些因素制约，产品能否满足用户需求，均成为数字出版产品改进与完善的重要依据。为此，本章利用扎根理论方法对数字出版产品用户使用意愿的影响因素进行探索性研究，再结合基础理论构建理论模型和提出假设。

3.1 用户使用行为的含义

3.1.1 用户使用行为的过程

数字出版产品作为信息资源的一种，只有经过人们的使用才能发挥作用。为便于用户使用，数字出版机构需要对信息资源、知识资源进行编辑、加工形成固定形态的产品，并提供相应的服务，在这一过程中需要消耗一定的劳动和物质材料，因而数字出版产品具有商品属性的价值和使用价值。在社会主义市场经济环境下，用户作为市场经济的主体，如果不能很好地掌握用户的信息需求、使用行为、信息市场等情况，数字出版产业将会失去生存空间。因此数字出版产品的用户使用行为研究应成为数字出版研究的一个重要领域。

用户使用行为就是数字出版产品的内容被用户吸收和利用的过程，是用户动机驱动下表现出的使用行为，从使用结果上看，数字出版产品使用行为表现为用户动机的满足行为和问题的解决行为；从使用过程上讲，表现为数字出版产品的用户消费行为。像其他信息资源一样，用户在与它相互作用之前，一般都存在信息需要（人们在实践活动中为解决各种实际问题而对信息的不满足感和必要感[①]），经过外界刺激（如用户任务、环境等），就会产生现实信息需求和潜在信息需求，为满足需求用户就会搜寻、获取信息资源，

---

① 陈建龙. 信息市场经营与信息用户 [M]. 北京：科学技术文献出版社，1994：95 - 100.

再对信息资源进行选择、吸收、利用、评价与反馈等，进而完成信息资源的使用和实现需求的满足。此过程中，用户之间、用户与数字出版产品平台之间、用户与笔者之间会产生交互，用户也会产生信息分享、发布、创造、评价、反馈等行为。如图 3 - 1 所示。

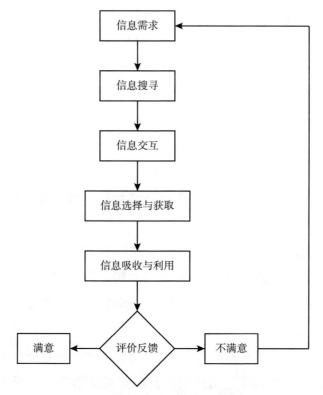

图 3 - 1 数字出版产品用户使用行为框架

信息需求。信息需求是人们意识到的信息需要，信息需要能否被意识到主要受用户接受任务的复杂性、需要解决问题的困难度、隐蔽性、用户的知识结构和所处社会环境等因素的影响。在意识到的信息需要中，被用户用语言符号表达出来的部分称为现实信息需求，常常人们称为信息需求；未被表达出来的部分称为潜在信息需求。信息需求是用户选择、吸收、利用数字出版产品的重要依据，也是激发信息搜寻、选择、交互等行为的动力。

信息搜寻。2017 年，我国出版新版图书 25.5 万余种，期刊 10130 种，电子出版物 9240 种，进口音像制品、电子出版物与数字出版物 13.56 万盒（张）[1]。如果按照一个人能活一百岁、每日阅读一种图书计算，人的一生只能阅读 3.65 万种图书，若与 2017 年新版图书出版数量对比，一个人的一生阅读量仅占到它的 14.3%。如果再加上其他出版产品和往年出版产品的数量，对个人来说如同"信息海洋"。因此，用户为满足需求不得不对出版产品进行信息搜寻，也就是对出版产品进行检索和浏览，为信息的选择、吸收和利用打基础。

信息交互。信息交互主要是指用户通过人—机互动进行信息搜寻，通过用户之间互动给数字出版产品选择提供帮助，同时还可能会引发用户生产、分享信息的行为。

信息选择与获取。信息选择是用户根据需求，结合自己的知识结构，运用一定的方法和规则对数字出版产品的内容进行分析和判断，从而筛选出最能满足需求和解决问题的出版产品。产品确定后，用户就需要决定通过什么渠道获取产品，获取什么样的版本（音频版、VR 版、图文版等），以及判断获取产品所付出总成本（资金、精力和时间等）与使用产品所获得预期效益是否匹配。

信息吸收与利用。一般情况下，用户获得数字出版产品不是最终目的，而是通过各种感觉器官（眼、耳、口等）与数字出版产品接触，利用已有的知识积累和知识结构去理解产品中的知识内容，以减少自己需求（包含潜在需求）的模糊性和不确定性，并匹配自

---

① 国家新闻出版署 . 2017 年全国新闻出版业基本情况 ［EB/OL］. ［2018 – 08 – 06］. http：//media. people. com. cn/n1/2018/0806/c14677 – 30212071. html.

己的信息需求、释疑和解决问题。如果匹配，用户就会当作新知识将此吸收。用户对新知识的吸收有两种方式：一是同化新知识，将其纳入用户知识结构之中或者作为已有知识的一个分支；二是吸收新知识，重新组织已有知识结构。信息利用需要以信息吸收为基础，去满足需求、解决问题、辅助决策，也会形成知识创新，满足用户人际交往、休闲娱乐、思维提升等需求。此行为可谓是数字出版产品体现价值的关键所在。

信息的评价与反馈。评价与反馈主要是用户选择、获取、利用数字出版产品的结果或影响的展现，不仅有助于产品的功能完善，还能给其他用户的选择和使用提供参考意见，甚至还会激发用户的知识创造。数字出版产品与纸质出版物不同，其流通，一般是在互联网环境下进行；其使用，一般需要借助多媒体平台或应用软件来完成。流通与使用环境的不同，使用户产生参与、分享、互动交流的需求，如豆瓣上的图书评价信息已成为用户选择使用图书的重要依据。

鉴于信息需求、信息搜寻、信息交互、信息选择与获取等行为与信息服务联系紧密，图书情报界又对此进行了全面、深入的探究，因此，本书对此不进行阐释，主要对与数字出版产品编辑、加工联系比较紧密的信息吸收与利用、信息评价与反馈等行为的影响因素进行分析。

3.1.2 用户使用行为的构成要素

人类生存与发展过程中，离不开满足需求的活动，需求是动机与兴起的源泉[①]。用户使用数字出版产品的行为就是为了满足用户

---

① 顾文钧. 顾客消费心理学［M］. 上海：同济大学出版社，2002：153.

的信息知识需求、释疑和解决问题。一般情况下，行为是与主体分不开的，它是主体受到外界刺激而做出的各种反应。同时，它又具有目的性，通过各种活动（行为表现）实现目的。据此使用行为的组成可以从主体、外界刺激、主体目标和主体活动等方面进行理解①。结合数字出版产品使用行为过程，笔者认为数字出版产品使用行为的构成要素，可以从行为主体、行为动机、行为活动、行为环境四个方面进行阐释。

行为主体，是指数字出版产品的使用者，也是本书的调查对象。互联网环境下，他们已不再满足于被动接受出版产品的角色，而是表现出积极主动的获取、参与、分享、互动等行为，成为产品的传播者、评论者、甚至创作者。因此他们的需求也随之发生很大变化，需要认真研究。

行为动机主要包括基于用户自身需求产生的内驱力和满足其需求的外部环境以及相应的外界刺激。用户的使用行为就是在内驱力和外界刺激的共同作用下产生的。具体来说，使用数字出版产品的行为动机主要分为以下几种：一是工作：搜寻与工作有关的数字出版产品，进行学术研究、开展活动、解决问题、辅助决策等；二是自我提升：提升技能、培养专长、拓展知识面等；三是认同：完善知识结构，获得他人认同等；四是社交：通过使用数字出版产品完成与外界的交流，与他人的互动沟通，寻觅情感归属等；五是消遣：消磨时间、缓解心理压力、减轻知识焦虑、提升精神文化生活等。

行为活动是用户使用数字出版产品的各种行为的集合体，参见使用行为过程中对各种行为的论述。

---

① 陈建龙. 信息市场经营与信息用户［M］. 北京：科学技术文献出版社，1994：145－148.

行为环境是指用户所处的信息环境和生活工作环境[①]。信息环境主要包括互联网基础设施的完善性、使用设备的普及度、信息资源的丰富度、数字出版平台的友好性和易用性、数字出版产品表现形式和形态的丰富度等；生活工作环境主要包括用户使用数字出版产品总成本与收益的匹配性、获取产品的难易度、使用数字出版产品的社会氛围及政府对此的支持力度等。

3.2 应用扎根理论的流程

扎根理论是巴尼·格拉泽（Barney Glaser）和安塞尔姆·施特劳斯（Anselm Strauss）于 1967 年在《扎根理论的发现》一书中提出的[②]，是指根据现象全面、系统地收集和分析资料，从中发现、发展理论，或者验证某些理论的过程，其目的是生成理论，并强调理论必须有经验资料支撑[③]。可见，扎根理论主旨是填平理论与资料之间的沟壑，生成理论，是一种研究路径，而不是一种实体的"理论"[④]。其最大优势是，在某些概念界定尚未明晰或者对于已经存在的社会事实无法用既有的理论框架进行解释时，使用此理论研究方法生成理论、解决问题[⑤]。经过 50 多年的发展、应用和优化，该理论方法已经在教育、社会、情报、心理、传播等学科中得到广

---

① 邓小昭. 网络用户信息行为研究 [M]. 北京：科学出版社，2010：15 – 19.

② ［英］凯西·卡麦兹. 建构扎根理论：质性研究实践指南 [M]. 边国英，译. 重庆：重庆大学出版社，2009：1 – 5.

③ Glaser, B. Strauss, A. The discovery of grounded theory：Strategies for qualitative research [M]. Chicago：Aldine Publishing Company，1967：1 – 14.

④ 陈向明. 扎根理论在中国教育研究中的运用探索 [J]. 北京大学教育评论，2015，13（1）：2 – 15，188.

⑤ Roy Suddaby. From the editors：What grounded is not [J]. Academy of Management Journal，2006，49（4）：633 – 642.

泛应用，并有效推动这些学科的发展。

为解释用户为什么选择和使用数字出版产品的原因，以及哪些因素会显著影响用户的使用意愿，本书采用扎根理论对此问题进行深入探究，对用户使用数字出版产品的情况及其影响因素进行一对一的深入访谈，将这些通过访谈获得的第一手资料进行归纳、分析、整合为类目或主题，再反复地收集、补充更多资料，通过归纳与演绎的持续循环和交替运行，直到把获得的第一手资料缩减、转化、抽象为相关概念，并使之达到饱和，从而得出一个基于访谈资料的数字出版产品使用意愿影响因素的概念模型。简单来说，就是在整个过程中，利用不断的辩证、纠正和比较，并参考相关文献，开发模型，最终形成或丰富现有理论①。其研究路径如图3－2所示。

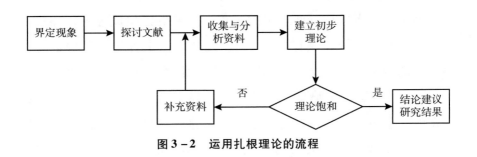

图3－2　运用扎根理论的流程

本研究对资料的分析、概括和提炼操作，主要是借助开放性编码、主轴性编码与选择性编码完成。第一，选择与研究主题密切相关的具有代表性的用户，用户包含使用者、研究者和管理者，通过与用户一对一的深入式访谈收集有关数据；第二，逐行分析数据，

---

　　① Corbin J M, Strauss A L. Basics of qualitative research：techniques and procedures for developing grounded theory ［J］. Thousand oaks CA sage tashakkori A & Teddlie c，1998，36（10）：129.

对资料进行开放式编码与解释，并认真检查和比较其相似性、差异性；第三，主轴编码，在开放式编码的基础上，建立主次范畴之间的联结，寻找它们之间的因果关系，建立数字出版产品用户使用意愿影响因素的理论架构；第四，在参考已有文献资料和重读访谈资料的基础上进行选择性编码，主要是优化理论架构，确定各个概念、范畴之间的关系，抽取影响用户使用数字出版产品因素的核心范畴，形成最终的理论架构；第五，利用数据和其他场景进行饱和度测试，从而补充信息实现数据饱和，形成比较完善的理论。

3.3　数　据　收　集

3.3.1　拟订访谈提纲

本书第 1 章已对数字出版产品的相关研究主题以及使用行为、使用意愿的影响因素进行了梳理和评析。在此基础上，按照扎根理论研究方法的要求，对数字出版产品的用户进行非标准化访谈。非标准化访谈①是指事先没有拟订一个标准化的调查表，而是依据制定的访问提纲，由访问者和被访问者在此提纲下进行的交谈。通过此访谈方式能够获得更加丰富、独特的见解，发挥被访者的积极性和主动性，能够收集到更加全面、合理的用户使用数字出版产品的原因和影响使用意愿的因素。

本书依据已有相关研究文献资料以及对数字出版产品使用意愿

---

① 吴增基，等．现代社会调查方法　第 2 版［M］．上海：上海人民出版社，2003：137．

的相关认知和知识储备，同时汲取相关专家学者的建议与意见，拟订的访谈提纲如表 3-1 所示。

表 3-1　　　　　　　　用户使用意愿影响因素访谈提纲

序号	访谈内容
1	基本信息：性别、年龄、最高学历、职业
2	请谈谈您的数字阅读情况？
3	请谈谈您对数字出版产品的认识？与纸质出版物相比有哪些优势？或有哪些不足？
4	请谈谈丰富的网络信息资源对您使用数字出版产品有什么影响？
5	请谈谈您通过什么渠道获取数字出版产品？有哪些因素会影响您获取和选择数字出版产品？
6	请谈谈您所处的生活环境对您使用数字出版产品有什么影响？
7	请谈谈您使用数字出版产品的动机或者目的是什么？
8	请谈谈您喜欢数字出版产品的哪些功能？出于什么原因？
9	请谈谈您对数字出版产品的版式设计是否满意？为什么？
10	请谈谈多媒体信息（音频、视频、动画等）是否会影响您的阅读？具体表现在哪里？
11	请谈谈您使用数字出版产品的常用数字阅读软件是什么？出于什么原因？
12	请谈谈您使用数字出版产品的常用数字阅读硬件是什么？出于什么原因？
13	请谈谈您使用数字出版产品后，是否会写评论或推荐给他人？

3.3.2　理论抽样

本书访谈历经三个月，在此期间共访谈 36 名样本对象，均使用过数字出版产品，他们目前所在地主要是南京、上海、北京、郑州、西安、苏州、淮安、开封、驻马店、安阳等城市，既包括一线、二线大城市，也包括三线、四线中小城市，样本对象基本资料的统计情况，如表 3-2 所示。所有访谈均由笔者采用面对面深入访谈或通过电话访谈的方式完成，访谈时间一般控制在 30 ~ 60 分钟，在征得被访者同意的情况下，对访谈过程进行录音，然后将语音材料转化为文字材料，经过整理共计得到有效文字约为 9.43 万字，语音长度约为 19.81 个小时，进而为开展扎根理论研究提供丰富的、翔实的第一手用户使用数字出版产品影响因素的数据。

表 3 - 2 　　　　　　　　　被访者基本资料统计

样本统计特征	分类	频数	占比（%）
性别	男	19	52.78
	女	17	47.22
年龄	18 岁以下	3	8.33
	18 ~ 28 岁	17	47.22
	29 ~ 39 岁	8	22.22
	40 ~ 49 岁	6	16.67
	50 岁以上	2	5.56
学历	大专以下	8	22.22
	大专及以上	28	77.78
职业	学生	18	50.00
	教师及科研人员	7	19.44
	公务员	2	5.56
	企事业员工	5	13.89
	自由职业者	4	11.11

在访谈之前，笔者至少提前一天把访谈提纲通过手机微信、QQ、E - mail 发送给被访者或者把纸质稿送给被访者，并和被访者进行预约，让被访者事先对访谈内容有基本了解，为保障访谈不受外界干扰，地点一般选在咖啡厅、图书馆、宿舍等比较安静的地方，电话访谈一般在周末进行。访谈中，首先向被访者陈述什么是

数字出版产品，目前我国数字出版产品的利用状况，然后请他们依据自己的实际情况回答表 3 - 1 中的内容。依据被访者的谈话内容，不断抽取使用意愿影响因素的概念范畴，并据此进一步追问，进而了解被访者内心真实想法和观点。

3.4　编码与理论建构

3.4.1　开放性编码

经过对 36 人的访谈后，将原始访谈语音数据进行文字转换，按照被访者类别和访谈时间顺序对文本资料进行编码，通过初步整理和删除一些与主题不相关的内容，最终得到 9.43 万余字的文本资料。然后利用质性数据分析软件 Nvivo11 对转换后的 24 人文本资料进行主题和事件概念化、范畴化，对另外 12 人，也就是样本总量的 1/3 文本资料进行饱和度检验。通过对全部文本资料的认真研读、分析、归纳和节点编码，删除仅出现 1 次的初始概念，最终获得 59 个初始概念（编码：A1 ~ A59）。再依据初始概念之间的相似性和关联性，进一步提炼、归类、合并、范畴化处理，最终得到 15 个范畴（编码：B1 ~ B15）。编码结果见表 3 - 3。

表 3 - 3　　　　　　　　　　　开放性编码结果

范畴	初始概念
B1 知识内容	A1 知识信息种类涵盖面广，A2 知识内容丰富，A3 能够提高我的知识获取效率，A4 使我获取知识变得容易，A5 获取渠道多

续表

范畴	初始概念
B2 内容质量	A6 所含知识信息真实、可靠，A7 阅读量、点赞量在一定程度上能够代表受欢迎程度，A8 书目、笔者等是我选择数字出版产品的重要依据
B3 表达方式	A9 视频、动画易于理解、直观，A10 碎片时间能够听音频，A11 超链接能够提供更多知识
B4 呈现功能	A12 版面布局简单明了，A13 字体大小可以调整，A14 字体颜色可以改变，A15 调成自己喜欢的字体，A16 版面布局能够随屏幕自适应调整，A17 背景色能够更换
	A18 云同步功能，A19 评论、笔记的管理功能，A20 划词功能，A21 全文检索功能
B5 内容满足	A22 我的知识结构能够得到补充和完善，A23 数字出版产品能够激发或满足我的一些潜在需求，A24 对我的学习、科研、工作有帮助，A25 能够解决我生活中的一些问题
B6 娱乐休闲满足	A26 浅阅读不费脑子，A27 满足我的猎奇心理，A28 消磨时间，A29 感到愉悦轻松
B7 自我认同满足	A30 获得虚拟空间中的存在感和被关注感，A31 通过评论能够发现"同路人"
B8 社交互动满足	A32 转发、分享评论或感悟，A33 看评论比看原文更有意思，A34 提出问题、获得解答，A35 可以和更多的人交流
B9 体验满足	A36 随时随地阅读，A37 碎片化阅读，A38 可以营造共读环境，A39 系统自动推荐功能
B10 激励条件	A40 阅读时长奖励，A41 线上线下促销活动，A42 分享、转发评论奖励，A43 邀请新人奖励，A44 设置阅读等级
B11 人际影响	A45 使用数字出版产品与我的生活环境相适应，A46 别人能影响我选择数字出版产品，A47 评论、口碑、新闻报道影响我选择数字出版产品
B12 观念认识	A48 伤害眼睛，A49 数字阅读逐渐成为趋势，A50 数字出版产品比纸质书有优势
B13 阅读习惯	A51 倾向阅读纸质书，A52 回翻方便，喜欢纸质书，A53 浅阅读时，选择数字出版产品，A54 主动选择数字出版产品

续表

范畴	初始概念
B14 努力期望	A55 操作简单，A56 界面友好，A57 携带方便
B15 成本价值	A58 免费产品多，A59 价格比纸质书便宜

开放性编码过程中涉及大量原始文本资料，由于篇幅限制，本书仅列举 B13 阅读习惯的范畴化、初始概念的详细过程，以便明晰开放性编码的具体情况，如表 3 - 4 所示。

表 3 - 4　　　　　　　　　　开放性编码示例

范畴	初始概念	原始资料
B13 阅读习惯	A51 倾向阅读纸质书	学术类图书或者专业类图书，我更喜欢纸质书
		我更喜欢纸质书，有时还会买一些，或者到"孔夫子""多抓鱼"上面购买二手书
		从小就阅读纸质书，习惯了
		尽管 Kindle 不伤眼睛，但是看着还是没有纸质书那么舒服。如以前，同学给我传了一本柴静的《看见》数字出版产品，然后我只看了一半，觉得不行，后来我还是买了纸质书
		我感觉看纸质书更有感觉，看数字出版产品有辐射、对眼睛不好、做笔记也不方便、很容易看错行，但是数字出版产品摘抄便利
	A52 回翻方便，喜欢纸质书	数字出版产品与纸质书阅读不一样，在阅读纸质书时，当我想到某一知识点可以随意往回翻，书中任何页面都很方便，而数字出版产品回翻就很麻烦，特别是我只记得之前的大概意思而记不住确切词汇时，它的快速检索优势就发挥不了，感觉数字出版产品在回翻上还是不方便
		我常常在"读秀"上阅读一些数字出版产品，但是阅读时间一长，老是遇到后面的或者前面的页面打不开，显示超时，害得我必须再重新打开这本书

范畴	初始概念	原始资料
B13 阅读习惯	A52 回翻方便，喜欢纸质书	像我这种人容易会忘，当我读到纸质书后头时，有时就想到前头的东西，我可以很快地翻过去。而数字出版产品就不行，如果隔得太多了的话，我得去找目录和使用定位功能，但有时不能精准地定位到我需要的那一页，感觉比较麻烦
	A53 浅阅读时，选择数字出版产品	我觉得数字出版产品与互联网环境下的快节奏生活相联系，驱使我一直往前赶，使得阅读数字产品的质量就没保障了，所以，我喜欢看像《半小时漫画中国史》那样的数字出版产品
		我喜欢看休闲类的数字出版产品，因为不用过多地思考，再说这些书也不用收藏，看完以后就不会再看了
		当我想打发时间的时候，我会选择数字出版产品
	A54 主动选择数字出版产品	目前，办公室、家里都有电脑，我还有手机和电子阅读器，这些设备给我阅读数字出版产品提供了便利条件
		到图书馆借书很浪费时间，有时还找不到书的位置，数字出版产品就不存在这种情况
		电子产品用习惯了，使我更倾向于阅读数字出版产品
		写论文时，我爱看数字出版产品
		在地铁上、家里阳台上，阅读数字出版产品是一种享受和体验

3.4.2 主轴性编码

在开放性编码基础上，通过进一步分析、挖掘 15 个范畴之间的逻辑关系，利用主轴性编码对 15 个范畴进行重新归类。将 B1 知识内容、B2 内容质量、B3 表达方式、B4 呈现功能作为子范畴纳入 C1 内容资源主范畴，将 B5 内容满足、B6 娱乐休闲满足、B7 自我认同满足、B8 社交互动满足和 B9 体验满足子范畴纳入 C2 价值感知主范畴，将 B10 激励条件和 B15 成本价值子范畴纳入 C3 促进因素主范畴，将 B11 人际影响和 B12 观念认识子范畴纳入 C4 社会影响主范畴，将 B13 阅读习惯、B14 努力期望进行单列，分别作为主范畴 C5 阅读习惯、C6 努力期望。因此，最终得到 C1 内容资源、C2 价值感知、C3 促进因素、C4 社会影响、C5 阅读习惯、C6 努力期望 6 个主范畴，如表 3 – 5 所示。

表 3 – 5　　　　　　　　　　　主轴性编码结果

主范畴	范畴	范畴含义
C1 内容资源	B1 知识内容	数字出版产品所含知识量的多少以及获取的便利程度
	B2 内容质量	数字出版产品的知识内容质量高低和可信程度，知识内容是否明确、优质、无歧义和易理解等
	B3 表达方式	数字出版产品内容资源的展示能力
	B4 呈现功能	数字技术在数字出版产品中的体现与反应
C2 价值感知	B5 内容满足	所含知识内容与用户知识需求之间的匹配程度
	B6 娱乐休闲满足	从中所体验到的愉悦、快乐和放松的程度
	B7 自我认同满足	从使用数字出版产品过程中获得存在感、归属感和认同感的感知程度
	B8 社交互动满足	通过分享、交流使用数字出版产品后的感受，能够扩大交往关系圈、增强与群体的联系
	B9 体验满足	服务、功能对用户使用数字出版产品的吸引程度
C3 促进因素	B10 激励条件	用户使用数字出版产品得到相关条件的支持程度
	B15 成本价值	花费的资金成本
C4 社会影响	B11 人际影响	使用数字出版产品所感到的社会压力，或者用户周围的人对其行为意愿的影响
	B12 观念认识	人们对阅读的固有认识
C5 阅读习惯	B13 阅读习惯	用户无意识或自愿地去使用数字出版产品的程度
C6 努力期望	B14 努力期望	用户使用数字出版产品的难易程度

3.4.3　选择性编码

选择性编码是扎根理论的最后阶段。格拉泽（Glaser. B.）认为此阶段的关键是从所有范畴中归纳出一个核心范畴，然后再利用一个整合图式（integrating scheme）或者故事线（store line）将各个范畴串联起来，形成新的理论结构①。通过对已发现范畴的深入分析，得出"数字出版产品用户使用意愿"核心范畴，并形成一条清晰的"故事线"，将其概括为：数字出版产品用户使用意愿的影响因素，主要体现在六个方面，并且与核心范畴存在明显的因果关系。内容资源对用户使用意愿存在显著影响作用，内容资源主范畴主要包含知识内容、内容质量、表达方式、呈现功能；价值感知对数字出版产品用户使用意愿存在显著影响作用，其主要包含内容满足、娱乐休闲满足、自我认同满足、社交互动满足和体验满足；促进因素对数字出版产品用户使用意愿存在显著影响作用，其主要包括激励条件和成本价值；社会影响对数字出版产品用户使用意愿存在显著影响作用，其主要包括人际影响和观念认识；阅读习惯对数字出版产品用户使用意愿存在显著影响作用；努力期望对数字出版产品用户使用意愿存在显著影响作用。不同的人口统计特征对使用意愿存在显著差别，所以把人口统计特征引入作为变量。选择性编码形成的典型关系结构，如表 3-6 所示。

表 3-6　　　　　　　　选择性编码的典型关系结构

典型关系	关系结构	关系结构的内涵
内容资源→使用意愿	因果关系	内容资源是数字出版产品的核心，属于产品的自身内部因素，它直接决定和影响用户的使用意愿
价值感知→使用意愿	因果关系	价值感知是数字出版产品与用户需求的匹配程度，属于用户个体因素，它直接决定和影响用户的使用意愿

① Glaser, B. Theoretical sensitivity [M]. Mill Valley：The sociology Press, 1978：61.

续表

典型关系	关系结构	关系结构的内涵
促进因素→使用意愿	因果关系	促进因素属于产品的外部因素，它直接影响用户的使用意愿
社会影响→使用意愿	因果关系	社会影响属于产品的外部因素，它直接影响用户的使用意愿
阅读习惯→使用意愿	因果关系	阅读习惯是用户无意识使用的程度，属于个体因素，它直接影响用户的使用意愿
努力期望→使用意愿	因果关系	努力期望是用户感知产品的难易程度，属于用户个体因素，它直接影响用户的使用意愿

3.4.4　理论饱和度检验

对剩余的 1/3 原始文本资料（12 份访谈记录）进行质性语句编码分析，仍然按照开放性编码、主轴性编码和选择性编码的顺序展开，也就是饱和度检验，结果显示，并没有出现新的概念和范畴，符合凯西·卡麦兹（Kathy Charmaz）的理论饱和度检验原则。即当搜集新鲜数据不能再产生新的理论见解时，也不能再揭示核心理论类属新的属性时，理论架构就达到"饱和"[①]。因此，在分析出具有代表性样本所获得原始资料的基础上，所构建的数字出版产品用户使用意愿影响因素的理论架构是饱和的。

3.5　理论模型建构

数字出版产品的重要目的之一是让知识内容更加容易理解和吸

[①]　凯西·卡麦兹. 建构扎根理论：质性研究实践指南［M］. 边国英，译. 重庆：重庆大学出版社，2009：144.

收，使笔者的思想传播到更多地方，被尽可能多的用户吸收和利用。它与传统出版物的重要区别是，能够借助多媒体技术多样化展现知识内容、借助数字化技术做到"随看随听随用"、利用通信网络技术迅速传遍全球、运用信息检索技术做到全文检索等；两者的共同之处是，让用户理解文意、吸收和利用知识内容。这样，多媒体表现形式、快速传播、信息技术等特征就成为它区别于传统出版物的重要特征。

通过前文对相关文献的综述以及利用扎根理论对数字出版产品用户使用意愿影响因素的探索性研究，再依据数字出版产品的特征，结合媒介丰富理论、使用满足理论和 UTAUT2 模型，本研究构建了包括内容资源、价值感知、促进因素、社会影响、努力期望和阅读习惯六个维度的数字出版产品用户使用意愿影响因素的理论模型，如图 3 - 3 所示。

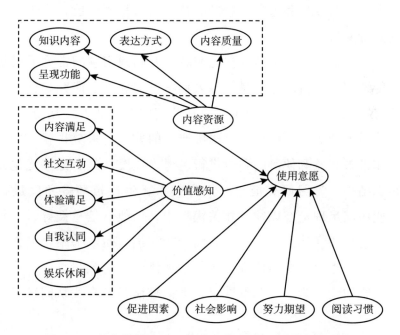

图 3 - 3　数字出版产品用户使用意愿影响因素的理论模型

　　高品位、高质量的内容资源是用户永恒的追求，也是数字出版企业为之奋斗的目标和必须固守的社会责任。实际上，数字出版就是对数字内容资源的生产和加工，是以内容资源为圆心而全面扩散的信息知识传播活动，提升其品质可以从三个方面入手：一是通过作者、编校等环节提升内容质量；二是通过设计环节，增加内容资源的多元化呈现形态，以提高内容资源的易用性和便捷性（如全文检索、兼容性、交互性等），提升内容资源的易读性（如排版设计、多媒体符号表示等）；三是营销方面，借助便利性的互联网环境，以增加用户获取产品的渠道和提升用户接触的概率，利用便捷的数字出版平台提供知识服务等。可见，内容资源已是数字出版生存和发展的根基。本研究借助媒介丰富度理论作为此维度的理论基础。此理论是从"媒体"特性角度阐释使用意愿受到内容资源的影响。它常用且被验证的变量是知识内容、表达方式和内容质量。本书依据扎根理论的发现和数字出版产品特征引入呈现功能，作为内容资源的测量变量。

　　数字出版产品属于精神文化产品，人们利用它的常见手段是阅读，传统阅读的目的主要是满足人们学习、欣赏、研究和创造等方面的需求①，而数字阅读目的只是在此基础上增加人际互动、参与、分享等需求的满足，因此数字出版产品的使用需求分析就不能仅从给工作带来利益和便利的角度进行衡量，还要从是否能够优化人们的知识结构、学习研究能力、人际关系、生存技巧等角度进行考虑。使用满足理论在以往的相关模型中，一般从信息搜寻、自我认同、社会交往、休闲娱乐四个方面进行测量，而本书结合上面所述和前文扎根理论的探索研究，于是增加体验满足测量维度，这样便将价值感知细化为五个测量变量，即内容满足、自我认同满足、体

---

　　① 曾祥芹，韩雪屏. 阅读学原理 [M]. 开封：河南教育出版社，1992：351 – 359.

验满足、社交互动满足和休闲娱乐满足，以便更好地从价值感知角度解释用户使用意愿受到的影响因素，使预测变量更加具体和易于实施，也使数字出版产品用户使用意愿的影响因素更加准确和具有实践指导意义。

以 UTAUT2 模型为理论基础，根据扎根理论探索发现的结果，把促进因素、社会影响、努力期望、阅读习惯作为数字出版产品用户使用意愿影响因素的直接影响因素。根据访谈结果，数字出版产品的免费获取和价格相对较低能够引发用户的使用意愿，因此把成本价值和激励条件归为促进因素；人们对数字出版产品的认识也是影响用户选择它的原因之一，于是把观念认识纳入社会影响变量之中，进而扩充 UTAUT2 模型对这两个变量的定义。

3.6 提出研究假设

3.6.1 使用意愿

一般情况下，人们结合现实生活中的实际情况，依据自己的意愿来决定是否使用某种产品。因此，可以说使用意愿直接决定行为的发生[①]。在 TRA、TPB 理论中，使用意愿是用户采取某一行为的主观心理感受，是一个重要变量，其主要功能是预测用户的使用行为。当用户对某一行为的意愿越强烈，其采取这一行为的可能性就越大。UTAUT2 模型在借鉴 TRA、TPB 理论时继承了这一特性。

---

① Ajzen，I.，& Fishbein，M. Attitude-behavior relations：A theoretical analysis and review of empirical research. Psychological Bulletin ［J］. 1977，84（5）：888 – 918.

本书中的使用意愿反映了用户使用数字出版产品的主观意愿强度和将来是否会愿意考虑使用产品的强度。

3.6.2　内容资源

出版物是人类知识累积和传承的重要载体，也是知识社会化的重要客体。它由精神内容、编辑加工、物质形式和社会传播四个基本要素构成①。精神内容是经过提炼、编辑、加工过的具有系统化的知识信息，也是用户使用出版物实现学习、研究、工作、休闲娱乐、欣赏等方面需求的知识信息，因此本研究从知识内容和内容质量两个维度进行说明。编辑加工一般通过编校、设计过程体现，它不仅影响到出版物的物质形式，还影响到社会传播效果。物质形式借助表达方式、记录方式和物质载体让用户认知和了解信息知识，其中陈述信息知识的表达方式，包括图文、音频、视频、动画等，运用多种表达方式是数字出版产品区别于传统出版物的重要特征之一，利用信息技术实现的一些功能也是吸引用户使用产品的关键所在。记录方式是表述符号记录精神内容到物质载体上的方法与形式，数字出版产品使用的记录方式主要是数字环境下的"复制—粘贴"。物质载体是信息知识存在的依据②，它的不同，造成信息知识复制手段、装帧设计的不同③，还造成出版物的功能不同。数字出版产品是以机械硬盘、固态硬盘、光盘等为物质载体的出版产品，因此它的版式设计打破了传统出版物的线性方式和图文展现的限制，利用超链接方式和多媒体方式编排内容，并呈现出多样化形

---

① 张志强．现代出版学［M］．苏州：苏州大学出版社，2003：163－165.
② 罗紫初．出版学原理［M］．武汉：武汉大学出版社，1999：8.
③ 师曾志．现代出版学［M］．北京：北京大学出版社，2006：96－97.

态，进而这种版式方式和功能捕获了用户的注意力，激发用户使用意愿。社会传播是出版物和使用者接触的过程，使用者越是容易接触到数字出版产品，就越容易使用该产品，于是本书将此要素归到知识内容变量中给予体现。本书将数字出版产品的内容资源划分为四个测量维度，即知识内容、内容质量、表达方式、呈现功能。这四个测量维度构成了数字出版产品的内容资源，并体现产品的出版特性和用户使用产品内容的满意度。据此提出下述假设。

H1：内容资源对数字出版产品的用户使用意愿存在正向影响作用。

（1）知识内容

知识内容是指数字出版产品在知识内容含量及其组织的丰富度，产品提供的知识是否与用户已有知识相契合，知识内容表达是否明确，能否优化用户已有的学习、工作和生活等。知识内容是数字出版产品的核心和灵魂，人们利用它的主要目的是获取知识内容，与他们的知识结构相匹配或者是获得新知识，但是用户个人教育背景、知识结构、所处环境等因素的不同，造成他们对知识内容的需求也不一样，有时对同一知识内容的感知和理解也会存在较大差异。因此，数字出版产品的知识内容要具有一定的广度和深度。张海彤[1]在对网络环境下影响消费者购买意愿的因素研究时发现，信息内容是网页丰富度的重要表现。对文献来说，知识内容是它的最基本组成要素[2]，也是吸引用户使用的关键所在。据此提出下述假设。

H1a：知识内容能够正向反映内容资源。

---

① 张海彤. 网络购买环境中多线索对消费者购买意愿的影响研究［D］. 杭州：浙江大学，2015.

② 邱君玉，门兆捷. 现代连续出版物管理与利用［M］. 呼和浩特：内蒙古人民出版社，2008：14.

（2）内容质量

内容质量是指数字出版产品的知识内容质量高低和可信程度，知识内容是否明确、优质、无歧义和易理解等。莫祖英和马费成[①]在构建数据库信息资源内容质量的用户满意度模型时发现，信息资源的内容质量和能否获得所需要的信息资源是用户利用信息资源最为关切的因素，并认为信息资源的完整性和权威性能够体现其内容质量。斯特朗（Diane M. Strong）等[②]从用户利用角度定义内容质量，认为有用性和易用性是其决定因素，具体可以通过内在性、获取性、语境、表达性等方面进行衡量。波薇（Matthew Bovee）等[③]认为信息资源的解释性、完整性、获取性和相关性能够体现其内容质量。据此提出下述假设。

H1b：内容质量能够正向反映内容资源。

（3）表达方式

表达方式是指数字出版产品的内容表达方式（文本、图像、音频、动画、视频等媒体形式）满足用户需求的丰富度，主要测量数字出版产品内容资源的呈现能力。互联网上知识信息表达方式从最初的文字和静止图片方式，到1995年真实网络（RealNetworks）公司的真实（RealPlayer）播放器率先在网上使用流媒体技术[④]，从此，引爆互联网知识信息通过图文、音频、视频等方式展示的潮

---

① 莫祖英，马费成. 数据库信息资源内容质量用户满意度模型及实证研究［J］. 中国图书馆学报，2013，39（2）：85－97.

② Diane M. Strong，Yang W. Lee，and Richard Y. Wang. Data quality in Context［J］. Communications of the ACM，1977，40（5）：103－110.

③ Bovee M，Srivastava R P，MakA B. Conceptual framework and belief functional approach to assessing overall information quality［J］. Information journal of intelligent systems，2003（18）：51－74.

④ 胡泳. 众声喧哗——网络时代的个人表达与公共讨论［M］. 桂林：广西师范大学出版社，2008：82.

流。茆意宏①通过调查发现，移动互联网上的表达方式排序依次为文本＋图、纯文本、视频、纯图、音频、漫画和动画。数字出版产品作为借助互联网环境传播、阅读的一种知识资源，它的内容资源如何通过不同媒介简明地表达、便于人们吸收与利用、媒介符号是否与内容相符等因素，成为了测量和评价表达方式的标准。据此提出下述假设。

H1c：表达方式能够正向反映内容资源。

（4）呈现功能

呈现功能是数字技术在数字出版产品中的体现与反应，包含功能质量与内容呈现，它一般需要借助阅读软件或阅读平台来实现。目前，数字出版产品的质量评价开始从文字内容质量、功能质量、页面美工设计质量、呈现效果质量等方面展开②，可见功能质量成为出版产品的重要特征。许志林（Chia－Lin Hsu）等在研究网站质量对用户购买意愿影响时指出，网站的功能质量对用户购买商品的满意度存在正向影响作用③。在阅读设备多样化的今天，不同阅读设备之间的云同步功能便成为用户想要使用数字出版产品的重要影响因素。如访谈中，被访者指出："云同步功能是数字出版产品的最大优势，同一个账号可以在电脑、手机、Pad 等阅读设备上保持阅读进度，上面做的笔记也能够保持同步，这样能够使我阅读过的内容跟着我走，让我阅读过的东西就像是我的个人财产。"

内容呈现也是数字出版产品吸引用户选择与利用的重要因素。它的显示效果主要通过版式设计来展示。版式设计包括字体和字号

① 茆意宏. 移动互联网用户阅读行为研究 [M]. 北京：中国社会科学出版社，2016：113.

② 张宏. 数字出版物的质量要素及质量管理监控机制 [J]. 中国编辑，2016（2）：4－9.

③ Chia－Lin Hsu. Kuo－Chien Chang. Mu－Chen Chen. The impact of website quality on customer satisfaction and purchase intention：perceived playfulness and perceived flow as mediators [J]. Information Systems and e－Business Management，2012，11（10）：549－570.

的选择、版心确定、文字版式、图文编排、多媒体应用等①。其目的主要是让内容展现出更强的视觉效果，让多媒体表达方式传达更加清晰、准确的知识内容，使产品整体富有秩序，拥有美感和韵律，达到内容资源与数字技术、内容与美学最佳融合。在数字出版越来越朝向知识服务方向发展的潮流下，版式设计已成为影响数字出版产品质量、发挥社会效益和经济效益的重要因素。据此提出下述假设。

H1d：呈现功能能够正向反映内容资源。

3.6.3　价值感知

需求是用户使用意愿产生的内在原因，是一切信息行为的始点，但并不是所有需求都一定能促使用户利用某种媒介行为的发生②。还要看需求是否得到满足，如得到满足会强化用户使用此媒介的意愿；反之则会寻找替代媒介。按照使用满足理论，用户因为需要满足自身需求才去使用媒介。印刷媒体时代，人们因为工作、学习等方面的外部压力或出于自我内心的信息知识需求，而去利用"视觉—大脑"的方式诠释出版物所负载的内容知识，其目的主要是解疑、学习、扩展知识、提升思想、修身养性、消遣娱乐等。但是在数字媒体时代，信息如潮水般扑来，数量多、更新快、来源广、形式多样、类型丰富，使用户利用视觉获得信息不再囿于图文，而是扩展到视频、动画等形式，利用听觉获得信息也比以往更加频繁，还基于社会化媒体经常生产、发布、分享信息。此一系列

---

① 易图强. 出版学概论 ［M］. 长沙：湖南师范大学出版社，2008：248－258.

② Wilson T D. Information behavior: an interdisciplinary perspective ［J］. Information Processing & Management，1997，33（4）：551－572.

变化使用户从信息接受者和获取者变成生产者、参与者和传播者，用户角色转变引起了需求变化。胡昌平[①]指出，网络环境下用户有获取信息、发布信息、信息交流、信息咨询等需求，并表现出社会化、综合化、集成化、高效化等特点。李娟（Lih‑Juan）等[②]通过问卷调查发现用户使用社会化媒体是为了满足分享知识、分享阅读感受、分享图书、互动交流、自我认同等需求。胡翼青[③]经过调研发现，用户使用网络主要是为了满足获取信息、宣泄情绪、交流情感、参与娱乐或打发时间等需求。

　　数字出版产品在继承传统出版物功能的基础上，除满足用户求知、娱乐等需求外，还利用超媒体、流式媒体、3R（VR、AR、MR）等技术给用户提供全新阅读体验和知识吸收场景，利用技术提供互动交流空间，以此满足用户新需求。基于数字出版产品的特征和已有研究成果，本研究将用户使用数字出版产品的满足而感受到的价值，分为内容满足、自我认同满足、体验满足、社交互动满足和娱乐休闲满足。内容满足是用户使用数字出版产品对优化知识结构、解疑等方面的满足度；自我认同满足是用户使用数字出版产品对感知自我认同和社会认同的满足程度；体验满足是用户使用数字出版产品时体验到新服务、知识吸收场景等方面的满足程度；社交互动满足是用户使用数字出版产品在互动交流、分享信息、发布信息等方面的满足程度；娱乐休闲满足是用户使用数字出版产品时感知到愉悦休闲的满足程度。这五个方面的价值感知有效地体现了用户使用数字出版产品的需求因素，还折射出用户心理满足感受。

① 胡昌平．论网络化环境下的用户信息需求［J］．情报科学，1998（1）：16－23.

② Lih‑Juan ChanLina, Yu‑Ren Su. Assessing Information Needs and Interaction Needs for Library Facebook［J］. Procedia‑Social and Behavioral Sciences, 2015, 191（2）：319－322.

③ 胡翼青．论网际空间的"使用—满足理论"［J］．江苏社会科学，2003（6）：204－208.

用户使用数字出版产品的价值感知，主要通过满足用户在内容、自我认同、体验、社交互动、休闲娱乐等方面的需要来体现。据此提出下述假设。

H2：价值感知对数字出版产品的用户使用意愿存在正向影响作用。

（1）内容满足

数字出版产品是满足人们精神需求的文化产品，核心是它所含的知识内容及其意义。数字出版企业对它的编辑加工、营销都是为了传递知识内容，用户利用它大多数也是为了理解、体会和回味它的知识内容和意义。威尔逊（Wilson）[1] 分析用户信息需求后指出，用户利用信息资源或信息系统的真实目的是获得知识内容，以解决工作、生活中的问题或疑惑，而不是为了信息资源的搜索便利或利用信息系统。谢尔本（Shelburne）[2] 通过对美国伊利诺伊大学图书馆用户调查发现，丰富的内容资源是吸引用户使用电子书的主要因素之一。乔秀亨（Soohyung Joo）等[3]以大学生为调研对象，研究影响他们选择在线资源的因素，结果显示，内容质量、易用性以及内容资源与需求匹配度是影响选择利用的重要因素。据此提出下述假设。

H2a：内容满足能够正向反映价值感知。

（2）自我认同满足

用户在使用数字出版产品过程中，对自身存在价值的认同以及

---

① T. D. Wilson. On user studies and information needs [J]. Journal of Documentation，1981，37（1）：3 – 15.

② Shelburne，W. A. E-book usage in an academic library：User attitudes and behaviors [J]. Library Collections，Acquisitions & Technical Services，2009（3）：59 – 72.

③ Soohyung Joo，Namjoo Choi. Factors affecting undergraduates' selection of online library resources in academic tasks：Usefulness，ease-of-use，resource quality，and individual differences [J]. Library Hi Tech，2015，33（2）：272 – 291.

在虚拟社群中取得的存在感和归属感称为自我认同满足。周俊和毛湛文[1]研究发现，媒介技术为用户的精神交往提供了平台支撑，豆瓣中对图书的打分、评论、推荐，社区中用户引入话题、参与互动，以及用户互称的"豆友"或"豆子"等都是用户通过阅读图书来获得精神生活上的一种认同。拉法利（Rafaeli）等[2]研究指出，用户获得的荣誉感以及感觉到自己被需要、有价值，都能够提升用户分享信息、与他人互动交流等行为产生的可能性。据此提出下述假设。

H2b：自我认同满足能够正向反映价值感知。

（3）社交互动满足

互动交流特性是数字出版产品的基本属性之一。数字出版产品不仅给用户提供知识信息，还能依据用户的指令做出应有的响应，以激发用户的阅读兴趣，依靠音频、视频信息引爆用户更广泛的知识欲望。用户在阅读纸质出版物时，当产生见解、感想时，一般只能存在大脑之中，或者抛开出版物借助通信媒介与他人交流。数字化时代，数字出版产品借助数字阅读平台、电子阅读器等的分享、评论、群组等功能给予满足。张云和茆意宏[3]通过调研大学生的社会化阅读后指出，与他人分享自己的信息与知识、阅读内容之后有感而发、与他人交流从而释放自己、从书中获得和积蓄的情感、与他人讨论并解决问题、结识爱好一致的书友等均是大学生阅读的需求。帕克（Park）等[4]研究发现，社交互动需求对用户使用社会化

① 周俊，毛湛文. 网络社区中用户的身份认同建构——以豆瓣网为例 [J]. 当代传播，2012（1）：74 – 76.

② Rafaeli S, Ariel Y. Online motivational factors: incentives for participation and contribution in Wikipedia [J]. Psychological aspects of cyberspace: Theory, research, applications, 2008: 243 – 267.

③ 张云，茆意宏. 高校学生社会化阅读行为调查分析 [J]. 国家图书馆学刊，2016，25（2）：77 – 87.

④ Park N, Kee k F, Valenzuela S. Being immersed in social networking environment: Facebook groups, uses and gratifications, and social outcomes [J]. Cyber psychology & Behavior, 2009, 12（6）：729 – 733.

媒体的行为和意愿有正向影响作用。据此提出下述假设。

H2c：社交互动满足能够正向反映价值感知。

（4）娱乐休闲满足

娱乐休闲满足是用户从使用数字出版产品中感觉到的愉悦、快乐、休闲和放松。文卡特斯（Venkatesh）等[1]指出，对于缺乏经验的年轻人来说，娱乐休闲满足对他们使用信息系统的使用意愿有正向影响作用。拉赫曼（Raman）等[2]对电子学习行为研究后发现，娱乐休闲满足对用户电子学习行为意愿产生了正向影响作用，原因是数字情境能够给用户带来娱乐休闲满足，他们才去电子学习。顾忠伟等[3]研究发现，可穿戴设备随时随地随用的便利性，增加用户使用中的乐趣，因此娱乐休闲满足能够促进用户使用意愿。据此提出下述假设。

H2d：娱乐休闲满足能够正向反映价值感知。

（5）体验满足

出版属于服务业，应该以服务业的思维和逻辑开展出版活动[4]。第一要抛弃以往单纯生产、发行出版物的思维，确立为用户创造价值为主的思维；第二是利用技术开展新的出版服务；第三是以服务为基础编辑加工出版产品；第四是增加互动内容、获取更多用户，以展示出版产品价值。爱思唯尔主席池俊子（Youngsuk Chi）认为，

---

① Venkatesh, V., Thong, J. Y. L., & Xu, X. Consumer Acceptance and Use of Information Technology: Extending the Unified Theory of Acceptance and Use of Technology [J]. Management Information Systems Quarterly, 2012, 36: 157 – 178.

② Rahman, A. L. A., Jamaludin, A., & Mahmud, Z. Intention to use digital library based on modified UTAUT model: Perspectives of Malaysian postgraduate students. International Journal of Social, Behavioral, Educational, Economic. Business and Industrial Engineering, 2011, 5 (3): 270 – 276.

③ 顾忠伟, 徐福缘, 卫军. 可穿戴商务消费者初始信任影响因素的实证研究 [J]. 管理评论, 2015, 27 (7): 168 – 176.

④ 方卿. 产品或服务：出版人的一个选择题 [J]. 现代出版, 2018 (1): 18 – 21.

出版社需要在做好内容的基础上，开发数字工具和提供解决方案以弥补现有出版产品的不足，帮助笔者和读者在合适的时间、情境下获得合适的内容①。爱思唯尔的社会网络和研究管理平台（social networking and research management platform）、文献管理软件（Mendeley），为世界各地的研究人员提供互相交流、认识的空间，在此空间可以分享论文和观点，也可以寻找研究合作者等。许志林（Chia-lin Hsu）等②研究显示，在台湾，旅行社互联网网站的服务体验质量比其信息及系统质量对用户满意度和购买行为意愿的影响程度还大。据此提出下述假设。

H2e：体验满足能够正向反映价值感知。

3.6.4 促进因素

用户感知一些激励措施、技术结构、成本价值等对自己使用数字出版产品的支持程度，称为促进因素。促进因素直接影响着用户的使用意愿，已在一些研究中得到证实③④。阿拉伊米（Alajmi）⑤经过研究指出，用户需求匹配、技术支持等促进因素，对用户使用

① Youngsuk（Y. S.）Chi. The e-volution of publishing：challenges and opportunities in the digital age［J］. Publishing Research Quarterly，2014，30（4）：344 – 351.

② Chia – Lin Hsu，Kuo – Chien Chang，Mu – Chen Chen. The impact of website quality on customer satisfaction and purchase intention：perceived playfulness and perceived flow as mediators［J］. Information Systems and e – Business Management，2012，10（4）：549 – 570.

③ Im I，Hong S and Kang M. An international comparison of technology adoption testing the UTAUT model［J］. Information & Management，2011，48（1）：1 – 8.

④ Awwad MS and Al – Majali SM. Electronic library services acceptance and use：An empirical validation of unified theory of acceptance and use technology［J］. The Electronic Library，2015，33（6）：1100 – 1120.

⑤ Mohammad A. Alajmi. The acceptance and use of electronic information resources among faculty of selected Gulf Cooperation Council States universities［J］. Information Development，2018（1）：1 – 20.

信息资源系统的意愿和行为具有积极影响。贾莉莉[①]在研究读者使用 OA 资源的影响因素时，从读者获得 OA 资源的帮助措施、组织机构对使用 OA 资源的支持程度等方面分析促进因素，指出激励措施对使用意愿存在直接影响，并能直接激励读者使用 OA 资源。

成本价值是指用户使用数字出版产品带来的期望利益与其使用数字出版产品所支持货币成本之间的权衡。在许多消费者行为研究中，已经表明消费者承担购买设备和服务的成本与其消费行为密切相关。也有研究显示，成本和定价会对用户使用信息技术和服务产生重大影响。张敏[②]以大学生为调查对象，研究即时通信软件使用行为的影响因素，结果显示，大学生在选择使用即时通信软件时，支付的经济成本越低其使用意愿就越强烈。王丙炎和张卫[③]通过用户对手机阅读平台的体验影响因素研究发现，价格是影响用户体验和是否进行阅读的重要因素。张浦一（Chang Pui Yee）等[④]研究表明，成本价值对用户采用移动电子书的使用意愿有重要的积极影响。据此提出下述假设。

H3：促进因素对数字出版产品的用户使用意愿存在正向影响作用。

3.6.5　社会影响

MPCU 理论将社会影响定义为个人在特定社会环境中行为受到

①　贾莉莉. 基于 UTAUT 的读者使用开放存取信息资源影响因素研究［J］. 图书馆工作与研究，2015（6）：108 – 112.

②　张敏. 大学生即时通讯软件使用行为影响因素研究［D］. 天津：天津大学，2017.

③　王丙炎，张卫. 手机阅读平台用户体验影响因子分析［J］. 出版科学，2016，24（5）：91 – 96.

④　Chang Pui Yee, Ng Min Qi, Sim Hau Yong, Yap Jing Wee, Yin Suet Yee. Factors influencing behavioral intention to adopt mobile e-books among undergraduates：UTAUT2 framework［D］. Kampar：Universiti Tunku Abdul Rahman，2015.

参考群体文化内化和特殊人际关系的影响。UTAUT 模型在借鉴此定义的基础上，再结合 TRA、IDT 理论和组织使用环境，认为社会影响是个人感知到对他重要的人认为他应该使用新系统的程度①。再结合已有文献研究成果和扎根理论探索性研究结果，本书将社会影响定义为社会上对用户比较重要的人认为他是否应该使用数字出版产品的认知，以及在一定的社会情境下，用户内化群体的主观文化对他使用数字出版产品的社会认同程度。

一般情况下，现实社会中的人们都有从众心理和趋同心理，会把家人、朋友、同事的行为、观点或者权威舆论引导当作行为的标杆对象，并在不知不觉中将自己的行为和观点趋同他们。在信息技术使用行为中，一般认为个人使用技术的行为会受到身边人和工作相似同事的行为影响②。在组织中，若高层领导支持用户使用新技术或信息系统，那么新技术或系统很快会得到普及③。李武等④研究结果显示，社会影响对用户使用电子阅读器客户端的意愿有直接和间接的影响。互联网环境下，用户具有社群特性，网友、朋友、家人的意见和接受程度以及周围环境都会影响到用户对技术和信息资源接受程度的判断，并直接影响到使用意愿。杨芳⑤以大学生为研究对象，对其使用电子书的影响因素进行研究，结果显示，社会影响是大学生使用电子书的重要影响因素之一。可见，社会影响与使用意愿存在正向影响作用，已经有很多文献从多方面对其进行

①　V. Venkatesh，M. G. Morris，G. B. Davis，F. D. Davis. User acceptance of information technology：toward a unified view［J］. MIS Quarterly，2003，27（3）：425 – 478.

②　Fulk J，Schmitz J，Ryu D. Cognitive elements in the social construction of communication technologies［J］. Management Communication Quarterly，1995，8（3）：259 – 288.

③　Markus M L. Electronic mail as the medium or managerial choice［J］. Organization Research，1994（14）：491 – 511.

④　李武，胡泊，季丹. 电子书阅读客户端的用户使用意愿研究——基于 UTAUT 和 VAM 理论视角［J］. 图书馆论坛，2018，38（4）：103 – 110.

⑤　杨芳. 大学生电子书使用影响因素实证研究［D］. 天津：河北工业大学，2012.

证实①。据此提出下述假设。

H4：社会影响对数字出版产品的用户使用意愿存在正向影响作用。

3.6.6　阅读习惯

经常重复以往发生过的行为或动作称为习惯。人的习惯一旦形成，如果所处环境和条件与以前相似，某种行为就会非故意或自愿产生。于是本研究将阅读习惯定义为用户无意识或自愿地去使用数字出版产品的程度，也可以称为数字阅读习惯。根据前文扎根理论探索性研究结果显示，纸质阅读习惯与数字阅读习惯相比，前者仍占优势，但是用户对数字阅读也表现出很大的积极性，一旦数字阅读习惯形成，用户在选择阅读资源时就会倾向数字出版产品。

阿尔茨（Aarts）等②指出，习惯是一个没有经过思索认识所引发的自觉行为的反映。人们在执行某种行为时，会因为习惯而减少对行为意愿的思索，这样人们就会在无意识中提升对行为客体的认识度。贝蒂（Beatty）和卡尔（Kahle)③认为习惯是态度到行为关系中的一个重要因素，习惯代表着经常性、稳固地执行某种行为。在互联网环境下，由于虚拟、隐私、安全等因素的影响，习惯的形成比以往变得较为复杂，但是习惯依然会减少对行为意愿的分析，

---

① 文鹏，蔡瑞. 微信用户使用意愿影响因素研究 [J]. 情报杂志，2014，33（6）：156 – 161.

② Aarts H. , Verplanken B, Knippenberg A. Predicting behavior from action in the past：repeated decision making or a matter of habit? [J]. Journal of Applied Social Psychology，1998，28（15）：1355 – 1374.

③ Beatty S. E. , Kahle L. R. Alternative hierarchies of the attitude-behavior relationship：the impact of brand commitment and habit [J]. Journal of the Academy of Marketing Science，1988，16（2）：1 – 10.

提高对某种行为发生的认同度。如乌拉汗（Ikram Ullah Khan）[①] 通过对巴勒斯坦用户使用网上银行行为的研究，结果显示，习惯对用户的网上银行使用意愿有正向影响作用；侯治平[②]经过调查、分析消费者购买网络信息产品行为之后，认为互联网环境下习惯对认识有影响作用，习惯对在线购买行为意愿有正向影响作用；柴亚子龙刺（Chaiyasoonthorn）等[③]研究了泰国大学生使用在线文献数据库行为的影响因素，结果表明，习惯对大学生使用在线文献数据库的行为意愿和使用行为存在正向影响关系；张浦一等[④]通过问卷调查研究之后发现，马来西亚大学生使用移动电子书的习惯对其行为意愿存在正向相关关系。据此提出下述假设。

H5：阅读习惯对数字出版产品的用户使用意愿存在正向影响作用。

3.6.7　努力期望

UTAUT、UTAUT2 模型中，把努力期望定义为用户使用信息技术的容易程度，或者用户认为使用某种系统不需要额外努力，将其作为使用意愿的直接测量变量，并对使用意愿有正向影响作用。本书将它定义为用户使用数字出版产品时感知到的难易程度。周涛

---

① Ikram Ullah Khan. UTAUT2 理论对巴基斯坦运用网上银行吸引新顾客的影响［D］. 合肥：中国科学技术大学，2017.

② 侯治平. 消费者网络信息产品购买行为及演化规律：有限理性视角的实证与实验研究［M］. 北京：经济科学出版社，2014：58－60.

③ Chaiyasoonthorn，W，Suksa-ngiam，W. Users' Acceptance of Online Literature Databases in a Thai University：A Test of UTAUT2［J］. International Journal of Information Systems in the Service Sector，2018 10（1）：54－71.

④ Chang Pui Yee，Ng Min Qi，Sim Hau Yong，Yap Jing Wee，Yin Suet Yee. Factors influencing behavioral intention to adopt mobile e-books among undergraduates：UTAUT2 framework［D］. Kampar：Universiti Tunku Abdul Rahman，2015.

（Tao Zhou）等[1]研究发现，当用户感觉到使用移动银行很容易时，将会对预期绩效抱有很大期望。朱宇[2]指出，电子书的简单易学操作方法、简洁清新操作界面都会对读者的使用意愿起到很好的提升作用。张巧真（Chiao－Chen Chang）[3] 在研究高校图书馆移动应用程序的用户使用意愿时发现，努力期望对用户的使用意愿有积极的正向影响。据此提出下述假设。

H6：努力期望对数字出版产品的用户使用意愿存在正向影响作用。

3.6.8 人口结构因素

总体上说，影响用户信息行为的因素可以分为三大类：个人特点、人际关系和环境因素[4]。其中个人特点包含部分人口统计变量。人口统计变量是指用户在人口上的特征。在人口统计特征上，美国的戴维 L. 马瑟斯博和德尔 I. 霍金斯将它分为"人口规模、人口结构和人口分布。人口规模指社会中个体的数量；人口结构则是关于年龄、收入、教育和职业的统计；人口分布则是指人口的地域或地理分布。"[5] 在这些因素中，人口结构的年龄、性别、收入、教育和职业等特征是影响用户使用行为的常见因素，但是人口结构因素不会对用户使用数字出版产品产生直接影响作用，会因人不同而表现出显著差异，有时也会对一些影响因素发挥调节作用。比如 UTA-

---

① Tao Zhoua, Yaobin Lub, Bin Wang. Integrating TTF and UTAUT to explain mobile banking user adoption［J］. Computers in Human Behavior, 2010, 26（4）: 760－767.

② 朱宇. 电子书读者行为调查及影响因素研究［D］. 南京: 南京大学, 2018.

③ Chiao－Chen Chang. Library mobile applications in university libraries［J］. Library Hi Tech, 2013, 31（3）: 478－492.

④ T. D. Wilson. On user studies and information needs［J］. Journal of Documentation, 1981, 37（1）: 3－15.

⑤ 戴维 L. 马瑟斯博, 德尔 I. 霍金斯. 消费者行为学［M］. 陈荣, 许销冰, 译. 北京: 机械工业出版社, 第 13 版, 2018: 45.

UT 模型中用性别、年龄等人口结构因素对绩效期望、努力期望、社会影响和促进因素等进行调节。阿拉伊米（Alajmi）[1] 在研究用户接受和使用电子信息资源的影响因素时，引入年龄、性别、经验、学科、资源语言和出版物数量作为调节其他变量间的影响程度。申东熙（Dong – Hee Shin）[2] 在构建用户使用电子书的满足及其持续使用意愿影响因素模型中，引入性别、年龄、收入作为调节变量。瓦纳斯（Vishwanath）和戈德哈伯（Goldhaber）[3] 指出，年龄、性别、收入、教育程度、职业、地域分布等因素已经成为 IDT、传播学等研究中普遍采用的人口结构特征，并且这些人口统计因素在接受、使用行为模型中主要作用是分析不同用户群体呈现出的差异。结合已有文献研究成果和数字出版产品用户使用行为特征，本书把年龄、性别、收入、教育程度、职业分布等因素引入，以研究不同的年龄、性别、收入、教育程度和职业是否能够对用户使用数字出版产品的意愿产生显著性差异。据此提出下述假设。

H7：性别不同对用户使用数字出版产品的意愿存在显著差异；

H8：年龄不同对用户使用数字出版产品的意愿存在显著差异；

H9：收入不同对用户使用数字出版产品的意愿存在显著差异；

H10：教育程度不同对用户使用数字出版产品的意愿存在显著差异；

H11：职业不同对用户使用数字出版产品的意愿存在显著差异。

---

① Mohammad A. Alajmi. The acceptance and use of electronic information resources among faculty of selected Gulf Cooperation Council States universities ［J］. Information Development，2018（1）：1 – 20.

② Dong-Hee Shin. Understanding e-book users：Uses and gratification expectancy model ［J］. new media & society，2011，13（2）：260 – 278.

③ Vishwanath A，Goldhaber G. M. An examination of the factors contributing to adoption decisions among late-diffused technology products ［J］. New Media and Society，2003，5（4）：547 – 572.

3.7 小　　结

通过对 36 名被访者的一对一的面对面访谈，笔者获取 19.81 个小时的语音资料，将语音资料转化为文字材料，经过整理、删除一些无关紧要的文字，最终共计得到有效文字为 9.43 万余字。然后利用质性数据分析软件 Nvivo11 对其进行归纳、分析、整合为主题概念或范畴，再通过归纳与演绎的持续循环和交替运行，直到把获得的第一手访谈资料缩减、转化、抽象为主范畴和核心范畴，并形成清晰的"故事线"，再经饱和度检验，最终得出影响数字出版产品用户使用意愿的 6 个主范畴。结合已有文献研究成果，依据媒介丰富度理论、使用满足理论和 UTAUT2 模型，构建了数字出版产品用户使用意愿影响因素的概念模型，并提出假设，详细情况如表 3－7 所示，对模型中的变量进行定义、解释，并假设变量间的关系，这些关系基本上都有相应的理论支撑，并且大部分得到了已有研究的检验。

表 3－7　　　　　　　　　　　　研究假设汇总

名称	内容
H1	内容资源对数字出版产品的用户使用意愿存在正向影响作用
H1a	知识内容能够正向反映内容资源
H1b	内容质量能够正向反映内容资源
H1c	表达方式能够正向反映内容资源
H1d	呈现功能能够正向反映内容资源
H2	价值感知对数字出版产品的用户使用意愿存在正向影响作用

续表

名称	内容
H2a	内容满足能够正向反映价值感知
H2b	自我认同满足能够正向反映价值感知
H2c	社交互动满足能够正向反映价值感知
H2d	娱乐休闲满足能够正向反映价值感知
H2e	体验满足能够正向反映价值感知
H3	促进因素对数字出版产品的用户使用意愿存在正向影响作用
H4	社会影响对数字出版产品的用户使用意愿存在正向影响作用
H5	阅读习惯对数字出版产品的用户使用意愿存在正向影响作用
H6	努力期望对数字出版产品的用户使用意愿存在正向影响作用
H7	性别不同对用户使用数字出版产品的意愿存在显著差异
H8	年龄不同对用户使用数字出版产品的意愿存在显著差异
H9	收入不同对用户使用数字出版产品的意愿存在显著差异
H10	教育程度不同对用户使用数字出版产品的意愿存在显著差异
H11	职业不同对用户使用数字出版产品的意愿存在显著差异

第 4 章
价值感知与使用意愿的测量量表
及调查问卷

第 3 章已经构建了数字出版产品用户使用意愿影响因素模型，并提出相关研究假设。假设是否成立？模型是否有效？均需要用数据验证，而数据的获取方式主要是问卷调查，那么问卷的设计、发放、回收和分析是否合理、可行，就成为验证假设与模型的关键所在。因此本章将对此内容进行研究。

4.1　调查问卷设计

问卷调查是指调查者通过统一设计的问卷向被调查者了解情况，征询意见的一种资料收集方法。问卷是指由一系列相关问题所组成的在社会调查中用来收集资料的一种工具。[①] 由于它可以采用匿名方式以及在用户填写时间和回答方式基本相同的情况下进行，因此问卷调查能够获得相对客观、真实以及涉及敏感性问题的各种

---

① 吴增基，等. 现代社会调查方法 第 2 版 ［M］. 上海：上海人民出版社，2003：153 - 154.

资料，然后数字化整理这些资料，以便进行定量分析研究，给理论模型和研究假设的检验提供数据支撑。

问卷设计是社会调查的一个关键环节。其质量好坏、水平高低，是社会调研是否能够获得真实、全面、客观资料的决定因素。问卷设计中，如果不考虑被调查者的心理、积极性、责任感和所处社会环境，就难以获得真实的资料和保证问卷的高效回收；不依据理论命题和测量变量设计题项，或者量表题项与对应变量理论定义不相符，或者变量测量不完整、题项定义不清晰等，所获得的资料都难以反映变量间的因果关系，也难以验证模型和假设。所以，问卷设计对本书具有重大影响，

风笑天将设计问卷的步骤划分为：设计准备、变量操作化、初步探索、设计问卷初稿、试用与修改、问卷印制六个方面①。以此为基础，结合本书特点，笔者从以下步骤设计问卷。

第一步是设计准备。

本书已经对有关使用行为和使用意愿影响因素方面的文献进行了搜索、整理和分析，以便借鉴已有文献的研究成果，预先对问卷设计、选取调查对象、数据分析进行思考。第 2 章对 UTAUT2 模型、媒介丰富度理论和使用满足理论等基础理论进行内涵阐释和使用情况评析。第 3 章利用扎根理论方法，构建了数字出版产品用户使用意愿影响因素理论模型，明确问卷设计的主要目标、研究假设和关键变量等，决定问卷采用以量表类问卷为主、非量表类问卷为辅的形式进行设计，问题采用以封闭式问题为主、开放式问题为辅的形式进行设计。

第二步是变量操作化定义。

本书尽量借鉴国内外成熟的量表来测量变量，在此基础上编制

---

① 风笑天. 社会调查中的问卷设计 [M]. 天津：天津人民出版社，2002：94 – 111.

问卷。选择量表过程中，以选择国内外权威期刊上所载的量表为主；选择范围上，尽可能以电子书、数据库、电子阅读器、社会化媒体等方面经过检验过的量表为主；把英文量表译成中文，再把中文译成英文进行比较，然后邀请英语教师进行校对，以便让来自英文量表的翻译更加准确。

本书模型所包含的变量几乎均在已有文献中被使用多次，依据效度、信度和用户使用数字出版产品的情境，选择能够代表变量的题项。对几个没有被已有文献或理论使用的变量，笔者对此咨询了相关专家和少量调查对象，根据他们的意见和建议深入剖析和阐释，将变量设计成能够反映变量内容的三到八个题项，并保证题项的合理性和可操作性。

第三步是初步探索与形成初始问卷。

在第一、第二步骤研究的基础上，笔者已经对数字出版产品用户使用意愿影响因素的模型和假设的各种题项及其内容有了较为清晰的认识。再按照简明性、适应性、目的性、针对性等原则设计问卷[①]，按照筛选题项、样本背景信息题项、样本特征信息题项、样本基本态度题项、核心变量题项和其他题项的顺序排列题项[②]。然后，在此基础上对专业人士和调查对象进行小规模访谈，对问卷的措辞、变量题项进行评估，依据访谈对象的建议和意见，进一步优化初始问卷。

第四步是问卷预测试与修改。

本书采用非随机抽样方法，针对小部分数字出版产品用户发放问卷进行调查。依据问卷调查结果，检查问卷回收率、有效回收率、信度、效度以及填写情况，解决题项内容表述抽象、专业、不恰当等问

---

① 风笑天. 现代社会调查方法 第 2 版 [M]. 武汉：华中科技大学出版社，2001：160 – 164.

② 周俊. 问卷数据分析：破解 SPSS 的六类分析思路 [M]. 北京：电子工业出版社，2017：21 – 23.

题，删除不能反映变量的题项，进而形成相对合理的正式问卷。

第五步是正式问卷发放和数据收集。

本书借助问卷星（https：//www. wjx. cn/）调查平台发放和回收问卷，通过微信、QQ、E‐mail、微博等线上方式进行推广，并采用滚雪球抽样方式，委托填写问卷的人借助其线上线下关系网络进行分享和再次推广。另外，由于笔者在高校工作多年，邀请所认识的高校教师、科研人员填写并转发问卷，邀请笔者认知的包括公务员、企事业单位、农民等社会各界人士填写并转发问卷，集中收取样本数据。利用 SPSS19 和 AMOS 21 软件对数据进行分析。

4.2　变量的操作化定义与测量

本研究的问卷采用李克特五级量表进行测量，从非常不符合、不符合、一般、符合到非常符合，对应分值分别是 1 分、2 分、3分、4 分和 5 分。本研究每个变量的测量基本上都来自国内外成熟量表，再结合数字出版产品和用户使用特点进行完善和设计。

4.2.1　预测变量

（1）内容资源

由于其难以测量和量化，再加上用户自身知识储备、信息素养、兴趣、爱好等不同会对内容质量做出不同的评价，本研究依据前文的访谈资料和已有成熟量表，主要从数字出版产品所含知识内容是否明确、优质、无歧义和易理解，以及所含知识量的多少和获取的便利程度等方面进行测量。

内容资源的测量变量来源于媒介丰富度理论。媒介丰富度是指在一定时间内媒介改变用户理解的能力，能够让用户弄清疑惑和及时解决问题，同时还是用户选择和使用媒介主要决定因素。互联网环境下，衡量媒介丰富度特征主要从四个方面展开，即信息反馈能力、信息呈现能力、信息表达能力和内容整体质量①。

信息反馈能力是用户接收、使用媒介后快速做出反应的程度。利用媒介时，用户通过反馈能够快速得到消除疑虑的知识信息。由于用户知识结构、使用情景、思维方式等不同，造成对知识信息的需求不同，甚至理解上也会有歧义。这样就需要经过媒介组织的丰富知识内容。因此，本研究用数字出版产品的知识内容来代替信息反馈能力并进行测量。

信息表达能力是指媒介利用图文、音频、视频、动画表达传递信息的能力。产品利用多媒体表达方式的目的是简单清晰地表达内容，便于用户吸收和利用知识，解决用户多场景利用的困难。因此，本研究用表达方式来衡量数字出版产品的信息表达能力。

内容整体质量是指媒介提供优质、明确、无歧义的知识信息，给用户生活、工作、学习带来的效益。随着用户信息需求趋向个性化、多元化，促使媒介必须提供高质量、高信度的知识内容，来消除用户生活、工作、学习中的疑惑。因此，本书用内容质量来衡量数字出版产品的内容整体质量。

信息呈现能力是指经过不同的设计媒介呈现的多样化形态、渠道传递所含信息知识的能力。不同用户对媒介所传信息的呈现形态、传递方式的需求均不同，只有媒介通过多样化的呈现形态、传递方式才能满足大多数用户的需求，这样版式设计就成为媒介信息呈现的一个关键环节。另外，功能是数字技术在数字出版产品中的体现与反应，一般需要借助阅读软件或阅读平台来实现。功能上是否能够

---

① 袁园. 微博用户转发意愿的影响因素研究［D］. 南京：南京大学，2013.

满足用户需求，已成为用户是否使用数字出版产品的重要依据之一。于是本研究用呈现功能来衡量数字出版产品的信息呈现能力。

再结合第 2 章对数字出版产品的媒介丰富度变量的分析，第 3 章扎根理论的探索研究，本书将从知识内容、内容质量、表达方式、呈现质量四个方面对内容资源进行测量。其测量题项见表 4 – 1。

表 4 – 1　　　　　　　　　　　内容资源的测量题项

变量名称	编号	测量题项	来源
知识内容	MR11	数字出版产品包含的知识信息种类比较全面	
	MR12	数字出版产品包含的知识内容比较丰富	
	MR13	我能够根据需求，快速从数字出版产品中获取知识信息	
内容质量	MR21	数字出版产品包含的知识内容创新程度比较高	
	MR22	数字出版产品包含的知识信息可靠性强，值得信赖	
	MR23	总的来说，数字出版产品包含的知识信息质量比较高	Lei-da Chen et al. (2004)；Jung – Yu Lai, Chih – Yen Chang (2011)；Alan R. Dennis, Susan T. Kinney (1998)；liu S H et al. (2009)，Fan – Chen Tseng et al. (2017)；Yang Y et al. (2006)
表达方式	MR31	数字出版产品运用了多媒体方式表达知识内容，如图文、音频、视频、动画等	
	MR32	数字出版产品能够用多媒体方式清晰表达知识信息	
	MR33	数字出版产品比纸质书的知识表达方式更丰富	
呈现功能	MR41	在使用数字出版产品过程中，我能够做笔记、添加标签等	
	MR42	在使用数字出版产品过程中，我能够根据个人爱好调整字体、字号和颜色	
	MR43	我喜欢数字阅读软件提供的云阅读同步功能	
	MR44	数字阅读软件提供的功能，能够帮助我更好地理解数字出版产品中的知识内容	

（2）价值感知

本书中的价值感知测量变量来源于使用满足理论。使用满足理论主要是从用户角度出发阐释其选择和利用媒体的需求、原因以及需求与满足之间的关系。媒介的价值感知测量维度大多数学者[1][2][3]从信息搜寻、自我认同、社会交往、休闲娱乐四个方面进行测量，本书结合数字出版产品具有精神文化消费的特征，以及数字出版产品与纸质出版产品相比具有很多便于阅读和知识吸收的功能，于是增加体验满足测量维度。这样本书将从知识满足、自我认同满足、体验满足、社交互动满足、娱乐休闲满足五个方面测量数字出版产品的价值感知因素。

知识满足对应于价值感知理论中的信息搜寻，主要从数字出版产品所含知识内容与用户知识结构契合度、知识信息量、知识信息效用等方面进行测量。自我认同满足是通过使用数字出版产品或者利用互动交流功能获得的存在感、归属感和认同感。体验满足是指服务、功能对用户使用数字出版产品产生的吸引程度。社交互动满足是指通过分享、交流使用数字出版产品后的感受，以及获得的扩大交往关系圈、增强与群体联系等方面的满足。娱乐休闲满足是指数字出版产品对用户愉悦休闲需求的满足程度。其详细测量题项如表 4 - 2 所示。

① Park N，Kee K F，Valenzuela S. Being immersed in social networking environment：Facebook gtoups，uses and gratifications，and social outcomes ［J］. Cyber Psychology & Behavior，2009，12（6）：729 - 733.

② 袁园. 微博用户转发意愿的影响因素研究 ［D］. 南京：南京大学，2013.

③ 唐晓波，文鹏，蔡瑞. 社会化媒体用户使用行为影响因素实证分析 ［J］. 同济大学学报（自然科学版），2015，43（3）：475 - 482.

表 4 – 2 价值感知的测量题项

变量名称	编码	测量题项	来源
知识内容满足	UG11	使用数字出版产品能够扩大我的阅读范围	
	UG12	使用数字出版产品可以提升我的知识水平	
	UG13	使用数字出版产品可以帮助我更好地工作和学习	
自我认同满足	UG21	分享自己使用数字出版产品的感受或评论，我感觉对他人是有帮助的	
	UG22	转发他人使用数字出版产品的感受或评论，我感觉自己在知识信息传播中具有重要作用	
	UG23	使用数字出版产品，我可以获得更多人的认可、赞同和尊重等	Alharbi et al. (2014)；Tri – Agif et al. (2016)；Shin，D – H (2011)；John R et al. (2008)；Katz E et al. (1974)；文鹏 (2014)；袁园 (2013)
社交互动满足	UG31	使用数字出版产品可以让我与朋友们保持联系和交流	
	UG32	使用数字出版产品可以让我接触兴趣相同的人，扩大人际关系	
	UG33	数字出版产品可以让我与他人交换意见、分享知识信息	
娱乐休闲满足	UG41	我在使用数字出版产品过程中感觉轻松愉快	
	UG42	使用数字出版产品给我带来很多乐趣	
	UG43	我觉得使用数字出版产品是一种不错的休闲方式	
体验满足	UG51	我能够"随时随地"阅读数字出版产品	
	UG52	使用数字出版产品能够打发我的碎片时间	
	UG53	数字阅读软件能够根据我的兴趣爱好推荐数字出版产品	

（3）促成因素

促成因素是指用户感知一些激励措施、技术结构、成本价值等对用户使用数字出版产品的支持程度。它主要从便利条件、成本价值两个方面进行测量。便利条件是激励用户使用数字出版产品的一些情景因素；成本价值是指用户使用数字出版产品带来的期望利益与其使用数字出版产品所支持货币成本之间的权衡。促成因素的详细测量题项如表4-3所示。

表4-3 促成因素的测量题项

变量名称	编号	测量题项	来源
促进因素	FC1	一些激励措施（如分享、转发评论奖励，邀请新人奖励等）对我使用数字出版产品很有吸引力	Viswanath Venkatesh et al.（2003）；Thomas et al.（2013）；Viswanath Venkatesh et al.（2012）；Gerhart et al.（2015）
	FC2	阅读软件设置的虚拟阅读等级制度激励我进一步阅读数字出版产品	
	FC3	线上促销活动激励我进一步阅读数字出版产品	
	FC4	我可以从互联网上找到很多免费数字出版产品	
	FC5	我觉得数字出版产品价格整体上来说是低廉的	
	FC6	我可以负担得起购买数字出版产品的费用	

（4）社会影响

社会影响是指社会上对用户比较重要的人认为他是否应该使用数字出版产品的认知，以及在一定的社会情境下，用户内化群体的主观文化对他使用数字出版产品的社会认同程度，主要从社会因素、观念认识等方面进行测量。社会因素是用户使用数字出版产品时，受到参考群体文化内化和特殊人际关系的影响；观念认识是指人们意欲使用数字出版产品所预期到的观念上对已有认知的压力。社会影响的详细测量题项如表4-4所示。

表 4 – 4   社会影响的测量题项

变量名称	编号	测量题项	来源
社会影响	SI1	我身边的人认为我应该使用数字出版产品	Viswanath Venkatesh et al.（2012）；Yang（2010）；Pedersen（2005）
	SI2	如果我的大多数朋友使用数字出版产品，我也会使用	
	SI3	使用数字出版产品与我的价值观念相符	
	SI4	使用数字出版产品与我的职业环境相符	
	SI5	使用数字出版产品与我的生活形态相符	

（5）阅读习惯

阅读习惯是指用户无意识或自愿地去使用数字出版产品的程度。习惯一旦形成，如果用户所处环境和条件与以前相似，使用数字出版产品的行为就会自觉发生。习惯的详细测量题项如表 4 – 5 所示。

表 4 – 5   阅读习惯的测量题项

变量名称	编号	测量题项	来源
阅读习惯	HT1	目前，我愿意使用数字出版产品	Viswanath Venkatesh et al.（2012）
	HT2	某些情境下，我必然会使用数字出版产品	
	HT3	对我而言，使用数字出版产品是很自然的事情	

（6）努力期望

努力期望是指用户使用数字出版产品的难易程度。努力期望是 UTAUT 模型中影响用户使用意愿的重要变量，主要从易用认知、复杂性、易用等方面去测量。UTAUT2 模型是 UTAUT 模型的升级版，并继承了努力期望变量。努力期望的详细测量题项如表 4 – 6 所示。

表 4 - 6 努力期望的测量题项

变量名称	编码	测量题项	来源
努力期望	EE1	我觉得熟练掌握使用数字阅读软件的技巧是容易的	Viswanath Venkatesh et al. (2003); Chang Pui Yee et al. (2015)
	EE2	数字阅读软件在系统稳定性方面是可靠的	
	EE3	我觉得熟练使用数字阅读设备是容易的	

4.2.2 结果变量

使用意愿，是指使用者和潜在使用者依据自己的心理是否采用数字出版产品和服务的一种主观概率判断，反映用户使用数字出版产品的主观意愿强度和将来是否会愿意考虑使用的强度。其能够预测未来某一时间内用户使用数字出版产品行为的可能性，或者向他人推荐使用数字出版产品的可能性。其详细测量题项如表 4 - 7 所示。

表 4 - 7 使用意愿的测量题项

变量名称	编号	测量题项	来源
使用意愿	BI1	今后，我计划持续使用数字出版产品	Viswanath Venkatesh et al. (2012); Tri - Agif et al. (2016)
	BI2	今后，我预计会更加频繁地使用数字出版产品	
	BI3	今后，我会建议其他人使用数字出版产品	

4.2.3 人口结构变量

本书使用人口结构变量主要是分析它对用户使用数字出版产品的使用意愿的影响，主要包括：性别、年龄、收入、职业、教育程度。其测量题项如表 4 - 8 所示。

表 4－8　　　　　　　　　　人口统计变量的测量题项

变量名称	编号	测量题项	来源
人口结构	DV1	性别	戴维 L. 马瑟斯博等（2018）；朱宇（2008）
	DV2	年龄	
	DV3	收入	
	DV4	职业	
	DV5	教育程度	

4.3　问卷结构与预调查

4.3.1　问卷内容结构

本研究问卷主要分为三个部分，第一部分是问卷说明，主要用简洁、诚恳的语言介绍本次调查的目的、意义、个人隐私信息保护声明等，以便争取与被调查者的有效合作；还包含填写所需时间、概念解释以及对被调查者的致谢等信息。

第二部分是被调查者的背景信息，主要包括性别、年龄、学历、职业、所在地、经济收入、使用数字出版产品的年限、频次等信息。此部分还设置筛选题项，即"您是否使用过数字出版产品"，若回答"是"则继续答题，回答"否"，则弹出不使用数字出版产品的原因和将来是否打算使用的题项，然后结束答题。这样设计便于提高本调查的有效性。

第三部分是调查主题内容，根据量表设计题项，主要是采用李克特五级量表设计数字出版产品用户使用意愿的影响因素。然后邀请出版学、图书馆学、情报学和传播学方面的 1 名正教授、4 名副教授和4名博士生对问卷进行详细阅读，指出问卷中可能存在的问题，旨在判断被测变量与题项之间是否存在对应关系，测量题项是否全面、表达是否清晰明确、整体题项数量是否恰当等，进而依据9位专家的意见对问卷进行优化和完善。最后，初步形成调查问卷。

4.3.2　问卷预调查与完善

为提高量表的信度和效度，在正式大规模问卷调查之前，笔者进行了小样本测试。本研究利用问卷星网站（https：//www. wjx. cn/）发布问卷，利用微信、QQ、短信、电话等方式邀请高校师生、公务员、企事业单位员工、自由职业者等用户作答。预测试历时12天，一共收回165份问卷。对问卷进行筛选、删除回答所用时间过短、前后自相矛盾、所有选项答案一致或存在明显规律等无效问卷后，共得到有效问卷134份，问卷有效回收率为81.2%。

（1）信度分析

信度是指测量数据与结论的可靠性程度，即测量工具能否稳定地测量到要测量事项的程度，反映了测量结果的稳定性与一致性程度①。目前，信度分析主要有α系数、折半信度、复本信度、重测信度等类型，但是学界常用α系数分析问卷的信度。α系数，即内部一致性系数，其值最好在0.8以上，如果在0.7~0.8是可以接受的，0.6~0.7也是可以勉强接受的，如果低于0.6就需要思虑修改量表②。在调查问卷预测时，α系数一般与校正的项总计相关性

---

① 章辉美，王康乐. 社会学方法与调查研究 [M]. 长沙：国防科技大学出版社，2001：145.

② 周俊. 问卷数据分析：破解 SPSS 的六类分析思路 [M]. 北京：电子工业出版社，2017：39 – 44.

CITC 和删除某项后的 α 系数值结合起来判断是否需要删除或修正题项。一般情况下，若 CITC 小于 0.4，或者删除某项后的 α 系数值反而会上升时，就需要考虑修正或删除题项。通过统计分析软件 SPSS19 对预调查数据信度分析后发现，FC1〔一些激励措施（如分享、转发评论奖励，邀请新人奖励等）对我使用数字出版产品很有吸引力〕的"校正的项总计相关性"为 0.394，将其删除后，发现 FC 的 Cronbach's Alpha 由 0.839 上升到 0.864，因此将 FC1 删除，这样 FC 由 6 个题项调整为 5 个题项并重新编号。删除 FC1 后的各变量及其题项的信度检验结果如表 4-9 所示。

表 4-9　　　　　　　　　　量表信度检验结果

变量名称	题项	校正的项总计相关性	项已删除的 Cronbach's Alpha 值	项数	Cronbach's Alpha
MR	MR11	0.475	0.879	13	0.883
	MR12	0.569	0.876		
	MR13	0.422	0.881		
	MR21	0.483	0.879		
	MR22	0.588	0.874		
	MR23	0.618	0.873		
	MR31	0.575	0.875		
	MR32	0.629	0.873		
	MR33	0.647	0.871		
	MR41	0.542	0.876		
	MR42	0.660	0.871		
	MR43	0.500	0.878		
	MR44	0.466	0.880		

变量名称	题项	校正的项总计相关性	项已删除的 Cronbach's Alpha 值	项数	Cronbach's Alpha
UG	UG11	0.617	0.939	15	0.941
	UG12	0.676	0.938		
	UG13	0.726	0.937		
	UG21	0.744	0.936		
	UG22	0.723	0.937		
	UG23	0.633	0.939		
	UG31	0.642	0.939		
	UG32	0.664	0.938		
	UG33	0.969	0.937		
	UG41	0.816	0.934		
	UG42	0.779	0.935		
	UG43	0.743	0.936		
	UG51	0.658	0.938		
	UG52	0.685	0.938		
	UG53	0.651	0.938		
FC	FC1	0.689	0.800	5	0.839
	FC2	0.647	0.808		
	FC3	0.696	0.795		
	FC4	0.633	0.809		
	FC5	0.702	0.795		
SI	SI1	0.714	0.899	5	0.909
	SI2	0.783	0.888		
	SI3	0.798	0.886		
	SI4	0.681	0.902		
	SI5	0.765	0.891		

续表

变量名称	题项	校正的项总计相关性	项已删除的 Cronbach's Alpha 值	项数	Cronbach's Alpha
HT	HT1	0.754	0.855	3	0.883
	HT2	0.773	0.836		
	HT3	0.798	0.814		
EE	EE1	0.798	0.810	3	0.879
	EE2	0.702	0.889		
	EE3	0.814	0.787		
BI	BI1	0.789	0.898	3	0.910
	BI2	0.862	0.835		
	BI3	0.817	0.872		

（2）效度分析

效度（validity）是指能够测到该测验所预测（使用者所设计的）心理或行为特质到何种程度，它分为三种类型：内容效度、结构效度和效标关联效度[①]。一般来说，量表的效度分析主要是分析研究题项设计是否合理、题项表示的变量是否合适等，其主要采用内容效度和结构效度相结合的方式进行检验。本研究首先进行内容效度检验，根据已存在文献和扎根理论探索性研究结果构建测量变量的对应量表，再邀请 9 名专家对其进行审核和修改，形成初步量表，因此本量表的内容效度比较理想。其次是结构效度检验，利用统计分析软件 SPSS19 进行探索性因子分析，分析前需要对 KMO 值进行判断和说明，且 KMO 值大于 0.6 才能进行[②]。随后说明提取的

---

① 吴明隆. 问卷统计分析实务 SPSS 操作与应用［M］. 重庆：重庆大学出版社，2010：194 – 195.

② 周俊. 问卷数据分析：破解 SPSS 的六类分析思路［M］. 北京：电子工业出版社，2017：44 – 45.

因子数量、每个因子的方差解释率、总共方差解释率值，并且描述各个题项与因子的对应关系，如果对应关系与预期相符，就说明调查问卷有良好的结构效度。

KMO 和 Bartlett 的检验如表 4-10 所示，KMO 值为 0.910，大于 0.6，且 Bartlett 的球形度检验的 P 值为 0.000，小于 0.05，这些数据表明本研究适合作探索性因子分析，并且通过了 Bartlett 球形检验。

表 4-10   KMO 和 Bartlett 的检验

取样足够度的 Kaiser – Meyer – Olkin 度量		0.910
Bartlett 的球形度检验	近似卡方	5658.579
	df	1225
	Sig.	0.000

一般情况下，总方差解释率大于 60% 就表明分析结果比较好，50% 表明可以接受。从解释的总方差如表 4-11 所示，本研究中 7 个因子旋转后的方差解释率分别为 14.355%、12.610%、10.856%、9.506%、8.441%、5.744% 和 5.492%，总共累计方差解释率为 67.004%，说明能够解释量表 67.004% 的信息量，其值大于 60%，表明整体探索性因子结果良好。

表 4-11   解释的总方差

成分	初始特征值			提取平方和载入			旋转平方和载入		
	合计	方差的%	累积%	合计	方差的%	累积%	合计	方差的%	累积%
1	11.790	23.580	23.580	11.790	23.580	23.580	7.178	14.355	14.355
2	8.327	16.654	40.234	8.327	16.654	40.234	6.305	12.610	26.965

成分	初始特征值			提取平方和载入			旋转平方和载入		
	合计	方差的%	累积%	合计	方差的%	累积 %	合计	方差的%	累积%
3	7.537	15.074	55.307	7.537	15.074	55.307	5.428	10.856	37.821
4	1.711	3.423	58.730	1.711	3.423	58.730	4.753	9.506	47.327
5	1.506	3.011	61.742	1.506	3.011	61.742	4.221	8.441	55.768
6	1.402	2.805	64.546	1.402	2.805	64.546	2.872	5.744	61.512
7	1.229	2.457	67.004	1.229	2.457	67.004	2.746	5.492	67.004
8	1.185	2.370	69.373						
9	1.107	2.213	71.587						
10	0.971	1.943	73.530						
11	0.780	1.559	78.628						
12	0.699	1.399	80.027						
13	0.647	1.294	81.321						
14	0.628	1.256	82.577						
15	0.599	1.198	83.775						
16	0.562	1.124	84.899						
17	0.534	1.068	85.967						
18	0.511	1.022	86.989						
19	0.469	0.938	87.927						
20	0.455	0.911	88.838						
21	0.431	0.862	89.700						
22	0.400	0.800	90.500						
23	0.367	0.735	91.235						
24	0.349	0.698	91.933						
25	0.338	0.677	92.610						
26	0.309	0.617	93.227						
27	0.293	0.586	93.813						
28	0.283	0.567	94.380						

成分	初始特征值			提取平方和载入			旋转平方和载入		
	合计	方差的%	累积%	合计	方差的%	累积%	合计	方差的%	累积%
29	0.259	0.519	94.898						
30	0.248	0.497	95.395						
31	0.242	0.485	95.880						
32	0.217	0.433	96.313						
33	0.198	0.397	96.710						
34	0.171	0.342	97.410						
35	0.155	0.310	97.721						
36	0.151	0.302	98.023						
37	0.131	0.261	98.284						
38	0.125	0.250	98.534						
39	0.119	0.238	98.772						
40	0.110	0.221	98.993						
41	0.100	0.199	99.192						
42	0.087	0.174	99.366						
43	0.083	0.167	99.533						
44	0.073	0.145	99.678						
45	0.066	0.131	99.810						
46	0.057	0.113	99.923						
47	0.039	0.077	100.000						

注：提取方法：主成分分析法。

在因子与题项对应关系上，需要借助探索因子旋转后矩阵结果进行解释，旋转后矩阵结果如表4－12所示。旋转的目的在于获取简单结构，让每个题项均能纳入一个因子范围之内。表中的因子载荷系数表示题项与因子之间的密切程度。其取值从－1到＋1，绝对值越大，表明其与因子之间的密切程度越高。一般情况下，以

0.4 作为标准,大于 0.4 说明题项与因子之间的关系比较密切①。从表 4-12 可知,本研究各题项的因子载荷系数均大于 0.4,并且均有明确的因子归属,说明题项与因子之间关系比较密切。

表 4-12　　　　　　　　　　　旋转成分矩阵

题项	成分						
	1	2	3	4	5	6	7
MR12	0.782	0.112	0.033	0.010	0.134	0.197	0.033
MR11	0.689	0.016	-0.026	0.016	0.172	0.062	0.083
MR33	0.652	0.220	0.147	-0.030	0.409	0.186	0.086
MR21	0.639	-0.034	0.415	0.222	0.041	-0.101	-0.038
MR44	0.627	0.015	0.029	0.239	0.067	0.145	0.367
MR13	0.616	-0.043	-0.012	0.037	0.106	0.126	0.136
MR23	0.596	0.165	0.187	0.159	0.198	-0.042	0.297
MR42	0.593	0.249	0.350	0.120	0.290	0.240	0.151
MR22	0.592	0.233	0.244	0.031	0.014	0.279	0.080
MR41	0.577	0.166	0.224	0.210	0.137	0.312	0.130
MR43	0.567	0.277	-0.026	0.118	0.193	0.483	0.093
MR32	0.553	0.076	0.225	0.264	0.447	0.004	0.097
MR31	0.516	0.068	0.201	0.236	0.033	-0.163	0.492
UG31	0.107	0.815	0.247	0.099	0.140	0.020	0.049
UG33	0.301	0.757	0.192	0.142	0.053	0.024	0.112
UG32	0.172	0.744	0.272	0.070	0.132	0.089	0.100
UG43	0.292	0.663	0.264	0.301	0.066	0.031	0.298
UG22	0.184	0.633	0.179	0.262	0.160	0.259	0.133
UG51	0.391	0.610	0.087	0.302	0.077	0.138	0.196
UG52	0.336	0.577	0.378	0.128	-0.037	0.140	0.205

① 周俊. 问卷数据分析:破解 SPSS 的六类分析思路 [M]. 北京:电子工业出版社,2017:57.

题项	成分						
	1	2	3	4	5	6	7
UG23	0.027	0.567	0.421	0.128	0.143	0.265	0.074
UG42	0.377	0.554	0.365	0.286	0.130	0.144	0.199
UG41	0.349	0.541	0.456	0.290	0.150	0.114	0.126
UG11	0.169	0.537	0.054	0.437	0.327	0.308	0.084
UG21	0.258	0.504	0.102	0.352	0.269	0.259	0.252
UG12	0.200	0.486	0.205	0.267	0.323	0.450	−0.005
UG13	0.310	0.454	0.303	0.145	0.345	0.237	0.230
UG53	0.138	0.441	0.412	0.155	0.033	0.354	0.241
SI2	0.242	0.214	0.735	0.082	0.032	0.184	0.197
SI3	0.267	0.221	0.703	0.191	0.103	0.237	0.054
SI4	0.219	0.161	0.666	0.186	0.114	0.129	0.016
SI5	0.322	0.164	0.646	0.366	0.045	0.067	0.116
SI1	0.254	0.406	0.603	0.118	0.009	0.199	0.170
FC5	0.129	0.178	0.252	0.696	0.125	0.159	0.168
FC1	0.162	0.198	0.138	0.650	0.182	0.209	0.348
FC4	0.061	0.012	0.306	0.566	0.077	0.398	0.025
FC3	0.301	0.140	0.146	0.608	0.232	0.321	0.102
FC2	0.330	0.278	0.240	0.464	0.089	0.118	0.289
EE1	0.162	0.222	0.084	0.208	0.792	0.001	0.135
EE3	0.125	0.310	0.133	0.217	0.775	−0.024	0.098
EE2	0.160	0.354	0.191	0.029	0.656	0.150	0.029
BI1	0.048	0.408	0.107	0.433	0.124	0.678	0.078
BI2	0.213	0.438	0.276	0.414	0.047	0.496	−0.069
BI3	0.432	0.144	0.337	0.380	0.034	0.482	−0.033
HT3	0.051	0.500	0.114	0.366	0.187	0.049	0.570
HT1	0.497	0.111	0.090	0.465	0.173	0.029	0.557
HT2	0.518	0.157	0.055	0.200	0.148	0.038	0.548

注：提取方法：主成分分析法。
旋转法：具有 Kaiser 标准化的正交旋转法。
a. 旋转在 24 次迭代后收敛。

经过信度分析和效度分析之后，把"校正的项总计相关性"为 0.394 的题项 FC1 删除，这样 FC 保留 5 个题项并调整编号，如表 4 - 13 所示。最终量表由七个因子（MR、UG、SI、FC、EE、HT、BI）、47 个题项组成。正式调查问卷详见附录 2。

表 4 - 13 调整编号后的 FC

变量名称	编号	测量题项
促进因素	FC1	阅读软件设置的虚拟阅读等级制度激励我进一步阅读数字出版产品
	FC2	线上促销活动激励我进一步阅读数字出版产品
	FC3	我可以从互联网上找到很多免费数字出版产品
	FC4	我觉得数字出版产品价格整体上来说是低廉的
	FC5	我可以负担得起购买数字出版产品的费用

4.4　问卷正式调查与数据描述性分析

4.4.1　问卷正式调查

正式问卷利用问卷星网站进行发送和回收。问卷星网站将生成的问卷链接及其二维码通过微信、QQ、E - mail、微博等方式向网络用户进行发放，邀请他们填写并恳请转发问卷，采用这种滚雪球方式获取样本数据。为保障问卷填写的质量和真实性，通过"答题者作答次数设置"予以控制，阻止同一 IP 地址用户、同一手机或电脑用户多次填写问卷的行为。调查历时 30 天，共回收 671 份问卷，覆盖我国 26 个省、自治区和直辖市，其中 555 人在"您是否使用过数字出版产品"题项中选择"是"，此占比为 82.71%，略高于 2023 年中国新闻出版研究院发布的第二十次全国国民阅读调查成果中的 80.1% 数字化阅读方式接触率[①]。由于本问卷主要是针对网络用户进行的调查，而全国国民阅读调查是针对全国公民进行的调查，因此本数据会略高一些。这样从用户是否使用数字出版产品的占比上看，样本数据分布比较合理。再删除样本中回答前后自相矛盾、所有题项答案一致或存在明显规律等无效问卷，最终获得有效问卷 493 份。

4.4.2　数据描述性分析

（1）人口统计分析

在参与调查的人中，男性 224 人，占比 45.44%；女性 269 人，占比 54.56%，男女比例差别不大。依据中国音像与数字出版协会发布《中国数字阅读白皮书》显示[②]（以下简称"白皮书"），男女比例为 55∶45；艾瑞咨询发布的《中国数字阅读行业研究报告》显示[③]（以下简称"行业报告"），男女比例为 55∶45。从两份数字阅读报告看，男女比例也基本持平，无明显差别。因此，总体上说，样本的性别分布比较合理。

在年龄段上，白皮书显示，我国数字阅读用户年龄分布中，少年占 0.5%，青年占 70.9%，中年占 27.3%，老年占 1.2%，可见中青年是数字阅读主力军，占到 98.2%。本研究样本中，18 岁以下用户占比为 1.84%，60 岁以上的老年用户占 1.42%，18～60 岁

①　魏玉山，徐升国. 第二十次全国国民阅读调查主要发现［J］. 出版发行研究，2023（3）：13－17.

②　中国音像与数字出版协会. 2017 年度中国数字阅读白皮书［EB/OL］.［2018－04－13］. https：//www. sohu. com/a/228207725_99957183.

③　艾瑞咨询. 2018 年中国数字阅读行业研究报告［EB/OL］.［2018－08－10］. http：//report. iresearch. cn/report/201808/3255. shtml.

的中青年用户占比为 96.74% ，此情况基本与白皮书一致。因此，从年龄段上看，样本数据分布比较合理。

白皮书显示，专科以上学历用户占比近 90% ；行业报告显示，本科学历占比最大，接近 60% 。从两份报告中获知，在我国数字阅读用户中基本上都具有专科及以上学历，其中拥有本科学历的用户是数字阅读的主要群体。本调查中，具有本科学历的用户占比为 61.26% ，大专及以上占比为 92.29% ，此情况基本与两报告一致。因此，可以说样本数据的学历分布比较合理。

职业上，白皮书认为，学生、企业人员占比最高，而本调查中学生占比最高，为 44.21% ，学生和企事业单位人员两者占比高达 56.38% 。《中国移动阅读市场研究报告》显示（以下简称"研究报告"）①，学生、自由职业者、白领用户超过 60% ，而本调查中的学生和自由职业者两者共占比 49.69% ，由于本调查没有细分用户，缺乏白领人员数据，故此数据低一些。从与两份报告对比中可知，样本数据的职业类型分布比较合理。

研究报告显示，大部分用户的月收入超过 3000 元，本调查中收入 3000 元以上用户占比为 46.05% ，虽然与其相比此部分用户占比偏低，但是 3000 元以上用户也近一半，两者差距不明显。因此，可以说样本数据的收入分布比较合理。

综上所述，本研究的有效样本在性别比例、年龄分布、学历、职业以及收入上基本符合我国数字出版产品使用群体的整体特征。因此，有效样本具有一定的代表性，样本数据基本上能够反映数字出版产品用户群体的使用意愿特点。有效样本人口统计信息如表 4 - 14 所示。

---

① 比达咨询 . 2018 上半年度中国移动阅读市场研究报告 ［EB/OL］. ［2018 - 08 - 14］. https：//baijiahao. baidu. com/s?id = 1608750562730151644&wfr = spider&for = pc.

表 4 – 14 　　　　　　　　　　　人口统计信息

统计项目	分类	频数	百分比（%）
性别	男	224	45.44
	女	269	54.56
年龄段	18 岁以下	9	1.84
	18～29 岁	232	47.06
	30～39 岁	95	19.25
	40～49 岁	111	22.52
	51～60 岁	39	7.91
	60 岁以上	7	1.42
最高学历	高中（中专及以下）	38	7.71
	大专	43	8.72
	本科	302	61.26
	硕士及以上	110	22.31
职业类型	学生	218	44.21
	教师	122	24.75
	公务员	48	9.74
	企事业单位工作人员（不含教师）	60	12.17
	自由职业者	27	5.48
	其他	18	3.65
月可支配收入	2000 元以下	195	39.55
	2001～3000 元	71	14.40
	3001～4000 元	61	12.37
	4001～6000 元	79	16.02
	6001～8000 元	35	7.10
	8001～10000 元	22	4.47
	10000 元以上	30	6.09

（2）未使用数字出版产品原因的描述性分析

在 671 份样本数据中有 116 份选择了没有使用过数字出版产品，占比 17.29%，但这部分样本中有 59.48% 的用户表示将来打算使用数字出版产品。这一情况表明，数字出版产品的潜在市场巨大，需要开发，需要出版社对用户需求进行深入分析和挖掘，借助多样化营销策略、不同的产品形态去激活这部分潜在用户、引导他们使用。

在不使用数字出版产品原因的多选题中，有 49.14% 的用户以"眼睛容易疲劳，不习惯数字阅读"为原因，其次是 37.93% 的用户选择"其他"，然后依次是"不能静下心阅读、获取数字出版产品不方便、没有纸质出版物使用方便、阅读过程中不能深入思考、数字出版产品需要付费、没有自己的数字阅读设备（如计算机、智能手机、电子阅读器等）"。可见有近 50% 用户把"眼睛容易疲劳，不习惯数字阅读"作为不使用数字出版产品的主要原因之一，这说明数字出版产品在提供用户易阅读和知识易吸收的同时如何兼顾对用户视力的保护成为一个亟须解决的问题。因此，今后数字出版业要激活数字出版产品的潜在用户，需要提高阅读设备的屏幕分辨率、减少对阅读者眼睛的伤害，还要培养他们的数字阅读习惯和提高他们接触数字出版产品的概率等。未使用数字出版产品的原因分布，如表 4 - 15 所示。

表 4 - 15　　　　　　　　不使用数字出版产品的原因

选项	小计	比例
眼睛容易疲劳，不习惯数字阅读	57	49.14%
获取数字出版产品不方便	22	18.97%
没有自己的数字阅读设备（如计算机、智能手机、电子阅读器等）	12	10.34%

选项	小计	比例
没有纸质出版物使用方便	20	17.24%
阅读过程中不能深入思考	19	16.38%
不能静下心去阅读	31	26.72%
数字出版产品需要付费	16	13.79%
其他	44	37.93%
本题有效填写人次	116	

（3）数字出版产品的使用情况描述性分析

①使用年限分析。如表4－16所示，从数字出版产品用户使用年限的分布情况可知，被调查者使用数字出版产品的年限分布相对比较均匀，除一年以下和十年以上的用户略少外，1～3年和4～10年的用户分别占43.8%和33.1%，可见1～10年的用户是使用数字出版产品的主体，并占到76.9%。此种状况是与以下情况分不开的：2006年我国全民阅读活动的倡导、数字出版领域四大工程的提出、近几年数字阅读设备的普及等。另外，此状况是与目前我国数字阅读整体情况相适应的。

表4－16　　　　　　　　使用年限

使用时间	频率	百分比（%）	累计百分比（%）
1年以下	58	11.8	11.8
1～3年	216	43.8	55.6
4～10年	163	33.1	88.6
10年以上	56	11.4	100.0
合计	493	100.0	

②使用频率分析。如表 4 - 17 所示，从数字出版产品用户每周使用频率的分布情况可知，被调查者每周使用数字出版产品一次以上者占比为83%，其中每周使用 1 ~ 3 次和每天都使用占比最高，分别为39.1%和31.6%，可见被调查者使用数字出版产品的频率比较高，普遍具有使用经验和使用倾向。

表 4 – 17　　　　　　　　　　　　使用频率

使用频率	频率	百分比（%）	累计百分比（%）
极少使用	84	17.0	17.0
每周 1 ~ 3 次	193	39.1	56.2
每周 4 ~ 6 次	60	12.2	68.4
每天都使用	156	31.6	100.0
合计	493	100.0	

③每次平均使用时间分析。如表 4 - 18 所示，从数字出版产品用户每次平均使用时间的分布情况可知，每次使用时长 10 ~ 30 分钟占比最高，为41.4%；半个小时以下占比为52.1%，可以说明被调查者利用碎片时间使用数字出版产品几乎成为一种常态。另外，每次平均使用时长为 10 ~ 60 分钟的被调查者占比为70.4%，表明大部分用户单次使用时长为 10 ~ 60 分钟，注意力无法长时间集中、易转移，不能沉浸于使用数字出版产品之中。这一状况可能是用户使用数字出版产品时易于受到干扰造成的，比如，用户时不时查看微信、QQ、抖音、微博等社交软件，或者浏览新闻，或者看看有没有新邮件，等等。因此，如何提高用户每次使用数字出版产品的时长就成为了一个亟须解决的问题，需要数字出版加工企业、销售企业等共同努力破解。

表 4 – 18 每次平均使用时间

每次平均使用时间	频率	百分比（%）	累计百分比（%）
10 分钟以下	53	10.8	10.8
10 ~ 30 分钟	204	41.4	52.1
30 ~ 60 分钟	143	29.0	81.1
1 小时以上	93	18.9	100.0
合计	493	100.0	

（4）主要测量题项描述性分析

通过测量题项描述性统计分析可以观察到数据的集中趋势、分散情况、分布情况等。于是本研究利用 SPSS19 对测量题项进行统计分析，统计内容包括极小值、极大值、均值、标准差、方差、偏度和峰度，结果如表 4 – 19 所示，观察到各题项最大值均为 5，最小值只有 MR32 为 2，其他均为 1，说明被调查者对题项的回答不一致、各有偏好。各题项均值均大于 3.00，还有部分均值大于 4.00，表明被调查者对题项有一定的认可度。

为了选择合适的数据分析方法，需要对样本数据的分布进行检验，确定其是否符合正态分布。在样本数据是否符合正态分布的标准上，统计学上还没有定论，一般认为，偏度和峰度都接近于 0，可以认为数据近似服从正态分布[①]。本研究样本数据的偏度绝对值最大为 0.820，最小为 0.003，峰度绝对值最大为 0.579，最小值为 0.067，可见，偏度和峰度的值都接近于 0，表明样本数据近似服从正态分布。

---

① 沈大庆. 数学建模 [M]. 北京：国防工业出版社，2016：46.

表 4 - 19　　　　　　　　　　　　测量题项的描述性分析

变量名称	编号	N	极小值	极大值	均值	标准差	方差	偏度	峰度
内容资源	MR11	493	1	5	3.88	0.849	0.721	-0.385	-0.081
	MR12	493	1	5	3.98	0.829	0.687	-0.393	-0.433
	MR13	493	1	5	3.88	0.890	0.792	-0.398	-0.362
	MR21	493	1	5	3.83	0.885	0.783	-0.200	-0.579
	MR22	493	1	5	3.46	0.879	0.773	0.178	-0.257
	MR23	493	1	5	3.98	0.820	0.672	-0.455	-0.136
	MR31	493	1	5	4.25	0.786	0.617	-0.820	0.249
	MR32	493	2	5	4.09	0.807	0.651	-0.506	-0.426
	MR33	493	1	5	4.00	0.883	0.780	-0.543	-0.232
	MR41	493	1	5	3.67	1.007	1.014	-0.422	-0.268
	MR42	493	1	5	3.75	0.880	0.774	-0.242	-0.325
	MR43	493	1	5	3.99	0.869	0.756	-0.517	-0.284
	MR44	493	1	5	4.05	0.850	0.723	-0.503	-0.466
价值感知	UG11	493	1	5	4.05	0.824	0.678	-0.686	0.398
	UG12	493	1	5	3.93	0.880	0.774	-0.409	-0.380
	UG13	493	1	5	4.01	0.835	0.697	-0.440	-0.326
	UG21	493	1	5	3.87	0.892	0.795	-0.546	0.120
	UG22	493	1	5	3.72	0.912	0.832	-0.273	-0.359
	UG23	493	1	5	3.48	0.940	0.884	-0.003	-0.446
	UG31	493	1	5	3.65	0.974	0.949	-0.286	-0.450
	UG32	493	1	5	3.67	0.953	0.908	-0.307	-0.389
	UG33	493	1	5	3.81	0.909	0.827	-0.421	-0.290
	UG41	493	1	5	3.87	0.856	0.732	-0.323	-0.409
	UG42	493	1	5	3.85	0.867	0.752	-0.403	-0.127
	UG43	493	1	5	3.94	0.837	0.700	-0.520	0.078
	UG51	493	1	5	4.02	0.835	0.697	-0.497	-0.304
	UG52	493	1	5	4.12	0.770	0.593	-0.530	-0.105
	UG53	493	1	5	3.93	0.844	0.712	-0.455	-0.082

变量名称	编号	N	极小值	极大值	均值	标准差	方差	偏度	峰度
促成因素	FC1	493	1	5	3.87	0.893	0.797	−0.594	0.189
	FC2	493	1	5	3.74	0.880	0.775	−0.344	−0.209
	FC3	493	1	5	3.86	0.914	0.835	−0.398	−0.458
	FC4	493	1	5	3.75	0.968	0.938	−0.391	−0.340
	FC5	493	1	5	3.83	0.877	0.769	−0.275	−0.435
社会影响	SI1	493	1	5	3.52	0.970	0.941	−0.160	−0.291
	SI2	493	1	5	3.74	0.877	0.770	−0.249	−0.133
	SI3	493	1	5	3.68	0.898	0.807	−0.242	−0.076
	SI4	493	1	5	3.85	0.864	0.747	−0.251	−0.529
	SI5	493	1	5	3.76	0.884	0.782	−0.283	−0.226
阅读习惯	HT1	493	1	5	3.94	0.879	0.773	−0.584	0.215
	HT2	493	1	5	4.08	0.812	0.659	−0.527	−0.244
	HT3	493	1	5	4.01	0.842	0.709	−0.580	0.067
努力期望	EE1	493	1	5	3.99	0.806	0.650	−0.352	−0.433
	EE2	493	1	5	3.83	0.831	0.690	−0.249	−0.348
	EE3	493	1	5	3.98	0.811	0.658	−0.383	−0.374
使用意愿	BI1	493	1	5	3.99	0.848	0.719	−0.479	−0.256
	BI2	493	1	5	3.83	0.909	0.826	−0.371	−0.297
	BI3	493	1	5	3.78	0.901	0.813	−0.428	0.071

4.5　小　　结

本章在数字出版产品用户使用意愿影响因素的扎根理论研究和已有研究文献成果的基础上，借助国内外成熟量表设计调查问卷。通过9名专家详细审核和利用问卷星网站进行预测试，再经过信度分析和效度分析，删除题项 FC1，最终形成由 47 个题项构成的量表。问卷正式调查后，共获得有效问卷 493 份，对此数据进行统计分析，发现样本在人口统计学特征上符合国内数字出版产品用户群体的整体特征，样本数据近似服从正态分布。

第 5 章
价值感知与使用意愿的模型检验及分析

在样本数据整理和描述性分析的基础上，本章将利用 SPSS19 和 AMOS21 软件对数据进行深层次分析和处理，按照已经构建的数字出版产品用户使用意愿影响因素理论模型和提出的研究假设建立结构方程模型，对理论模型拟合情况进行分析和修正，验证模型中提出的假设，并对研究结果进行讨论。

5.1 测量模型验证

5.1.1 信度检验

信度主要反映所测数据的稳定性和一致性，表示调查者在不同时间或采用不同方式对相似现象（群体）进行的测量，其获得结果的一致性程度①。它的信度值越大代表测量标准误差就越小。一般情

① 荣泰生. AMOS 与研究方法 ［M］. 重庆：重庆大学出版社，2010：77－78.

况下，实证研究中量表的信度衡量，采用内部一致性信度指标（internal consistency reliability，ICR）的比较多，而 ICR 可以通过 Cronbach α 值与组合信度（composite reliability，CR）来反映。CR 是用来评价某因素所有测量指标分享该因素构念的程度，其值越高，代表测量指标间内在关联程度较高，其值越低，代表关联程度较低，指标间的一致性程度不高，预示着共同因素构念特质间的歧义较大[①]。通常要求 α 值、CR 值越高越好，α 值不小于 0.6，组合信度值不小于 0.7[②]，这样，量表的各题项才具有较好的稳定性和可靠性。为进一步检验样本的稳定性和一致性，对其 α 值、CR 值进行计算。其结果如表 5-1 所示，α 值最小为 MR4 的 0.779，大于 0.6，CR 值最小为 UG1 的 0.760，大于 0.7，说明本研究量表具备很高的信度。

表 5-1　　　　　　　　　　样本信度检验结果

变量名称		Cronbach's Alpha		CR		整体 Alpha 值
MR	MR1	0.848		0.822		
	MR2	0.792	0.918	0.795	0.944	
	MR3	0.810		0.776		
	MR4	0.779		0.830		0.949
UG	UG1	0.867		0.760		
	UG2	0.865		0.805		
	UG3	0.898	0.953	0.767	0.947	
	UG4	0.913		0.750		
	UG5	0.831		0.811		

---

① 周茵. 营销渠道治理策略选择与应用研究 [M]. 西安：西安交通大学出版社，2016：91.

② Hair, J. F, Hult, G. T. M, Ringle, C. M, Sarstedt, M. A primer on partial least squares structural equation modeling（PLS - SEM）[M]. Thousand Oaks：Sage, 2014：102.

变量名称	Cronbach's Alpha	CR	整体 Alpha 值
FC	0.871	0.907	
SI	0.910	0.930	
HT	0.901	0.938	0.949
EE	0.887	0.931	
BI	0.917	0.922	

5.1.2 效度检验

本研究调查问卷中的题项基本上都借鉴了国内外成熟量表，并依据相关专家评审意见与建议进行了优化，又经过预测试的信度和效度分析，根据其结果进行修改。因此，调查问卷的内容效度是合理有效的。

本研究已对量表的结构效度进行探索性因子分析，以便获得量表的最佳因素结构，确定量表的各因素及其题项。量表的因素结构模型是否与获得的样本数据相契合，指标变量能否成为潜在变量的测量变量，这些问题的判定，还需进行收敛效度和区别效度检验。

（1）收敛效度

收敛效度主要测量的是同一组题项反映相同潜在变量的程度。一般采用平均差异萃取量（average variance extracted，AVE）和标准化因子载荷进行衡量。标准化因子载荷能够反映测量变量对构念的解释度，其值大于 0.7 时，代表收敛效度较好，不小于 0.5 都可以接受[①]。AVE 反映了测量指标可以解释构建变异量的比值，其值不小于 0.5，则认为收敛效度比较好[②]。本研究的收敛效度检验结果如表 5 – 2 所示，标准化因子载荷量最小值是 UG31 的 0.580，大于 0.5，AVE 最小值是 UG4 的 0.501，大于 0.5。因此表明，量表的收敛效度达到了要求。

表 5 – 2　　　　　　　　　　收敛效度检验结果

变量名称		题项	标准化因子载荷量	AVE	
MR	MR1	MR11	0.816	0.607	0.564
		MR12	0.797		
		MR13	0.720		
	MR2	MR21	0.670	0.565	
		MR22	0.812		
		MR23	0.766		
	MR3	MR31	0.783	0.537	
		MR32	0.732		
		MR33	0.680		
	MR4	MR41	0.835	0.552	
		MR42	0.655		
		MR43	0.787		
		MR44	0.680		

---

① Formell C，Larcker D F，Evaluating structural equation models with Unobservable Variables and Measurement error［J］. Journal of Marketing Research，1981，18（1）：39 – 50.

② 吴明隆. 结构方程模型——AMOS 的操作与应用［M］. 重庆：重庆大学出版社，2010：213 – 245.

续表

变量名称		题项	标准化因子载荷量	AVE	
UG	UG1	UG11	0.695	0.514	0.548
		UG12	0.792		
		UG13	0.658		
	UG2	UG21	0.705	0.579	
		UG22	0.769		
		UG23	0.806		
	UG3	UG31	0.580	0.527	
		UG32	0.807		
		UG33	0.771		
	UG4	UG41	0.660	0.501	
		UG42	0.695		
		UG43	0.763		
	UG5	UG51	0.839	0.591	
		UG52	0.799		
		UG53	0.656		
FC		FC1	0.825	0.660	
		FC2	0.793		
		FC3	0.831		
		FC4	0.783		
		FC5	0.830		
SI		SI1	0.814	0.726	
		SI2	0.865		
		SI3	0.870		
		SI4	0.841		
		SI5	0.870		

续表

变量名称	题项	标准化因子载荷量	AVE	
HT	HT1	0.907	0.853	
	HT2	0.901		
	HT3	0.933		
EE	EE1	0.923	0.817	
	EE2	0.921		
	EE3	0.867		
BI	BI1	0.847	0.798	
	BI2	0.916		
	BI3	0.915		

（2）区别效度

区别效度主要功能是测量量表中各个构念之间的差异程度。与收敛效度相比，它是验证量表的排他性问题，收敛效度是验证量表的全面性问题。一般情况下，采用相关系数法和 AVE 法进行衡量，也就是构念的 AVE 值和它与其他构念间的相关系数平方的比较[①]，只有两个构念的 AVE 值大于两个构念之间相关系数的平方值，区别效度才比较显著[②]。本研究整体的区别效度检验结果如表 5-3 所示，AVE 值均大于相关系数的平方值，因此量表的区别效度良好。

表 5-3　　　　　　　　　　　区别效度检验结果

变量	MR	UG	FC	SI	HT	EE	BI
MR	0.564						
UG	0.389	0.548					
FC	0.271	0.353	0.660				

---

① C. Fornell and D. F. larcker. Evaluating Structural Equation Models with Unobservable Variables and Measurement Error [J]. Journal of Marketing Research, 1982, 18 (1): 39-50.

② 吴明隆. 结构方程模型：AMOS 实务进阶 [M]. 重庆：重庆大学出版社，2013：79.

续表

变量	MR	UG	FC	SI	HT	EE	BI
SI	0. 246	0. 354	0. 329	0. 726			
HT	0. 249	0. 292	0. 314	0. 388	0. 853		
EE	0. 251	0. 297	0. 348	0. 319	0. 468	0. 817	
BI	0. 252	0. 346	0. 316	0. 384	0. 516	0. 454	0. 798

  MR 和 UG 作为中间变量，其中 MR 需要通过 MR1、MR2、MR3 和 MR4 来反映，UG 需要通过 UG1、UG2、UG3、UG4 和 UG5 来反映，于是这些变量的题项也需要进行区别效度检验。如表 5 - 4 所示，MR 中的 AVE 值均大于相关系数的平方值，这表明 MR 的反映变量之间题项设置的区别效度很好。如表 5 - 5 所示，UG 中的 AVE 值均大于相关系数的平方值，这说明 UG 的反映变量之间题项设置的区别效度很合理。

表 5 - 4 内容资源的区别效度检验结果

变量	MR1	MR1	MR1	MR1
MR1	0. 607			
MR1	0. 270	0. 565		
MR1	0. 213	0. 245	0. 537	
MR1	0. 174	0. 194	0. 237	0. 552

表 5 - 5 价值感知的区别效度检验结果

变量	UG1	UG2	UG3	UG4	UG5
UG1	0. 514				
UG2	0. 283	0. 579			
UG3	0. 245	0. 371	0. 527		
UG4	0. 338	0. 292	0. 376	0. 501	
UG5	0. 298	0. 201	0. 233	0. 397	0. 591

5.1.3 共同方法偏差检验

问卷调查中，由于采用相同量表、相同填写方式、基本一致的测量环境，被调查者具有相似的动机，这样容易出现人为因素造成的预测变量与效标变量间的共变，即共同方法偏差（common method bias）[①]，进而混淆研究结果、误导研究结论。为此本研究采取保护被调查者隐私，从时间、空间、方法等方面进行分离，优化量表等措施加以规避，但不能保证本研究中一定不存在共同方法偏差问题，于是又进行 Harman 单因素检验。Harman 单因素检验是将全部变量的题项进行探索性因子分析，查看没有旋转的分析结果。若结果只提取一个因子或者其中一个因子解释率非常高，就可以认为共同方法偏差严重[②]。本研究通过探索性因子分析之后，发现未旋转的第一个因子方差解释率是 29.992%，不是特别高，并且抽取了 7 个因子，说明本研究不具有共同方法偏差问题。

5.2 人口结构因素的影响检验

本研究运用独立样本 T 检验和单因素方程分析的方法，分析性别、年龄、收入、职业、教育程度等对数字出版产品用户使用意愿产生的影响，是否存在显著不同，进而验证假设 H7、H8、H9、H10 和 H11。

---

① 周浩，龙立荣. 共同方法偏差的统计检验与控制方法 [J]. 心理科学进展，2004（6）：942 - 950.

② Livingstone L P, Nelson D L, Barr S H. Person-environment fit and creativity: an examination of supply-value and demand-ability version of fit [J]. Journal of Management, 1997, 23 (2): 119 - 146.

5.2.1 性别影响检验

不同性别群体对用户使用数字出版产品的意愿是否存在显著差别。要解决此问题，可以使用独立样本 t 检验。其结果如表 5 - 6 所示，在 Levene 检验中，P 值为 0.945，大于 0.05，没有达到显著性水平，可以说明两组的方差相等。这样独立样本 T 检验的最终 P 值就要以"假设方差相等"一行中的 P 值［Sig（双侧）］为依据，而其值为 0.587，大于 0.05 显著水平，表明男女间在使用意愿上没有显著差异。因此假设 H7 没有获得支持。

表 5 - 6　　　　　　　　性别独立样本检验结果

分类	方差方程的 Levene 检验		均值方程的 t 检验						
	F	Sig.	t	df	Sig.（双侧）	均值差值	标准误差值	差分的95%置信区间	
								下限	上限
假设方差相等	0.006	0.945	0.543	491	0.587	0.04918697	0.09051792	− 0.12866330	0.22703723
假设方差不相等			0.543	475.152	0.587	0.04918697	0.09050903	− 0.12866049	0.22703443

5.2.2 年龄影响检验

本研究中年龄分为六个不同的年龄阶段值，不同阶段值是否对数字出版产品用户使用意愿产生显著不同，此问题可以借助单因素方差分析来检验。因为，单因素方差分析主要功能是，检验不同取值的单一因素对试验结果是否存在显著影响[①]。单因素方差分析结果如表 5 - 7 所示，显著性值为 0.01，小于显著性水平 0.05，可以表明不同年龄用户使用数字出版产品的意愿存在显著不同。因此假设 H8 获得支持。这样，出版社可以依据不同年龄层设计产品，如给儿童提供适合学习和阅读的以视频为主的产品，给中青年提供随时随地阅读 App 产品，给老年提供以音频为主的产品等。

表 5 - 7 年龄方差分析结果

项目	平方和	df	均方	F	显著性
组间	20.906	5	4.181	4.322	0.001
组内	471.094	487	0.967		
总数	492.000	492			

5.2.3 收入影响检验

不同收入是否会对数字出版产品的用户使用意愿产生显著差别。此问题可以使用单因素方差分析来检验。单因素方差分析结果如表 5 - 8 所示，方差检验 F 为 2.072，对应的显著性是 0.055，大于 0.05 显著水平，可以说明不同收入对影响数字出版产品用户使用意愿产生的差异不显著。因此假设 H9 没有获得支持。但是其显著性仅仅超过显著标准 0.005，表明不同收入用户的使用意愿存在差异，只是没有达到规定的显著性标准值。此情况可能是随着我国居民人均可支配收入的不断提升，使居民认为消费数字出版产品已不是什么经济负担，因此不同收入人群在使用意愿上没有表现出显著差异。

---

① 杨维忠，张甜. SPSS 统计分析与行业应用案例详解 [M]. 北京：清华大学出版社，2013：117.

表 5 - 8 收入方差分析结果

项目	平方和	df	均方	F	显著性
组间	12.274	6	2.046	2.072	0.055
组内	479.726	486	0.987		
总数	492.000	492			

5.2.4 教育程度影响检验

教育程度不同是否会对数字出版产品的用户使用意愿产生显著差别。此问题可以使用单因素方差分析来检验。单因素方差分析结果如表 5 - 9 所示，方差检验 F 为 1.320，对应的显著性是 0.267，大于 0.05 显著水平，可以说明不同教育程度对影响数字出版产品用户使用意愿产生的差异不显著。因此假设 H10 没有获得支持。

表 5 - 9 教育程度方差分析结果

项目	平方和	df	均方	F	显著性
组间	3.951	3	1.317	1.320	0.267
组内	488.049	489	0.998		
总数	492.000	492			

5.2.5 职业影响检验

职业不同是否会对数字出版产品的用户使用意愿产生显著差别。此问题可以使用单因素方差分析来检验。单因素方差分析结果如表 5 - 10 所示，方差检验 F 为 2.699，对应的显著性是 0.020，小于 0.05 显著水平，可以说明不同职业对影响数字出版产品用户使用意愿产生了显著差异。因此假设 H11 获得支持。由于不同职业类型的用户，在职业需求、专业技能以及学习、工作过程中所需知识的不同，造成他们对数字出版产品、使用场景等需求也不同，因此，不同职业的用户在数字出版产品使用意愿上呈现了显著差异。

表 5 – 10　　　　　　　　　职业方差分析结果

项目	平方和	df	均方	F	显著性
组间	13.266	5	2.653	2.699	0.020
组内	478.734	487	0.983		
总数	492.000	492			

5.3　结构方程模型与假设检验

5.3.1　模型拟合检验

本研究第 3 章通过对 36 名用户访谈，利用扎根理论开展探索性研究，再依据媒介丰富度理论、使用满足理论和 UTAUT2 模型建立数字出版产品用户使用意愿影响因素的理论模型，利用 AMOS21 软件，根据理论模型的路径假设，将知识内容、内容质量、表达方式、呈现功能四个初阶因素作为内容资源的内因潜在变量，将内容满足、自我认同、社交互动、娱乐休闲、体验满足五个初阶因素作为价值感知的内因潜在变量，因此它们之间不能用双箭头绘制共变关系，需要增加估计残差项，而高阶因素内容资源和价值感知作为使用意愿的外因潜在变量，初阶因素阅读习惯、促进因素、努力期望、社会影响作为使用意愿的外因潜变量，外因潜变量间需要建立共变关系。据此，构建含有高阶因素可识别的结构方程模型，模型如图 5 - 1 所示。

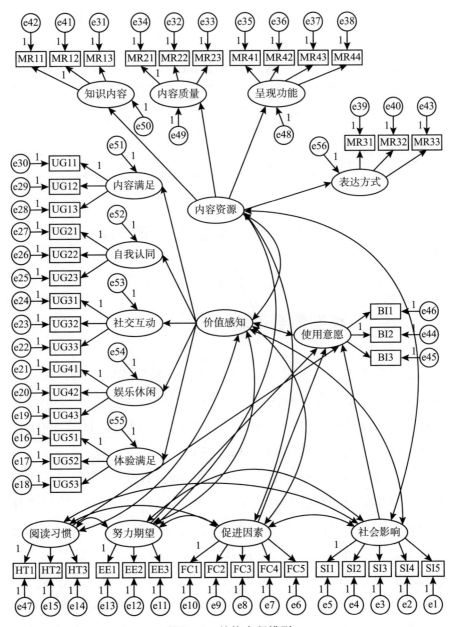

图 5 - 1   结构方程模型

对初始模型进行"计算估计值"运算，将计算结果与常用的结构方程整体模型拟合度的评价指标和评价标准①进行对比，如表 5 - 11 所示。通过观察此表可知，整体而言，本研究构建的理论模型拟合情况尚可，即模型整体结构可以接受，观察变量可以测量其对应的潜变量，但是模型中部分指标还未达到优良或没有达到标准值，如 CMIN/DF、RMSEA 为良好，GFI、TLI 没有达到标准值。因此，该模型还需进一步修正。

表 5 - 11　　　　　　　　　　整体模型拟合度结果

拟合度指标		指标值	判断标准或临界值	结果
绝对拟合度指数	χ^2 值	2964.774		
	DF	1006		
	CMIN/DF	2.947	1 - 2 优良 2 - 3 良好	良好
	GFI	0.772	大于 0.9 优良 0.8 ~ 0.9 良好	否
	RMR	0.037	小于 0.05	是
	RMSEA	0.063	小于 0.5 优良 05 ~ 0.8 良好	良好
增值拟合度指数	CFI	0.901	大于 0.9	是
	TLI	0.893	大于 0.9	否
	IFI	0.901	大于 0.9	是
简约拟合度指标	CAIC	3843.236、饱和模型 8122.174、独立模型 21154.712	小于独立模型和饱和模型的值	是
	PNFI	0.798	大于 0.5	是
	PGFI	0.839	大于 0.5	是
	CN	493	大于 200	是

———————

① 吴明隆. 结构方程模型——AMOS 的操作与应用 [M]. 重庆：重庆大学出版社，2010：37 - 71.

5.3.2　模型修正

　　由于模型中可能存在序列误差、变量间不是直线关系、有缺失值等原因，造成模型的拟合度不太理想。于是本研究在不违背理论模型假定与结构方程模型基本假定原则的情况下，根据 AMOS21 软件提供的 MI 列表，逐步将能够降低卡方值 15 以上差异量的 9 对误差项之间分别增加相关关系，将 3 对残差项之间分别增加相关关系，同时观察每一次修正后的拟合指标与卡方值的变动情况，判断各项指标是否获得优化，以便决定是否采取下一步的修正。这样最终完成了理论模型与观察数据之间拟合度的优化与完善，得到一个拟合度比较理想的理论模型，其结果如表 5 - 12 所示。

表 5 - 12　　　　　　　　　整体模型修正后的拟合结果

拟合度指标		指标值	判断标准或临界值	结果
绝对拟合度指数	χ^2 值	2515.631		
	DF	997		
	CMIN/DF	2.523	1~2 优良 2~3 良好	良好
	GFI	0.806	大于 0.9 优良 0.8~0.9 良好	良好
	RMR	0.034	小于 0.05	是
	RMSEA	0.056	小于 0.5 优良 05~0.8 良好	良好
增值拟合度指数	CFI	0.923	大于 0.9	是
	TLI	0.917	大于 0.9	是
	IFI	0.923	大于 0.9	是

拟合度指标		指标值	判断标准或临界值	结果
简约拟合度指标	CAIC	3458.897、饱和模型 8122.174、独立模型 21154.712	小于独立模型和饱和模型的值	是
	PNFI	0.811	大于 0.5	是
	PGFI	0.713	大于 0.5	是
	CN	493	大于 200	是

对比表 5 – 11、表 5 – 12 发现，CMIN/DF 值由 2.947 降到了 2.523，GFI 由 0.772 提高到 0.806，达到良好标准，TLI 由小于 0.9 未达到标准值，提升到 0.917，符合标准，等等。因此，整体而言，模型的拟合度比较好。

5.3.3 假设验证

本研究从标准化回归系数值（β 值）、显著性概率值（P 值）等方面，对文中提出的假设关系是否成立进行检验。其结果如表 5 – 13 所示。

表 5 – 13   修正后假设检验结果

潜在变量间的路径关系	β 值	C. R.	P 值	显著性检验	假设检验结果
H1：内容资源对数字出版产品的用户使用意愿存在正向影响作用	0.771			显著	成立
H1a：知识内容能够正向反映内容资源	0.750	2.985	0.003	显著	成立
H1b：内容质量能够正向反映内容资源	0.841	3.013	0.003	显著	成立
H1c：表达方式能够正向反映内容资源	0.826	3.004	0.003	显著	成立
H1d：呈现功能能够正向反映内容资源	0.845	3.015	0.003	显著	成立

潜在变量间的路径关系	β 值	C. R.	P 值	显著性检验	假设检验结果
H2：价值感知对数字出版产品的用户使用意愿存在正向影响作用	0.834			显著	成立
H2a：内容满足能够正向反映价值感知	0.918	3.791	***	显著	成立
H2b：自我认同满足能够正向反映价值感知	0.835	3.750	***	显著	成立
H2c：社交互动满足能够正向反映价值感知	0.801	3.768	***	显著	成立
H2d：娱乐休闲满足能够正向反映价值感知	0.921	3.773	***	显著	成立
H2e：体验满足能够正向反映价值感知	0.911	3.770	***	显著	成立
H3：促进因素对数字出版产品的用户使用意愿存在正向影响作用	0.255	2.283	0.022	显著	成立
H4：社会影响对数字出版产品的用户使用意愿存在正向影响作用	0.196	1.979	0.048	显著	成立
H5：阅读习惯对数字出版产品的用户使用意愿存在正向影响作用	0.602	6.412	***	显著	成立
H6：努力期望对数字出版产品的用户使用意愿存在正向影响作用	0.235	2.516	0.012	显著	成立

注：①P值小于0.001用"***"代替，大于0.001显示具体数字大小；②由于内容资源和价值感知为高阶因素，需要与使用意愿之间的路径系数界定为1，所以，此两个因素的C. R.（临界比）、P值栏中的数据均显示空白。

从表5－13可知，外因变量与内因变量间的路径系数均大于0.05显著水平、C. R. 的绝对值均大于1.96标准，并且路径系数正负与假设关系的正负影响也符合，表明493份样本调查数据能够有效支持通过扎根理论构建的数字出版产品用户使用意愿影响因素理论模型中提出的假设，还表明理论模型具有很好的解释力，具体分析如下：

①内容资源（β值＝0.771）、价值感知（β值＝0.834）、促进因素（β值＝0.255，P＝0.022）、社会影响（β值＝0.196，P＝

0.048）、阅读习惯（β 值 = 0.602，P < 0.001）、努力期望（β 值 = 0.235，P = 0.012）对用户使用数字出版产品的意愿有直接显著正向影响作用，也就是说，提供数字出版产品的种类、知识含量等越丰富，用户对数字出版产品的使用意愿就越强烈；用户价值感知程度越高，用户对数字出版产品的使用愿望就越强烈；各种激励措施越完善，用户对数字出版产品的使用意愿就越强烈；社会群众对数字出版产品越支持和社会数字化程度越高，用户对数字出版产品的使用意愿就越强烈；个人数字阅读越常规化，用户对数字出版产品的使用意愿就越强烈；数字阅读软件界面和操作越人性化和简单化，用户对数字出版产品的使用意愿就越强烈。

②如果把路径系数大小作为影响程度的指标，那么这六个影响因素的排序为：价值感知、内容资源、阅读习惯、促进因素、努力期望和社会影响。价值感知和内容资源的路径系数远大于其他因素，这一情况表明，用户是否使用数字出版产品的关键决定因素是自己的需求满足和数字出版产品的内容资源。因此，出版社作为数字出版产品的主要生产者之一，要提高产品的使用率和购买量首先要做到的是，产品与用户需求之间的最优化匹配，让用户感受到有价值。

③内容满足（β 值 = 0.918，P < 0.001）、自我认同满足（β 值 = 0.835，P < 0.001）、社交互动满足（β 值 = 0.801，P < 0.001）、娱乐休闲满足（β 值 = 0.921，P < 0.001）和体验满足（β 值 = 0.911，P < 0.001）能够正向反映用户的价值感知。如果把路径系数大小作为反映程度的指标，那么这五个影响因素的排序为：休闲娱乐满足、内容满足、体验满足、自我认同满足和社交互动满足。其中娱乐休闲满足和内容满足对需求满足的反映程度比重最高，表明用户使用数字出版产品的主要出发点是为了消遣放松，其次是汲取产品中的知识。

④知识内容（β值＝0.750，P＝0.003）、内容质量（β值＝0.841，P＝0.003）、表达方式（β值＝0.826，P＝0.003）和呈现功能（β值＝0.845，P＝0.003）能够正向反映数字出版产品的内容资源丰富度。如果把路径系数大小作为反映程度的指标，那么这四个影响因素的排序为：呈现功能、内容质量、表达方式和知识内容。可见，呈现功能对数字出版产品的内容资源丰富度反映程度比重最高，其次是内容质量，表明在数字化时代，从产品自身来讲，呈现功能是最能够激起用户使用数字出版产品愿望的因素，比如用户喜欢产品提供的云同步阅读、便捷化管理评论、批注等，同时也说明内容质量依然是数字出版产品的核心，是引起用户使用愿望的关键因素。

5.4　结果讨论

5.4.1　价值感知对使用意愿的影响

检验结果表明，价值感知是影响数字出版产品用户使用意愿的首要因素，也就是说，用户选择数字出版产品的主要依据是自己的需求和兴趣，用户价值满足程度越高，其使用数字出版产品的意愿就越强烈。这一情况正好体现了使用满足理论的核心——用户因为满足个人需求和愿望才去使用媒介。此结果与被访者选择数字出版产品的主要依据相契合。大部分被访者表示：我会根据自身的爱好和兴趣去选择数字出版产品，正如其中一位被访者所说："不管是别人推荐、智能推送，还是畅销电子书，如果符合我的阅读兴趣、对我有益处，我会阅读，否则不会阅读。即使是老师推荐的，如果不是强迫式的，我有时也不会阅读。"另一位被访者认为："我常常根据兴趣搜索电子书，只要是感兴趣的书，不管内容多长都能看完，有时会一直看到天亮。"

在已有文献研究成果中，价值感知对使用意愿产生显著影响作用的结论，也得到了验证。金昌云（Chang – Hyun Jin）[1] 以 TAM 模型为基础，构建消费者持续使用电子书的影响因素模型，经过数据验证后显示，价值感知对消费者持续使用电子书意愿有显著正向影响。张立党等[2]以大学生为调研对象，基于使用满足理论和媒介丰富度理论构建微信用户收藏行为影响因素结构模型，并从信息满足、自我认同满足、利他满足、娱乐满足和利益满足测量价值感知，实证分析结果显示，价值感知与用户的微信收藏行为和使用意愿存在显著正向相关关系。

本研究中休闲娱乐满足反映价值感知的比重最高，然后依次为内容满足、体验满足、自我认同满足和社交互动满足。造成此种状况的原因可能与人们对数字阅读的认识、阅读习惯、数字环境等有关。目前，大部分研究者认为数字阅读属于"浅阅读""碎片化阅读""跳跃式阅读"，不利于深入思考；由于电子屏幕对眼睛有伤害，不利于长时间阅读；利用手机、电脑阅读干扰太多，不利于沉浸式阅读，等等。因此，数字阅读不再像"青灯黄卷"时代那样，主要是获取书中的知识，而是把它作为一种休闲方式。在访谈中也证实了此观点，有受访者认为："电子书，我只看小说，特别是猎奇性的，其他类型的不看；学术型的图书，偏重阅读纸质书，电子书基本上不看。"还有人认为："数字环境下，利用手机阅读电子书

---

① Chang – Hyun Jin. Adoption of e-book among college students: The perspective of an integrated TAM [J]. Computers in Human Behavior, 2014 (41): 471 – 477.

② 张立党，周质明，胡泽鹏. 使用需求和媒介丰富度对微信用户收藏行为的作用机制研究 [J]. 现代情报，2018，38（3）：66 – 72.

主要是为了打发时间和休闲娱乐，如果碰到对我有用、有价值的书，我会购买纸质版的。"因此，可以说，用户使用数字出版产品侧重休闲娱乐的满足，而内容知识满足侧重从阅读纸质出版物中获得满足。

数字出版产品是在数字化技术与传统出版物融合的情况下产生的，它可以是纸质出版物的电子版，也可以是利用多媒体技术再呈现的增强版。如出版界比较认可的电子书1.0、电子书2.0、电子书3.0的分类，就是基于此划分的。既然数字出版产品需要借助数字技术才能实现，那么它就应该展现出纸质出版物没有的功能与特征，带给用户新的阅读体验。另外，受开放、互动、参与等互联网精神的影响，以及社会化媒体对日常生活方式的改变，用户使用数字出版产品过程中，希望能够与作者、其他用户交流互动，分享知识与感受，获得更加便利的阅读体验。于是用户使用数字出版产品就需要在服务体验、自我认同、互动交流等方面获得满足，所以它们成为用户使用意愿的影响因素。

在已有文献研究中，也得到了相似的验证。卢增锴[1]以使用满足理论为基础，把大学生手机阅读动机划分为：知识娱乐、友好互动、阅读体验、使用便捷和个性呈现，通过问卷调查发现，知识娱乐和阅读体验对大学生手机阅读满足有正向影响作用，而使用便捷、友好互动、个性呈现等因素影响不显著。袁园[2]通过建立用户转发微博意愿影响因素理论模型和验证后发现，休闲娱乐满足、自我认同满足和社会交往满足对用户转发微博意愿有正向影响作用，信息搜索满足对转发意愿影响不显著。

---

① 卢增锴. 大学生手机阅读行为的实证研究：使用与满足理论的视角 [J]. 新闻传播，2015（9）：56–58，60.

② 袁园. 微博用户转发意愿的影响因素研究 [D]. 南京：南京大学，2013.

从上述讨论看，价值感知是影响用户决定使用数字出版产品的关键因素之一。用户对数字出版产品的选择是为了满足休闲娱乐、知识、自我认同、体验、互动交流等方面的需求，如果出版社不针对用户这些需求开展服务、编辑加工产品、完善数字阅读软件或平台的功能，必将在泛知识化的社会中处于被动地位，生存市场被进一步压缩。如以娱乐休闲满足为主的网络文学，已经严重冲击了出版社的小说、文艺等类型图书的市场；2016 年知识付费开始兴起，抢占了互联网环境下，出版社在经济、管理、励志、科普等类型的电子书市场。

5.4.2　内容资源对使用意愿的影响

检验结果表明，内容资源是影响数字出版产品用户使用意愿的关键因素，其相关性仅次于价值感知，这说明数字出版产品的知识内容丰富度越高，用户使用意愿越强烈。此结果与媒介丰富度理论的内涵相一致。媒介丰富度理论认为，媒介通过内容的多样化呈现、充足的知识内容、清晰的表达能够减少用户吸收知识、处理信息的模糊性和不确定性，能够受到用户的关注和青睐。进而增加用户选择此媒介的概率[①]。在前期访谈中，大部分受访者指出，内容是影响他们选择数字出版产品的关键原因，比如一个受访者说："我喜欢阅读优质的数字出版产品，像那些网络文学，我感觉太虚、脱离实际，就不去看它。"一个学医的学生指出："电子书中提供的解剖视频讲解，加深了我对知识的理解。"

---

① Draft R L, Lengel R H. Information richness: a new approach to managerial behavior and organization design [A]. In B. M. Staw, L. L. Cummings. Research in organizational behavior [C]. Greenwich, IL: JAI Press, 1984: 191 – 233.

　　在已有文献研究中，内容资源对用户使用意愿有显著影响作用的结论得到验证。在社会化媒体方面，周丽[①]通过研究微信公众号使用意愿的影响因素后发现，内容资源丰富度对用户使用意愿有显著正向影响作用。在数字阅读方面，丁璇和孔超[②]研究结果表明，内容资源对读者阅读意愿存在正向影响作用。在线学习方面，蒂默曼（Timmerman)[③]研究后认为内容资源丰富度对学生的学习意愿有影响，特别是在提升学习效果上有积极影响。

　　使用数字出版产品是一种精神内容的交流。由于精神内容是无形的，所以它只有借助符号才能展现出来，用户才能依据符号理解意义。因此，数字出版产品使用过程包含符号化和符号解读过程。作者、编辑等人员把将要传递的知识信息转换为图文、音频、视频、动画等表述符号，经过编辑、传播等过程，用户获取数字出版产品并对其符号进行理解、思考，把握其内涵。另外，用户对数字出版产品的吸收、思考做出的反应，又会形成相反过程。从而完成一个作者、编辑、用户经过传播媒介形成的精神内容交流闭环。在此闭环中，数字出版产品的知识内容、表达方式、内容质量、呈现功能等就成为吸引用户使用主观愿望的关键影响因素。本研究结果表明，这些因素对内容资源的反映比重依次为：呈现功能、内容质量、表达方式和知识内容。其结论在已有研究中得到证实，唐晓波等[④]以微信用户为调研对象，对用户使用社会化媒体意愿的影响因

　　① 周丽. 用户对微信公众号使用意愿的影响因素研究 ［D］. 哈尔滨：黑龙江大学，2017.

　　② 丁璇，孔超. 大学生数字阅读行为影响因素实证研究——以江苏省为例 ［J］. 河南图书馆学刊，2016，36（12）：124-126.

　　③ Timmerman C E. Computer-assisted Instruction, Media Richness, and College Student Performance ［J］. Communication Education, 2006, 55 (1): 73-104.

　　④ 唐晓波，文鹏，蔡瑞. 社会化媒体用户使用行为影响因素实证分析 ［J］. 同济大学学报（自然科学版），2015，43（3）：475-482.

素进行研究，结果发现，信息内容丰富度、信息表达方式丰富度和信息质量丰富度能够正向反映内容资源，三者通过内容资源正向影响用户的使用意愿。

依据此结果，数字出版产业中的"内容为王"理念仍然要坚持。自古以来，出版物就发挥着"传递知识信息、积累人类智慧、促进社会进步、美化人们生活"① 的作用。互联网时代，尽管各类信息资源布满整个网络，人们随时随地均可使用，但是数字出版产品仍需发挥出版物的基本作用，毕竟汲取知识还是用户使用数字出版产品的主要目的之一。曾经，随着电子阅读器、PAD 等设备的流行，出现过"终端为王"的出版理念，而后渐渐被人摒弃；还有以整合内容资源、提供个性服务的"平台为王"出版理念，也因数字版权问题、市场监管力度缺乏、难以盈利等问题而黯然失色。可见，内容才是出版业的根本，内容丰富度高的数字出版产品才是满足用户需求的关键。

数字化时代，移动互联网络、社会化媒体不仅改变了人们的阅读习惯，还对人类的知识信息组织、加工、传播产生深刻影响，"使阅读的意义不再局限于出版，但出版的命运却深深扎根于阅读"②，使人们获取知识信息的知识源不再局限于出版物，但是目前出版物的功能依然定位于此。依据数字出版产品内容资源的反映比重，数字出版需要进行以下变革：一是在严控出版产品质量的基础上，强化对作者、读者的服务，给作者提供"创作性知识环境"，即"对人们从事新知识生产的创造性工作产生积极影响的环境和情境"③，使作者安心创作，丰富产品的知识内容；二是利用音频、视

---

① 叶再生. 图书的本质属性兼论书刊出版物的两重性［J］. 出版与发行，1987（1）：7－12.

② 陈洁. 数字出版商业模式研究［M］. 北京：中国社会科学出版社，2017：26.

③ Andreas R, Maria A, Tincul R. Fuzzy concepts: a new approach in the description of boundaries as creative Knowledge environments in education sciences［J］. Journal of the Knowledge Economy, 2012（1）：53－67.

频、超链接等多媒体技术，科学合理地多样化展现数字出版产品内容，以便扩大用户使用产品的方式，弱化用户理解知识、吸收知识的难度；三是构建"形散而神不散"的"论语体"出版物，依据用户阅读习惯和获取信息方式的改变，按照知识消费市场的规律、需求以及移动学习的特征，打破出版物一次成型思维（以静止和完成的状态与读者见面）和篇章节线性结构的束缚，以多样化出版物的内容表现形式，提供动态的适合用户碎片学习的知识产品和服务，从而帮助用户完成自己的"知识拼图"，并使用户在购买和消费过程中感觉到价值，体会到出版产品的功能和效用①；四是以"内容为核心、技术为关键、终端为手段、平台为纽带"② 发展数字出版产业，采取用户思维、数据思维、迭代思维、平台思维优化数字出版流程，以服务业的逻辑开展数字出版活动，编辑、加工数字出版产品，进而形成和完善从生产端到消费端、内容与服务相融合的数字出版体系，进而优化出版产品的内容资源丰富度。

达格汉（Daghan）等③在研究线上学习时认为，信息质量、系统质量和服务质量对用户学习满意度存在正向影响作用，而满意度对用户持续使用意愿存在影响作用。罗摩衍（T. Ramayah）等④以马来西亚的大学生为调研对象，分析大学生持续使用电子学习系统意愿的影响因素，结果显示，信息质量、服务质量和系统质量与用户持续使用意愿呈现正向相关关系。

---

① 杨方铭，邹鑫."得到"App 运营模式及其对数字出版的启示 [J]. 出版发行研究，2018（7）：8 - 11.

② 毛文思. 数字出版：终端、内容、平台，谁为王？[J]. 出版参考，2012（12）：13 - 14.

③ Dağhan，G. and B. Akkoyunlu. Modeling the continuance usage intention of online learning environments [J]. Computers in Human Behavior, 2016, 60：98 - 211.

④ Ramayah，T.，N. H. Ahmad and M. Lo. The role of quality factors in intention to continue using an e-learning system in Malaysia. Procedia - Social and Behavioral Sciences [J]. 2010, 2（2）：5422 - 5426.

信息和通信技术对人类工作和学习的重要影响，在于不断提升工作和学习的效率。图书与信息和通信技术的结合产生了数字出版产品，它不仅能够用多媒体方式传递知识，还能够实现快速检索、知识关联和定制功能，为远程教育、随时随地阅读学习等提供知识资源和便利条件。可见，数字出版产品的功能服务是它的主要组成部分，也是用户使用它的重要影响因素。但是功能服务的结果，解决了用户使用它是出于功能服务的选择还是对知识内容选择的判断问题。

5.4.3 阅读习惯对使用意愿的影响

检验结果表明，阅读习惯对影响数字出版产品用户使用意愿存在正向影响作用，就是说，用户越习惯于数字阅读，其使用数字出版产品的意愿就越强烈。尽管在访谈中，有部分被访者表示还不太习惯数字阅读，依然留恋纸质书，但是研究结果表明，一旦用户养成数字阅读习惯，当有阅读或获取知识需求时，就会优先考虑数字出版产品，因此数字阅读对数字出版产品的发展会产生直接的促进作用。如一位受访者表示："我从初中开始看电子书，当时用的阅读设备是 MP3 阅读器，阅读内容是文本格式的小说，因为设备小，携带方便，不宜被老师发觉，感觉很有意思。然后经过 MP4、PAD阅读设备，到现在的手机。目前，我基本上不阅读纸质书，电子书不仅检索方便、随时随地可以阅读，而且还可以随时调换阅读内容、查看别人对书中的每段文字、每句话的评论，另外字体颜色、大小、阅读模式都可以依据自己的习惯进行调整，如果在地铁上、家里阳台上看，就是一种享受和体验。"可见，阅读习惯对用户使用数字出版产品的意愿影响很大。

在已有文献研究中，习惯对使用意愿能够产生显著影响作用已经得到验证。在非洲的移动银行使用行为研究方面，巴普蒂斯塔

（Baptista）和奥利维拉（Oliveira）[1] 通过研究证实，习惯对用户使用移动银行的行为和意愿均能够产生显著影响。在电子信息资源方面，阿拉伊米（Alajmi）[2] 通过研究高校教师使用电子信息资源情况表明，习惯对教师使用电子信息资源的使用意愿能够产生显著影响。互联网环境下，用户分享资源方面，赫雷罗（Herrero）[3] 通过研究证实，习惯能够显著影响用户的信息分享行为和意愿。在信息系统方面，基姆（Kim）和马尔霍特拉（Malhotra）[4] 经过研究表明，习惯是用户决定使用信息系统的重要影响因素。

依据此结果，出版社要提高用户使用数字出版产品的概率，就要努力培养用户的数字阅读习惯。要培养习惯，就要了解习惯养成的机制和影响因素。在掌握此机制的基础上，研究用户阅读前、阅读中、阅读后的使用意愿和习惯上的变化，总结规律，以此制定数字出版产品在服务、营销上的针对性策略，便于用户持续阅读，形成习惯。习惯能够降低使用行为发生的敏感度[5]，使用户选择、购买数字出版产品的行为，由理性决策变成自动决策，进而达到产品销售和产品被使用的目的。

---

[1] Baptista, G & Oliveira T. Understanding mobile banking：The unified theory of acceptance and use of technology combined with cultural moderators ［J］. Computers in Human Behavior, 2015, 50 (9)：418 –430.

[2] Mohammad A. Alajmi. The acceptance and use of electronic information resources among faculty of selected Gulf Cooperation Council States universities ［J］. Information Development, 2018 (5)：1 –20.

[3] Herrero A, Martin H and Salmones M. Explaining the adoption of social networks sites for sharing usergenerated content：A revision of the UTAUT2 ［J］. Computers in Human Behavior, 2017, 71 (6)：209 –217.

[4] Kim S and Malhotra N. A longitudinal model of continued IS use：An integrative view of four mechanisms underlying post-adoption phenomena ［J］. Management Science, 2005, 51 (5)：741 –755.

[5] Ortiz de Guinea, A Markus, M. L. Why break the habit of a lifetime? rethinking the roles of intention, habit, and emotion in continuing information technology use ［J］. Management Information Systems Quarterly, 2009, 33 (3)：433 –444.

5.4.4 促进因素对使用意愿的影响

检验结果表明，促进因素对影响数字出版产品用户使用意愿存在正向影响作用，就是说，激励用户使用数字出版产品的方式越有效，其使用数字出版产品的意愿就越强烈。如一位受访者表示："我很喜欢网易'蜗牛读书'App 每天免费阅读一小时的策略，有时我想阅读更长时间，就会邀请我的朋友下载此 App，然后我就得到更多的免费阅读时间，朋友下载也是受益的。节假日还推出额外奖励措施，邀请朋友阅读就能领取一天或两天的免费阅读时间，本来一天只能读一个小时，现在可以免费读一两天，我觉得挺好的。"可见，只要激励方式适当，用户就会产生强烈的使用意愿和使用行为。

在已有文献研究中，此结论已经得到验证。在基于互联网远程教育方面，穆罕默德（Muhammad Arif）等[1]研究表明，促进因素是学生使用互联网远程教育服务的真正决定因素。在智能穿戴设备方面，尼娜辛哈（Neena Sinha）等[2]研究表明，促进因素对用户使用意愿有显著影响。在大众使用电子书方面，马丁斯（Mateus Martins）等[3]通过研究发现，促进因素是用户采用电子书的重要影响因素。综上所述，在远程教育、穿戴设备等方面均得出与本研究近乎一致的结论，电子书作为重要数字出版产品之一，其研究结论也与

---

[1] Muhammad Arif, Kanwal Ameen, Muhammad Rafiq. Factors affecting student use of Web – based services: Application of UTAUT in the Pakistani context [J]. The Electronic Library, 2018, 36 (3): 518 – 534.

[2] Neena Sinhaa, Manali Gupta. Exploring the attributes of lifestyle wearable devices for enhanced adoption [C]. Multidisciplinary Academic Conference, 2018 (10): 40 – 47.

[3] Martins, Mateus, Farias, Josivania Silva, Melo Albuquerque, Pedro Henrique, Pereira, Danilo Santana. Adoption of Technology for Reading Purposes: A Study of E – Books Acceptance [J]. Brazilian Business Review (English Edition), 2018, 15 (6): 568 – 588.

本研究相一致。

数字出版产品属于文化产品，其促销手段不同于一般实物商品，即依据消费者有无购买意愿制定不同促销策略。数字出版产品主要是通过人们的阅读来决定交易。尽管阅读，几乎如同呼吸一般，是我们的基本功能①，但是人们阅读资源并非只有数字出版产品，还有很多替代资源，如纸质出版物、网络资源等。因此，实施激励措施、加大促销力度很有必要。只是要注意这些促进措施的目的主要是促进阅读，而不是单纯的销售数字出版产品，否则就会起到相反结果。只有让用户对阅读数字出版产品产生浓厚的兴趣和联想，他们才会体验到促进措施是在为自己着想，才会继续阅读平台上其他数字出版产品，进而达到吸引和留住用户的目的。根据梅特卡夫定律，网络价值与互联网用户数量的平方成正比，数字出版平台在拥有一定用户规模的基础上，就可以采用交叉补贴模式、社群运营模式营销产品和提供服务②。

5.4.5 努力期望对使用意愿的影响

努力期望能够正向影响用户使用出版产品的意愿，这说明操作简单、使用便捷可以提高用户的使用意愿。在前期访谈中，如一名五十岁左右的公务员表示："别人说利用手机阅读电子书很简单，可以加批注，分享评论，但是我总是不知道怎么操作，问别人之后，隔一段时间又忘了。"可见，阅读平台操作的难易度会影响部分用户的使用意愿。一般情况下，努力期望主要作为信息系统、信

---

① 阿尔维托·曼古埃尔. 阅读史［M］. 吴昌杰，译. 北京：商务印书馆，2002：7.
② 杨方铭，邹鑫. "得到"App运营模式及其对数字出版的启示［J］. 出版发行研究，2018（7）：8−11.

息技术的使用意愿和使用行为的影响因素，如 IDT、MM、TAM、ATAUT 等模型均含努力期望或感知易用因素。数字出版产品需要借助信息技术呈现，然后利用相关阅读软件或平台才能阅读，这样它就具备了信息系统的性质，因此，努力期望也成为数字出版产品使用意愿的影响因素。与信息系统相比，它有独特性一面，如兼容性，即同一种数字出版产品用户需要能够在不同阅读软件或平台上使用。二者也存在共性，如对平台或软件的一些常用操作——搜索、保存、字体调整、标记、评论、分享等。以上操作越简单便捷，越容易被用户接受，其使用意愿就越强烈。

从上面研究结果可知，用户选择数字出版产品，受到阅读软件或平台操作难易度、阅读设备便利性的影响。因此，出版社可以利用利益分成方式，与技术公司形成共同体，一起持续致力于简化数字出版平台操作的复杂性，致力于平台界面的人性化和友好性；在利用区块链技术保护数字版权的基础上，增强数字出版产品的兼容性，实现同一产品，在多种设备、多种平台上共用的目的。

5.4.6　社会影响对使用意愿的影响

从路径系数上看（β 值为 0.196，P 值为 0.048 接近显著标准 0.05），在数字出版产品用户使用意愿影响因素中，社会影响是影响程度最小的，说明用户使用数字出版产品的意愿在一定程度上会受到其他人建议和意见的影响，还说明用户是否使用数字出版产品的决策过程中会参考身边其他人的看法。另外，社会影响虽然对使用意愿有显著正向影响作用，但是与其他因素相比不强烈。按照行为学理论，数字出版产品的用户是社会中的一员，会加入与自己志趣相同的一些群体，群体中形成的一些信念与态度，对用户行为常常起到潜移默化的影响作用，群体中形成的认识规范会使用户与群体期待保持一致，从此角度讲，社会影响会影响用户使用数字出版产品的行为和意愿。同样，UTAUT2 模型认为，社会影响可以通过内化过程影响人的认知。内化过程是指，对用户比较重要的人认为用户应该使用某信息系统，此时用户就会受他人信念的影响。比如在本研究前期访谈中，一名快要退休的企业员工表示，由于工作量少了，有时感觉很无聊，于是我女儿就让我看电子书，她还把一些经典名著、畅销小说发送给我，现在每天晚上我都会看一个小时左右的书。可见，社会影响能够影响人们使用数字出版产品的行为和意愿。

此结果与李武等[①]研究的电子书阅读客户端使用意愿因素、杨芳[②]研究的使用电子书的影响因素、马丁斯（Mateus Martins）等[③]研究的电子书接受意愿影响因素等研究结果相一致。综上所述，社会因素对数字出版产品的用户使用意愿有显著影响。

社会影响对大众态度产生作用，一般通过内化、认同和顺从三种方式来实现[④]。顺从，常常需要借助强制性才能起作用，所以，本研究中，社会影响主要通过内化和认同两种方式对用户使用数字出版产品的意愿产生影响。因此，数字出版产品的营销可以借助名人效应、专家效应增加产品在群众中的影响力和感召力；通过提高数字出版产品的内容资源丰富度和普通用户的价值感知度，来发挥"普通人"效应，即通过普通用户的分享阅读内容和感受以及实际

---

① 李武，胡泊，季丹. 电子书阅读客户端的用户使用意愿研究——基于 UTAUT 和 VAM 理论视角［J］. 图书馆论坛，2018，38（4）：103－110.

② 杨芳. 大学生电子书使用影响因素实证研究［D］. 天津：河北工业大学，2012.

③ Martins，Mateus，Farias，Josivania Silva，Melo Albuquerque，Pedro Henrique，Pereira，Danilo Santana. Adoption of Technology for Reading Purposes：A Study of E－Books Acceptance［J］. Brazilian Business Review（English Edition），2018，15（6）：568－588.

④ Kelman，H. C. Compliance，identification，and internalization：Three processes of attitude change［J］. Journal of Conflict Resolution，1958（2）：51－60.

阅读行为，让社会大众感知到自己周边的人都在使用数字出版产品。

5.5　小　　结

本章主要对理论模型进行实证检验，具体研究内容如下：

第一，以 493 份样本数据为基础，对测量模型的信度、收敛效度、区别效度等进行检验，结果表明，本研究构建的模型及其对应的量表具有良好的一致性与可靠性，总体质量比较好。

第二，对人口结构因素影响使用意愿产生的显著差异进行检验，结果表明，两个假设获得支持、三个假设未获得支持：不同年龄和不同职业均能对使用意愿产生显著差异，而不同性别、不同收入和不同教育程度产生的差异均不显著。

第三，从结构方程模型及假设检验结果看，本研究构建的理论模型具有令人满意的可靠性和有效性，因果假设均获得支持，对解释用户使用数字出版产品的影响因素具有良好的适应性。

第四，讨论各个因素对使用意愿的影响。

第6章
数字出版产品的优化
与价值增值策略

用户的研究和探索是整个数字出版产业创新与发展的源头，如果数字出版产业不对用户需求、使用行为、使用意愿影响因素等进行认知和探索，就容易陷入无本之源的困境。于是本研究对数字出版产品用户使用意愿影响因素进行探究，发现价值感知、内容资源、阅读习惯、促进因素、努力期望、社会影响等因素对使用意愿有显著正向影响，结合研究结果，从发展理念、形态优化、运营模式、产品价值增值等方面提出优化数字出版产品和发展数字出版业务的建议和对策。

6.1 坚持以用户为中心的发展理念

6.1.1 以解决用户问题、赋能用户认识作为数字出版的指导思想

出版是一项由生活在社会中的人在特定的社会环境中进行的服

务于社会中的人的活动，是一种生产精神产品和物质产品的行业①。因此，满足人的信息需求和推动人的社会化就成为出版的主要功能之一。数字化时代，用户需求不仅表现出个性化知识需求，更表现出通过出版物解决问题的需求。因此，数字出版业需要从以出版物为主转变为以出版物和服务为主、从知识信息的单向传递转变为双向互动传递，把解决用户问题作为出版的重要目标。目前，出版机构开始从信息技术和服务上对出版进行转型，以满足用户需求。如2016 年电子工业出版社推出的"E 知元"App，利用知识导航、知识地图、知识专题、知识束等方式展现知识，通过海量条目提供深阅读②。

　　用户是数字出版产品发挥社会效益和经济效益的体现者，是数字出版产业持续发展的衡量者。如不了解他们的需求，数字出版产品将会失去针对性③。因此，出版社的未来发展要掌握用户需求和利用好用户需求，以此制定以下策略：一是继续加强对用户需求和用户特征的了解和认识，利用大数据技术进行用户画像，按照帕累托最优原则，让数字出版产品和用户需求相匹配；二是依据需求将不同内容的数字出版产品融入产业发展过程中，以提高用户满意度和使用率；三是在做好内容满足的基础上，加强技术开发，提供知识易于吸收的场景④，或者与当当、亚马逊、网易蜗牛读书、多看阅读等企业合作，满足读者阅读数字出版产品过程中的互动交流、自我认同等方面的需求。

---

　　① 张志强. 现代出版学［M］. 苏州：苏州大学出版社，2003：49－66.

　　② 李弘. 面向知识服务的出版融合发展浅析［J］. 科技与出版，2016（12）：12－16.

　　③ 黄晓薇. 传播学视野下电子书受众需求研究［J］. 科教文汇（下旬刊），2007（8）：147－148.

　　④ 杨方铭，张志强. 中外电子书发展策略比较——以亚马逊与当当为例［J］. 图书馆学研究，2017（9）：29－32，52.

6.1.2 数字出版是满足用户知识信息需求的一种活动

随着互联网对生活、工作、学习方式的改变，便捷的网络支付、居民可支配收入的提高以及对美好精神文化生活的追求，导致其他行业介入者成为数字出版产品行业的最大威胁者，如2016年在中国爆发的知识付费产业，已经占领了移动互联网环境下碎片化、便捷化的文化产品消费市场。据艾瑞咨询的《中国在线知识付费市场研究报告2018》显示：2017年知识付费产业规模为49.1亿元，2020年将达到235.1亿元①。传统出版社似乎也察觉到这一潜在威胁，部分出版社纷纷进军知识付费行业，但是囿于传统观念的束缚尚未取得理想效果。为此，出版社不能再固守自己仅是内容编辑加工者的角色，而是要解放思想，把数字出版产品看作一种满足用户知识信息需求的一种方式，全面升级编、印、发流程，以内容为始点，以多种产品形态开发为目的，融合不同的生产方式和营销方式，打造从图书到知识再到服务的全新业务流程价值链，从专注出版服务迈向文化传播服务；与时俱进，依据用户需求特点，利用技术创新出版形态、提供利于知识吸收的不同场景，进而促进数字出版产品最优化扩散。如人民邮电出版社探索动漫业务、人民卫生出版社探索富媒体数字出版产品、中国建筑工业出版社探索造价师资格考试培训、商务印书馆探索运营工具书客户端等，给已有数字出版产品的价值发挥提供新途径。

数字出版产品是为用户阅读和使用而出版发行的，满足用户需

---

① 艾瑞咨询.2018年中国在线知识付费市场研究报告 [EB/OL]. [2018 - 03 - 30]. http://www.199it.com/archives/704931.html.

求是数字出版产品出版的根本目的之一，离开了用户使用，数字出版产品也就没有存在的价值，没有用户购买，数字出版产品再生产的维系就失去了根本保障。可见，出版社和用户是一种共生关系。因此，数字出版产品的生产、编辑与发行应以"用户为中心"，优化内容质量和内容呈现，提高用户使用它的价格价值，满足用户的内容需求、社交互动需求和娱乐休闲需求，尽力符合用户的阅读习惯，利用社会影响、恰当的激励措施进行宣传和营销，最终达到提升用户使用意愿的目的。

6.2 数字出版产品形态优化——打造体系化的碎片产品

"得到""凯叔讲故事""喜马拉雅"等知识付费平台的兴起，以及这些平台对知识付费产品的生产和加工方法，值得数字出版企业借鉴，即数字出版产品需要深耕垂直领域知识、严格把关质量、打造多样化消费场景等，并从满足用户碎片化知识需求出发，借鉴音频"背景声"功能，大数据处理技术、UGC、PGC 内容生产方式，以及问答、订阅专栏、精品课等方式，多角度对数字出版物内容进行生产、加工[①]。因此，数字出版产品形态需要打造有体系的碎片化产品。

思想转变是数字出版创新的第一步，打造符合读者需求的新型知识产品是创新的关键。移动网络环境下，随着生活节奏的加快和生活方式的日益丰富，人们的时间被分割得比以前更加零散，如何

---

① 杨方铭，张志强. 知识付费浪潮下数字出版的新业态——从专栏订阅谈起［J］. 现代出版，2018（3）：35－37.

利用碎片化时间进行阅读、学习成为人们关注的焦点。在古代，中国有"三上"读书的说法："坐则读经史，卧则读小说，上厕则读小辞"，其中"上厕则读小辞"就属于碎片化阅读和学习。而今利用数字化设备进行的碎片化阅读更加普遍，并形成了一种潮流。据中国新闻出版研究院发布的全国国民阅读调查报告显示：2022 年我国数字化阅读方式的接触率（网络在线阅读、手机阅读、电子阅读器阅读、Pad 阅读等）为 79.3%，比上年上升了 0.5 个百分点。

碎片化阅读具有阅读时间断续性、场合随意性、篇幅短小性、结构简单性、内容多样性等特点[1]，因此有人认为碎片化阅读没有系统性，不利于知识的积累和传承[2]；也有人认为不利于人类真正有效的阅读[3]，但是，聂振宁、魏玉山等对此持否定意见，魏玉山指出：碎片化阅读进行整体规划，同样也可以实现完美的阅读人生[4]。知识经济时代的到来，迫使人们不断迭代知识，进行终身学习、系统化知识学习。这种环境下如何利用碎片化时间进行整体化阅读和系统化学习？面对这一问题，出版社机构纷纷推出数字化期刊、数字出版产品加以应对，并且部分出版机构利用教育思维建立专题数据库、提供网络课件、微课等新型出版物，如法律出版社与方正阿帕比合作推出的"中国法规电子图书馆""中国检察官电子图书馆"等，给相关专业的科研人员和师生用户提供服务；新华出版社出版的《四十堂哲学公开课》图书，把内容章节按照"一堂课"的形式进行编排，虽然符合用户碎片化学习需求，但是不能定

---

① 赵婧. 比较视阈下的"碎片化"阅读与出版应对 [J]. 出版广角，2015 (10)：108 – 109.

② 苑广阔. 碎片化阅读无法代替传统阅读 [EB/OL]. [2014 – 03 – 10]. http：//guan-cha. gmw. cn/2014 – 03/10/content_10627937. htm.

③ 陈熙涵，郑文丰. 碎片化阅读：文字变"轻"内涵变"浅" [EB/OL]. [2013 – 03 – 04]. http：//www. mzyfz. com/html/1407/2013 – 03 – 04/content – 676896. html.

④ 魏玉山. 不要轻易否定微阅读、浅阅读、碎片化阅读 [J]. 出版参考，2013 (23)：1.

期更新知识内容。为解决这些需求出版机构需要打破传统出版物一
次成型的思维束缚——以静止和完成的状态与读者见面，强化与作
者之间的关系，把出版机构的知识库和作者的隐性知识相结合，依
据用户需求和问题提供经过知识组织、关联的定期更新的适合碎片
学习的知识产品。

音频是人类最常用的交流传播媒介，能记录、传承和分享各个
行业的智慧。麦克卢汉在《理解媒介：论人的延伸》一书中指出：
口语交流能生动形象地传播观念与思想，即时听觉信息和触觉信息
为主的交流将逐渐取代视觉信息为主的交流。可见，音频比文本更
能让大众接受和理解。移动互联网环境下，把知识和音频结合起
来，采用知识块组织方式生产能适应碎片化阅读学习需求并可以
"随时随听"的连续型音频知识产品，将是出版物变革的一个方向。

面对时下人们"学以致用""碎片化"学习、跨界学习、终身
学习的需求，"罗辑思维"采用知识产品化的思路去运营知识服务，
正好满足人们的需求，也契合出版业的发展趋势——中国新闻出版
研究院院长魏玉山指出："出版业未来的发展方向一定是知识服
务"①。知识之所以要进行产品化，是因为单纯的知识不好定价，也
很难实现交易，只有把知识转化成某种产品或服务，才能帮助人解
决问题，实现知识价值转移，实现商业价值，如传统的图书、期
刊、咨询服务等产品和服务。移动互联网环境下，知识同样需要产
品化和生产规模化，只是知识的表现方式变得多样化，如音频、视
频、文本、图片等格式，产品形态也不再局限于图书、期刊等传统
形式，可以是讲座、问答，也可以是连续性的微课、订阅专栏等形
式；在运营知识服务上，"罗辑思维"采用"淘宝"平台运营方

① 魏玉山. 知识服务是未来出版的升级版 [EB/OL]. [2017 – 04 – 13]. http：//mt.
sohu. com/20170413/n488203890. shtml.

式，即经过认真筛选和审核，让知识生产者在"得到"App上开辟订阅专栏，然后采用收入分成方式双方获得收益。这种知识付费模式值得借鉴，未来出版业应加快建立知识服务的"淘宝"平台，给出版社、期刊杂志社等知识加工企业的知识产品提供统一的交易平台，并对产品质量进行把关和给予版权保护，进而促进数字出版的健康发展。

6.3 数字出版运营模式优化

6.3.1 实施基于分享机制的社群营销

传统出版物的发行总是需要借助批发商和零售商才能完成，信息技术、网络技术、通信技术提供了出版社与读者直接接触的可能性，出版社不仅自己可以通过网络直销图书，还可以与技术商、通信商、内容服务商合作以数字版权售卖或授权方式提供数字内容资源，其营销理念开始向以用户需求为起点的体验营销、情感营销、大数据营销等理念倾斜。社会化媒体时代，每个人基本上都加入了微信群、微博群、QQ群或者成为一些手机App的忠实用户，这样人们不仅生活在现实社会之中，还生活在各种虚拟社群之中。于是借助各种社群的营销活动开始活跃起来。社群是由有共同爱好、兴趣、需求、品位、偶像、品牌等组成的群体，成员既是信息的发起者，也是信息的传播者和分享者，他们的体验、感受不仅影响所在社群，还会通过分享影响成员所在其他社群。营销者正是借助成员的这种分享机制，来实现信息传播、口碑建立、品牌宣传以及产品与服务的销售。

社群营销改变了以往以作者和出版社为起点的出版物发行模式，而是以用户需求为起点，在调研、分析用户阅读习惯、媒体接触偏好、学习特点等基础上，考虑向用户提供什么样的产品和服务，并制定相应的策略，通过用户分享使用数字出版物和接受相关服务的体验和感受，借助用户的网络人际关系传播吸引更多用户，实现社群"裂变"效应。目前，出版企业可以与第三方自媒体合作开展社群营销，如与"得到""吴晓波频道""十点读书""凯叔讲故事"等自媒体、微信公众号合作开展社群营销；出版企业也可以自建 App、微信公众号、微博等开展社群营销，通过免费阅读和服务吸引用户，通过精品阅读、互动活动增强用户黏性。

6.3.2 借助社会化媒体，利用知识服务开展粉丝营销

图书作为人民群众的精神食粮，能够让人从中汲取知识，提升文化素养，改变或重塑人生观和价值观，这样图书比其他实体商品更容易形成自己的追随者。另外，图书销售作为服务行业，属于体验式经济。随着图书销售利润率越来越低，必须依靠读者反复购买才能产生规模收入，只有读者在购书、阅读中感到超知识体验，才能反复购书。因此，图书发行者需要借助图书所含知识内容和提供的知识服务，与读者产生心灵共鸣或者影响读者价值观，进而将读者培养成粉丝，再利用粉丝之间的传播与推荐，达到满足读者文化需求和图书销售的目的。另外，在与粉丝互动中，还能激发集体智慧，为图书选题、版式设计、发行、促销提供参考信息。出版社还可与"十点读书""凯叔讲故事""童书妈妈三川玲"等自媒体平台合作，借助他们积累的粉丝，开展图书粉丝营销。

粉丝来源于读者，是读者的升级版，与读者的区别是：粉丝易

在文化、经济、情感等方面产生"过度"投入和具有社群效应。传统模式下，读者购买图书属于一锤子买卖，购书后交易随之结束，而粉丝营销则强调参与、忠诚。通过知识服务让粉丝获得文化审美、心灵慰藉和情感认同，这样有利于加深粉丝与社群之间的情谊，帮助粉丝最大化获取图书的使用价值，满足粉丝的文化需求心理。在整个过程中，粉丝与发行者的互动交流不仅能够让粉丝就某个问题发表意见和看法，还能得到全新见解和分析问题的视角，感觉到购买、阅读图书是在加深对某一问题的理解或对某些知识的深化，或者是自己的文化素养得到升华，这样粉丝就会自觉进行口碑传播——分享阅读感受和自发宣传图书，产生"裂变"效应。

5G 移动互联网环境将会驱动图书粉丝营销快速发展，但是在开展营销过程中应结合图书是文化商品的特点，注意以下几个问题[①]。

（1）内容"干货"是营销的核心

在知识服务营造的消费场景中，粉丝会对图书产生心理预期价值。预期价值一般包括图书功能价值、知识内容价值和附加价值[②]。而预期价值减去粉丝支付的成本（包含货币、时间、精力、体力）等于图书价值（相对粉丝而言）。此时，粉丝从图书中获得的价值会无形中认为是社群带给他们的价值，也可以说，图书价值是构成社群价值（对社群的信任）的重要组成部分，社群价值越大越能吸引粉丝，社群价值越小越易产生"掉粉"现象。在以"文化满足、情感消费"为特征的图书粉丝营销中，粉丝看重的是精神满足，在社群互动交流中，关注的是文化品位、价值、个性和情趣。假设粉

---

① 杨方铭. 图书粉丝营销的内涵及逻辑流程［J］. 江苏经贸职业技术学院学报，2021（1）：38 - 41.

② 杨方铭，张志强. 中国数字出版研究脉络——数字出版主题图书统计分析［J］. 出版发行研究，2018（1）：46 - 50.

丝支付成本不变，要想提高图书价值，只有提高预期价值，预期价值中功能价值是图书对粉丝所产生的影响，功能价值会随粉丝的不同而不同，附加价值是营销主体提供的相关服务，如评论、反馈、讨论等，此服务在与粉丝互动交流中已经提供，附加价值对吸引、保留粉丝起到很大作用，但是与图书价值关系很小。所以，图书知识内容价值才是提升图书价值的关键，内容"干货"才是营销核心[1]。

（2）留住粉丝是营销的前提

有研究表明：一个不满意的客户至少会向 11 个人讲述自己不愉快的购物经历，而这 11 个人中，平均每个人又会告诉其他 5 个人，也就是说，一个不满意的顾客可能会导致 50 多个顾客流失。美国营销学家认为：一个公司若能使其顾客流失率降低 5%，其利润率就能增加 25% ~85%[2]。所以，在粉丝营销中，提高粉丝满意度、留住粉丝显得尤其重要。粉丝数量多少与粉丝产生影响力之间，与经济价值大小之间均存在着正相关性，粉丝营销链条的稳定在于利用多样化的情感联动粉丝，把热点话题、原创的知识干货与标题党、卖萌、磁图等抓人眼球的表现形式结合起来，让粉丝产生同频共振，忠于社群。

（3）活跃度是粉丝变现的基础

有人认为：社交红利 = 粉丝数量 × 互动次数 × 参与度。对图书营销而言，要想从社交红利中获得商业利益，不仅要考虑粉丝的数量，还要考虑粉丝与社群之间的互动次数和参与度。这样，就需要提高粉丝活跃度。活跃度提升可以从三个方面展开，首先"偶像"

① 杨方铭. 知识付费模式下的图书营销 [J]. 杨凌职业技术学院学报，2022，21（1）：26 - 29，41.
② 李彦亮. 品牌文化营销探析 [J]. 金融与经济，2006（4）：56 - 58.

要能主导、引导圈子话题或者拥有迷人的风采；其次，寻找组织力强、极度活跃的铁杆粉丝；最后，群内要有几位能够调动娱乐气氛，增强社群活跃度的粉丝。

（4）社群价值是盈利的催化剂

当粉丝体验、享受社群提供的知识服务时，社群就成了一种品质承诺，粉丝就会对社群产生认同和信任，相应地就会减少粉丝因找书而支付的时间、精力和体力成本。当社群价值节约粉丝的非货币成本大于货币成本提高的幅度时，即使提高货币成本（图书售价）对粉丝来说也是降低支付成本。因此，社群价值的增加会使粉丝对图书售价变动不太敏感，为原价售书、同类图书销售提供空间①。

6.3.3　面向消费的交叉补贴免费共享模式

随着阅读载体经历着一系列变迁：从自然存在物甲骨、莎草、贝叶、石头、简牍，到人造物绢帛、金属、纸，再到采用机械、光学、数字等原理的磁带、光盘、硬盘等；阅读方式从古时的"青灯黄卷"转变到目前的数字阅读；后喻文化的传递模式、用户求廉心理（免费趋向）以及互联网的互动、共享性，这些因素共同促使数字出版业在消费上由属于规模经济的一次消费模式转向交叉补贴免费共享模式。

"交叉补贴免费共享模式是通过交叉补贴的方式实现免费共享的收益。交叉补贴就是消费者因免费的甲产品被吸引，而甲产品通过乙产品的高利润弥补亏损，销售商凭借乙产品的总利润超过甲产

---

① 杨方铭. 图书粉丝营销的内涵及逻辑流程［J］. 江苏经贸职业技术学院学报，2021（1）：38－41.

品的总亏损实现盈利。"① 可见，此模式需要以提供用户满意的产品和服务为前提，这样才能摆脱第三方支付模式给用户造成体验差、产品档次低的不良印象；从成本原理上分析，还能弥补用户对数字产品的求廉心理；比产品直接交易模式更能够满足用户的免费共享愿望。可以说，此模式既能满足用户求廉心理，又能适应知识消费市场的发展规律，还能保证数字出版机构赚取利润、获得收入，但是，此模式也存在问题，用户在阅读免费内容后如何让部分用户对付费产品产生消费意愿？此外还存在三个问题②：一是用户引流问题，再好的优质内容只要不为用户所知，终将会淹没于数字资源海洋之中，变成深居深山的"睡美人"；二是如何增强免费产品和付费产品之间的互补性，以提高同时购买二者的概率；三是如何提高付费产品的不可替代性，抬高其他企业进入门槛。在实践中，还需要形成由上游、中游、下游各环节企业互相联合组成的，且能够发挥内容、技术、平台三者优化效应的完整产业链，解决产业链上各方利益的合理分配和相互融合等问题；在行业标准规范统一和管理制度完善下，形成"以自由复制为动力的数字出版产业"③。

6.3.4　面向生产的产业融合互动模式

互联网的互动性、参与性、共享性，以及社会化媒体的流行，使大众传播向小众、分众传播过渡，社群现象明显，并使以出版社为主导的传统出版模式受到自出版、众筹出版、定制出版等模式冲击。为找准市场定位，数字出版企业需要依据用户需求生产内容，

---

① 陈洁. 数字出版商业模式研究 [M]. 北京：中国社会科学出版社，2017.
② 邹鑫. 数字出版突围之路——《数字出版商业模式研究》评介 [J]. 科技传播，2020，12（12）：60－61.
③ 陈颖青. 数字出版与长尾理论 [M]. 北京：华夏出版社，2013：112.

拓展营销渠道，进行跨界融合发展，与新媒体、设备制造业、电信业、影视业等展开合作，打造"一种信息，多元开发"的商业模式，以此推动文化多元发展。这种与不相关产业的融合模式，能够使一种形式的产品衍生出另一种形式的产品，一种产业发展带动另一种产业的扩张，形成产业融合互动模式。此模式需要数字出版有明确的发展定位，即数字出版企业选择做什么，不做什么，再依据定位构建自己内部业务环节和重新认识内外部相关利益者。

版权运营和优质内容生产是此模式的关键。目前，出版界以作品版权为中心与影视、游戏、旅游等产业的融合发展已非常普遍。如果出版业只重视版权运营，而不重视创新发展，即使企业取得成功也不会长久，随着其他类似企业的跟进，很快就会遇到发展瓶颈。出版是以内容为基础的产业，其创新需要以打造优质内容为始点。在助推优质内容生产上，出版机构要把出版目标由以服务读者为主，转向以服务作者和读者为主，给作者提供"创作性知识环境"，即"对人们从事新知识生产的创造性工作产生积极影响的环境和情境"①，使作者安心创作，借鉴 UGC、PGC 等模式扩大作者群，等等。

6.3.5　面向体制的终端需求带动重组模式

移动网络环境下，数字出版商业模式具有碎片化、服务增值和互动性等特点，大部分研究从产品、服务、盈利等角度展开，很少从体制角度出发进行分析。这种面向体制的终端需求带动重组模式

---

① Andreas R, Maria A, Tincul R. Fuzzy concepts: a new approach in the description of boundaries as creative Knowledge environments in education sciences [J]. Journal of the Knowledge Economy, 2012 (1): 53 – 67.

拓展了新的研究视角。通过分析数字出版上游、中游、下游产业结构，建立统一的数字出版标准规范，设立内容管制，倡导相关产业有序竞争，强化政策扶持，完善法律法规等。因此，数字出版产业的良好发展，既需要相关配套体制支撑，又需要从数字出版产品的终端需求出发重组出版产业。

移动阅读终端带动的阅读内容、资源类型、服务等方面的变化，导致数字出版产业朝向四个方向发展：一是向移动通信公司、技术公司售卖内容；二是利用技术进行手机内容制作，提供相关服务，扩大数字内容发行渠道；三是借鉴约翰·威立公司经验，出版机构进行数字内容一体化研发，实现"一鱼多吃"、复合出版；四是按照原国家新闻出版总署提出的"三跨"战略（跨地区、跨产业、跨媒体）进行发展。这种由终端需求变化引起体制变化，进而驱使多产业融合重组的发展模式，给中国数字出版产业发展指明了方向①。

6.4 数字出版发展路径优化

6.4.1 依据价值感知优化数字出版产品和服务

从前文对用户的访谈资料中提取内容满足、自我认同满足、社交互动满足、娱乐休闲满足和体验满足五个范畴来反映价值感知主范畴。通过理论模型的检验，发现价值感知与数字出版产品的用户

---

① 邹鑫. 数字出版突围之路——《数字出版商业模式研究》评介 [J]. 科技传播，2020，12 (12)：60 – 61.

使用意愿呈现正向相关关系，从路径系数上看，其对使用意愿的影响程度所占比重最大。从中可以得出，用户使用数字出版产品主要从知识内容、自我认同、社交互动、娱乐休闲、体验等方面的价值感知来进行选择。因此，今后，出版社在数字出版方面，要立足用户的价值感知优化数字出版产品和提供知识服务。如原国家新闻出版总署署长柳斌杰所说：把用户需求放在第一位，以智能分析用户需求、读者兴趣、个性特征等为基础，优化数字出版业态、形态和产品，构建具有共享、互动等功能的作者到用户间的供给服务关系，解决盲目出版问题[①]。

心理学认为，用户的需求并非固定不变的，会随着需求满足程度、社会环境、习惯等因素的变化而不断变换。如果用户使用数字出版产品某一方面的需求得到满足，就会促使用户主动寻找数字出版产品来满足其他方面的需求，反之则会选择其他类型的信息资源。因此，出版社要对用户的使用需求进行研究，依据需求来调整产品内容、呈现形态和实现功能，并提供知识服务来进一步满足用户需求。例如，在对出版社的访谈中，社会科学文献出版社的信息中心黄主任表示，目前，社科文献出版社正在着手建立服务读者和作者的数字出版平台，在作者 ID 主页上，读者可以查看作者在社科文献出版社和其他出版社出版的图书以及相关报告等资源，读者在此可以提出问题，作者或平台上的其他作者或用户可以回答，进而起到作者间、读者间、作者与读者间互动交流、需求满足的目的，互动过程中，问题解答者能够实现自我认同的满足感；中信出版集团的中信书院 App，通过用户画像，挖掘用户使用需求，以此为基础更新对数字出版产品的认知和塑造，提供有声书、视频读

---

① 柳斌杰. 走进智能 VR，出版业态更精彩——从数字出版到智能化出版的几个问题[J]. 传媒，2018（22）：9-11.

书、大咖领读、知识专题、精品课程等产品形态，利用内容混合形
式为用户提供任意场景下需求满足的富媒体化的、多元的、多层级
的知识服务，使其由知识服务领航的数字出版产品总收入超过 7000
万元①。可见，依据用户价值感知改善数字出版产品功能和形态，
以及提供恰当的知识服务，对提高数字出版产品的用户使用意愿具
有积极意义。

　　需求是用户具有支付能力购买数字出版产品来满足自身需要的
欲望。有时候，用户并不知道自己的真正需求，或者根本不能描述
自己的需求。如果出版社只对用户明确表达出来的需求给予反应和
满足，可能会误导用户。而是需要利用大数据对用户数据进行挖
掘，探知用户真正需求，利用引导方式激发需求。

　　引导是用户价值感知实现的一种方式。社会中每一个人都有了
解外部世界、获得知识的愿望，但是现在出版产品众多、网络信息
资源浩瀚如海、外部世界庞大而复杂，作为个人，会很难判断应该
重视和关注哪些内容，阅读哪些出版产品，这就需要出版社利用
"导向需求"理论去帮助用户判断、选择出版产品。另外，数字出
版产品属于"创意性生产"。而此种创意性则是它的核心和本质，
也是社会认可的关键。人们在选择它时，由于产品质量的无形性、
衡量难等问题，往往出现产品与人们需求难以匹配的问题。为此，
出版社可以引导用户需求来增加两者之间的匹配度，进而提高用户
的价值感知程度。出版社可以抓住人们了解周围世界的天然好奇心
理，借助社会化媒体工具、传统媒介工具，把出版产品宣传、营销
与社会上众多话题联系起来，进而帮助用户选择数字出版产品。

　　引导用户需求过程中要把握好以下几个关键点：一是用户有无

---

① 卢俊. 中信书院营收 7000 万的秘密 ［EB/OL］. ［2018 – 01 – 31］. http：//www. cbbr.
com. cn/article/119439. html.

明确关注的事物或现象，关注度越高意味着导向需求越低，也就不易受到影响，反之就易受到引导机制的影响；二是与人口统计学上的属性特征有关，如从事较高层次职业的人，其受到的影响比较小；三是用户接触媒体的程度，用户接触引导机制的宣传媒体越方便、省力，导向就越容易起作用，另外，用户接触到引导信息的频度、数量等，也是影响引导机制发挥作用的因素。

6.4.2 全方位提升数字出版产品的内容品质

在第 3 章运用扎根理论对用户使用意愿影响因素的探索研究中，提取知识内容、内容质量、表达方式和呈现质量四个范畴来体现内容资源主范畴。通过第 5 章的理论模型检验，发现内容资源与数字出版产品的用户使用意愿呈现显著正向影响，从路径系数上看，其对使用意愿的影响程度仅次于价值感知。从修正后的理论模型看，内容资源与价值感知互相相关，内容资源是价值感知的基础，价值感知则引领内容资源的完善方向。从中可以得出，用户的价值感知需要以优质数字出版产品为基础，优质产品不仅要包含丰富的知识"干货"，还要能够运用丰富的多媒体方式清晰表达知识内容，以及借助数字技术使知识易理解、易吸收和易阅读。如民营出版公司湛庐文化，通过"自由协作"的产品线模式严控内容质量，通过专注商业、紧跟前沿领域等方式提升知识内容，通过微课堂、精读班课、湛庐 FM 等方式呈现多样化产品形态，通过精准测量每页字数、设置专栏、特殊版式等方式表达内容，通过设立网络社群聚集用户并提供互动、解疑、共读等易于知识吸收的场景，打造了很多能够引领潮流的电子书和纸质书，并形成具有一定影响力的"湛庐文化"品牌。

美国学者梅里尔（Merrill）和洛温斯坦（Lowenstein）把传播

媒介发展历程划分为①：满足社会上层人士内容需求的精英媒体阶段，满足大众基本内容需求的大众媒体阶段，以及目前在细分受众基础上提供个性化、多样化内容信息的专业媒体阶段。专业媒体阶段文化产品极度丰富，用户需求分化现象严重，数字出版要想在此阶段脱颖而出、赢得市场，就要建立基于核心业务的生态圈，掌控和聚合内容资源，全面提升产品质量。产品质量的提升不仅要从作者、编辑和审稿人等方面提升内容品质，还要借助多媒体技术去灵活展现知识内容，利用文本挖掘、语义关联、知识组织、元数据等技术增强信息与信息、知识与知识、信息与知识之间的关联，利用先进信息技术提供用户易阅读、易消化的知识场景，以实现产品功能扩展和附加值提升。另外，利用大数据对用户进行精准画像、聚合用户个性化需求并找出共性进行智能营销，最终实现知识与用户需求之间的最佳匹配。

6.4.3 与社会力量共同培养用户的数字阅读习惯

在第 3 章运用扎根理论对用户使用意愿影响因素的探索研究中，提取阅读习惯作为数字出版产品用户使用意愿影响因素之一。在第 5 章理论模型检验中，阅读习惯与用户使用意愿表现出显著的正向相关关系，可以说明阅读习惯对用户使用数字出版产品的意愿有积极的促进作用。从第 3 章的访谈中，可以看出，目前用户更倾向于纸质阅读，不利于用户使用数字出版产品，这样数字出版行业就要改变人们对数字阅读的认识，培养人们的数字阅读习惯。

阅读习惯是人们在长期的阅读活动中逐渐形成和发展起来的，

---

① J. C. Merrill, R. L. Lowenstein. Media, Messages and Men: New Perspectives in Communication [M]. New York: David Mckay, 1971.

能够长期潜移默化地影响人们使用阅读资源的意愿和行为。人们越习惯于数字阅读，其使用数字出版产品的意愿就越强烈。而习惯的培养仅凭一个出版社的努力是很难发挥作用的，需要全行业、其他相关行业及政府部门的通力合作才能奏效。为此出版社要联合图书馆、书店、政府管理部门等机构共同宣传数字出版产品的优点、举办一些数字阅读的相关活动，以提高用户对数字阅读优点的认识，培养用户数字阅读习惯。

习惯形成一般分为内部数字阅读习惯形成（internal habit formation）和外部数字阅读习惯形成（external habit formation）①。内部数字阅读习惯形成是指人们过去数字阅读经历对数字阅读行为的影响。在互联网、数字阅读设备普及、数字阅读资源极度丰富的状况下，出版社不仅要多渠道发行数字出版产品，增加用户的接触率，更重要的是利用恰当的方法引导、改善用户现实数字阅读需求，激发他们的潜在数字阅读需求。外部数字阅读习惯形成是指用户受到周围群体数字阅读情况的影响，为此，出版社要积极参与营造数字阅读氛围的活动之中。

6.4.4　以阅读为目的开展激励措施和提升派生价值

在前文运用扎根理论对用户使用意愿影响因素的探索研究中，提取促进因素作为数字出版产品用户使用意愿影响因素之一。在第5章理论模型检验中，促进因素与用户使用意愿表现出显著的正向相关关系，可以说明适当的激励措施或者用户感受到超预期价值，就能够提升用户使用数字出版产品的意愿。

数字出版产品是文化产品，具有共享性、非消耗性等特征。因

---

① 闾新华. 基于习惯形成的中国居民消费行为研究［M］. 北京：冶金工业出版社，2012：11.

此，它的激励措施目的不能像实体商品那样仅仅是促进产品销售，而是要在以促进阅读为目的的前提条件下增加产品销售。这样，实体产品的激励措施，如样品发放、打折、鼓励试用、赠送礼品、广告等，就不能原封不动地应用到数字出版产品上，而是要因地制宜、灵活运用。比如在数字出版平台上，根据用户兴趣爱好不同，提供不同的适量免费出版产品，或者适当增加用户感兴趣类型的数字出版产品试读页数等。

另外，实体产品注重良好购物环境的创造[①]，而数字出版产品则需要营造知识吸收场景、增加用户预期价值。一般来说，用户获得预期价值越大，越能增加与用户的交易机会和次数。用户预期价值等于产品效用价值和派生价值[②]。数字出版产品的效用价值是用户购买产品后，其实际需求满足与原来预期的需求满足的对比，给该产品重新匹配的货币价值。如果假定产品价格不变，那么效用价值可以从用户的需求满足程度来衡量，产品对不同用户的需求满足程度是不同的，其也不能准确测量，故此，设定效用价值不变。这样，用户的派生价值就成为预期价值的决定因素。派生价值提升可以从增加数字出版平台的功能入手，如云功能、互动交流、分享与转发评论、添加标注等，还可以从提供知识服务或实施一些鼓励措施着手，如用户购买产品、登录平台等给予积分或奖励，积分可以兑换货币购买数字出版产品，用户下次购买产品加大折扣率等。

6.4.5 利用数字技术使数字出版产品简单、易用

在前文运用扎根理论对用户使用意愿影响因素的探索研究中，

---

① 符国群. 消费者行为学［M］. 北京：高等教育出版社，2015：173.
② 夏富伟. 价值原理与经济管理［M］. 沈阳：东北大学出版社，2009：12－43.

提取努力期望作为数字出版产品用户使用意愿影响因素之一。在第5章理论模型检验中，努力期望与用户使用意愿表现出显著的正向相关关系，从路径系数看，其排在价值感知、内容资源、阅读习惯、促进因素等影响因素之后，仅高于社会影响因素。这一情况说明，努力期望已不是关键影响因素，但是其对用户使用数字出版产品的意愿仍有积极的促进作用，用户依然喜欢简单化操作和友好化界面。

数字出版产品虽然不是真正的软件系统，但是它必须借助数字技术才能实现，这样其设计和操作就要遵循软件的简约化原则，就像美国苹果公司创始人史蒂夫·乔布斯认为的那样，简约化设计需要与产品的简单易用结合起来，让产品特性一目了然，也就是"至繁归于至简"①。这样，出版社利用数字技术的目的就应是如何更好地呈现内容价值，让用户的阅读或使用更省力，知识内容表达更清晰和易吸收，版式设计更简洁清新。同时对数字出版技术提供方和数字阅读设备制造商也提出了要求，要尽力使数字阅读软硬件操作方法更简单易学，操作界面更人性化和友好化。

6.4.6　以优质内容和服务为基础进行产品宣传

在前文运用扎根理论对用户使用意愿影响因素的探索研究中，提取社会影响作为数字出版产品用户使用意愿的影响因素之一。在第5章理论模型检验中，社会影响与用户使用意愿表现出显著的正向相关关系，可以说明用户身边的人使用数字出版产品的行为，以及对数字出版产品的态度和认知均会对其使用意愿产生影响。但是从路径系数

---

① 艾萨克森.史蒂夫·乔布斯传［M］.魏群，等译.北京：中信出版社，2014：112－116.

上看（β 值为 0.196，P 值为 0.048），其影响程度最小，可以表明用户使用数字出版产品相对比较理智，盲目使用倾向不太明显。因此，出版社在宣传和营销产品时，需要在打造优质产品的前提下，利用产品和服务去满足用户需求，以此为基础开展宣传和营销。

具体来说，一是利用用户的求同心理和从众行为（个体在群体的压力下改变个人意见而与多数人取得一致认识的行为倾向①），鼓励已有用户分享和转发产品、阅读内容或感受，强化口碑营销，使更多人认知到自己周围越来越多的人在使用数字出版产品；二是利用用户的模仿行为和心理，邀请作者、社会名人、业界专家为其产品背书，使用户产生仿效和复制他人的心理和行为。

6.5 数字出版产品的价值增值

数字出版产品价值形成于数字出版产品的创作、编辑、制作和发行过程中，并作用于读者的阅读或使用行为，而使用行为的决定变量是使用意愿，因此读者使用意愿是数字出版产品价值增值的根源之一。基于此，本研究对数字出版产品价值的内涵、价值体系组成以及价值增值的路径等内容展开研究，以便提升数字出版产品在人们数字阅读中的地位，减少人们对游戏、社会化媒体的依赖。

6.5.1 数字出版产品的价值内涵

（1）价值

"价值"（value）一词，源于古代梵文"wer"（护栏、掩护、

---

① 江林. 消费者心理与行为 [M]. 北京：中国人民大学出版社，2007：257.

保护）和"wal"（围墙、加固、掩盖）；在拉丁语中是"vallum"（堤）和"vallo"（用堤护住、加固、保护）。随后，"价值"衍生出"尊敬、敬仰、喜爱、珍爱"等意思①。目前，价值是一个常见而又非常普遍的概念，其内涵宽泛，遍及所有方面，一直存在着广泛争论。但是，从词源学视角讲，主要有以下几种流行观点。

第一，价值就是"意义"。此观点主要来自西方早期的哲学家，如德国价值哲学创始人德尔班认为，"价值是哲学为世界立法的'规范'，价值就是'意味着'，就是具有意义，我们就是借助于这种意义才能构造出科学知识和文化的对象，即客观世界。"哲学家李凯尔特解释为："价值包括主客体在内的现实世界以外的另一个王国。只有存在和价值的总和才构成世界。"② 以上观点对价值的认识否认了价值的客观性，这样容易导致在评价价值方面缺乏客观标准。

第二，价值就是"满足需要"。此观点认为价值是客体满足主体需要的关系，如苏联学者图加林诺夫提出："价值是人们所珍视的东西；价值是人类为满足其需要和利益所需要的东西；价值是一定社会或阶级的人们以及个人所需要的、作为满足其需要和利益的手段的那些物、现象及其特性，也包括作为规范、目的或理想的种种观念和动机。"③ 这种观点不能很好地区分主体需要的合理性。张书琛指出："价值是在人们对待自身需要与对象功能之间关系的活动中产生的一种主体需要，具有肯定或否定关系的功能

①　中共中央马克思恩格斯列宁斯大林著作编译局. 马克思恩格斯全集第26卷［M］. 北京：人民出版社，1974：327 – 328.

②　巴克拉捷. 近代德国资产阶级哲学史纲要［M］. 北京：中国社会科学出版社，1980：257 – 260.

③　图加林诺夫. 马克思主义中的价值论［M］. 齐友，等译. 北京：中国人民大学出版社，1989：7 – 11.

属性。"① 此类观点强化了主体需要的作用，弱化了客体的作用。因此，此种观点容易形成价值判断不准确的错误，缺乏对主体需求的区别对待，如李连科认为："按社会价值划分，人类需求有合理的、有益的、健康的需要和不合理的、有害的、病态的需要。"② 因此主体需要不能全部满足。

第三，价值就是"有用性"。此种观点认为客体对主体的有用性就是价值。如王玉樑认为："价值，本质上就是客体主体化，是客体对主体的效应，主要是对主体发展、完善的效应。真正的价值，在于使人类社会发展、完善。"他还指出："客体对主体生存的效应，是价值的初级本质；客体对主体发展完善的效应，是价值较深层次的本质；客体对社会主体发展完善的效应，是价值的更深层次的本质。"③ 此类观点强化了价值客体本身的属性，有其合理性，但是这种有用性的本质是客体的使用价值，会产生客体的价值和使用价值混淆的可能。

根据以上观点的认识，本研究中的价值是指④，在人的"实践—认识"活动中建立起来的，对主客体相互关系的一种主体性描述，即客体的存在、属性和合乎规律的变化与主体尺度相一致、相符合或相接近的性质和程度。价值的本质是，在主客体相互关系中产生的，主客体相互作用产生的对主体和客体的积极效用，能促进主体和客体生存、发展和完善，从主客体相互作用产生的效应出发，就是从实践结果出发理解价值。

---

① 张书琛. 探索价值产生奥秘的理念——价值发生论［M］. 广州：广东人民出版社，2006：193.

② 李连科. 李连科集［M］. 哈尔滨：黑龙江教育出版社，1989：75

③ 王玉樑. 21 世纪价值哲学：从自发到自觉［M］. 北京：人民出版社，2006：152 - 167.

④ 刘绍怀. 论价值研究［M］. 昆明：云南大学出版社，2017：54 - 55.

（2）数字出版产品价值

关于出版的价值，长期以来都是出版学研究的重要理论范畴和实践命题，特别是在中国特色出版理论构建时，更需要对数字出版价值进行探究，以便更好地服务用户。方卿、徐丽芳、许洁[1]认为出版价值就是指"出版活动满足人们需求的关系，或者说是出版活动所具有的能够满足人们需求的特殊属性，或者更简单表述为出版对人们的有用性"；张新新[2]在借鉴哲学、经济学等学科关于价值的论述之后，指出"数字出版价值，是指数字出版客体的属性或功能对主体需要的满足，是指数字出版活动主体与客体之间的一种需要与满足的关系。数字出版价值属于关系范畴，或数字出版价值是指数字出版价值关系。由此，可将数字出版价值分为三个层次：形式价值、目的价值和评判标准价值。"

形式价值。也可称为内在价值、实然性价值、内在的客观功用价值，即数字出版客体的有用性，是数字出版客体满足主体需要的功能和作用，是指数字出版所包含的、客观上具有的功能和作用。

目的价值。也可称为外在价值、应然性价值、外在的主观价值追求，即对数字出版主体的需要满足，指人们在数字出版的预期、认知、交流反馈中所形成的价值追求。

评判标准价值。作为数字出版的价值准则，是指当数字出版同类价值或不同类价值之间出现矛盾时，依据什么标准进行评价、判断、平衡和调处。

上述三种价值之间的关系是：形式价值是更基本的价值，是数字出版自身意义上的价值；目的价值是延伸价值，是数字出版旨在

---

① 方卿，等．出版价值引导研究［M］．北京：商务印书馆，2018：4 - 8.

② 张新新．数字出版价值论（上）：价值认知到价值建构［J］．出版科学，2022，30（1）：5 - 14.

维护或增进的价值；评判标准价值则是更高层次的价值，用以作为价值冲突时的评判尺度和标准。

数字出版产品是传播知识信息的主要形态，也是数字出版产品的主要类型。其具体含义是指以数字形态存在的出版产品，主要由内容、阅读硬件、阅读软件、功能服务组成。基于以上关于价值、出版价值和数字出版价值的论述，本研究将数字出版产品价值定义为：数字出版产品出版活动满足人们需求的关系，也可以说是数字出版产品出版活动所具有的能够满足人们需求的特殊属性，还可以说是数字出版产品对人们的有用性。这样，此定义中就包含了数字出版产品价值主体、数字出版产品价值客体和数字出版产品价值判断三个关键因素①。

①数字出版产品价值主体。"价值作为一种特定的主客观关系，其特别之处就在于它是以主体尺度为尺度，依据主体不同而不同、变化而变化的，具有鲜明的主体性。"② 一般情况下，价值的主体为人，同样，数字出版产品价值主体也是人。数字出版产品发行对象是普通大众，这样数字出版产品价值主体就不是独立的社会个人，而是具有阅读或者具有潜在阅读需求的社会群体。数字出版产品价值主体是数字出版产品价值组成的核心元素，是探究数字出版产品价值问题的起始点和终点。假如没有出版主体，数字出版产品出版活动没有存在的价值可言。探究数字出版产品价值的目标就是使数字出版产品出版活动最大限度地满足数字出版产品价值主体，即满足社会主流群体的精神文化需求。

②数字出版产品价值客体。价值判断的客体通常是承载者。数字出版产品价值客体是数字出版产品出版价值的承载者，也就是作

---

① 方卿，等. 出版价值引导研究 [M]. 北京：商务印书馆，2018：4 - 8.

② 孙伟平. 价值哲学方法论 [M]. 北京：中国社会科学出版社，2008：197 - 200.

者、出版者、加工者、阅读设备制造者、出版业务活动及数字出版产品自身。它们均围绕着数字出版产品价值的形成、传播、营销和承载发挥不同的作用。

作者是数字出版产品价值的创作者，其自身知识素养、道德水准和写作态度是其价值的主要决定因素。出版者是数字出版产品的编辑加工者，把关内容质量，对编校质量、显示质量和播放质量的校对负有重要责任，同样也是价值的创作者。因此，出版企业需要在做好科学选题、内容严格把关的基础上，强化校对管理、过程管理和出版服务。校对中，坚持以编校质量为主，显示质量、播放质量为辅的策略。编校质量的管控可以借鉴纸质书的成功经验；显示与播放质量校对需要按照数字出版产品的实现功能，把链接、按钮、音频、视频、图像均全部检验一遍，保证文字与链接、按钮、音频、视频、图片和谐流畅的统一对接起来，保证要实现的各种功能都能够正常运行①。另外，还要以"内容为核心、技术为关键、终端为手段、平台为纽带"②，采取用户思维、数据思维、迭代思维、平台思维优化出版流程，以服务业的逻辑开展数字出版产品的出版活动，并提高数字出版产品的知识浓缩度和传递效率，进而形成从生产端到消费端、内容与服务相融合的优质数字出版产品生产的常态化机制，进而提升数字出版产品价值。

数字出版产品加工者和阅读设备制造者虽然不能创造数字出版产品的内在价值，但是可以通过数字出版产品内容的排版设计、页面布局、完善数字阅读功能等提升其外在价值，给数字出版产品价值主体带来附加值。

---

① 张志强，杨方铭．电子书质量存在的问题及提升对策［C］．//新体制、新业态下保证和提高出版物质量研讨会论文集，2016：459 - 465.

② 毛文思．数字出版：终端、内容、平台，谁为王？［J］．出版参考，2012（12）：13 - 14.

数字出版产品出版业务活动是将作者作品转化为数字出版产品的价值创造活动，并在转化过程中不断增加数字出版产品价值。作为数字出版产品价值客体的数字出版产品出版活动，大概包括选题策划、编辑加工、设计制作和营销发行等基本流程。流程的不同环节能够从不同角度创造数字出版产品价值。

数字出版产品是数字出版产品价值的承载者。不管是作者和出版者创造的价值，还是加工者、阅读设备制造者、出版活动所附加的价值，终归需要通过数字出版产品来体现。离开了数字出版产品，数字出版产品价值也就没有了载体。

③数字出版产品价值判断。价值判断是指客体是否能够满足主体需要以及满足程度的一种认识。而其结果，一般可以从客体对主体的属性以及效用或者有用性及其程度，是否存在价值以及价值大小进行判断。

数字出版产品价值判断是社会化主流群体对数字出版产品有用性的判断。判断结果主要取决于社会主流群体的需要与数字出版产品属性、内容及其效用之间的关系。不同群体因自身文化素养、思维模式、思想观点、风俗习惯、社会环境等差异，而呈现出不一致的内在价值需求，并依此对数字出版产品的价值属性及其有用性做出判断，进而表现出差异化的价值判断结果。从此角度而言，数字出版产品价值判断结果，本质是数字出版产品价值主体内在价值需要的呈现。

数字出版产品价值判断结果是社会化主流群体协调与数字出版产品价值客体之间关系的基本依据。社会化主流群体一般是基于客体对自身有用性的性质和强度来协调其与客体的关系。当数字出版产品对群体的有用性是正面时，数字出版产品出版发行通常可以获得群体的支持；反之，当数字出版产品对群体的有用性是负面时，数字出版产品出版发行会受到群体的抵制和政府管理部门的限制和制约。

（3）数字出版产品价值的功能

数字出版产品价值是作者、出版者、设计加工者、阅读器制造者通过编辑出版业务创作出来的以数字内容为载体的出版效用，是人类精神财富的重要构成部分。数字出版产品价值的功能不仅体现在作者、出版者等身上，还体现在使用者、统治者的身上。

作者是数字出版产品的创造者，同时还是数字出版产品价值的直接创造者。他的创作动机、思想、观点与方法等均是其价值观的反映。作者价值观的直接体现因素是他的创作动机。人们常讲的"文如其人"就是作者价值观的展现。

出版者、设计加工者、阅读器制造者，是数字出版产品的出版制造方。浅层次看，它们起着数字出版产品价值物化的作用；深入分析，它们是数字出版产品价值的创造者。通过内容选题、策划、编辑加工、营销宣传、阅读体验等业务活动，为作者稿件增添辅助价值。因此，数字出版产品价值可以体现出版者、设计加工者、阅读器制造者的价值观，映射它们的价值追求和价值取向。现实社会中，无论是公益出版，还是商业出版都是一个价值追求和价值取向问题。目前，商业出版是出版活动的主体。商业出版，尽管它的直接发展目标是获得经济盈利，但是它们也肩负着公益、非商业使命，符合相关利益集团或政府机构的利益。

数字出版产品是为用户或阅读者的阅读、使用而出版发行的，服务于他们的阅读、使用是出版的根本目的。离开他们的阅读和使用，数字出版产品出版就没有存在的价值。数字出版产品的阅读、使用能够直接影响阅读者或使用者的价值观。如学者赵小兵指出："出版具有天然的教化功能，教育特征是其与生俱来的、不可磨灭的本质属性，虽然因出版理念观念、时代风貌乃至文化氛围不同，其教育功能的表现程度与层次可能会有较大差别。"①

数字出版产品能够传播政府与执政党的价值观。数字出版业是数字传媒业的重要组成部分，是在特定管理体制下运行的。世界各国的出版实践表明，国家政府和执政党会利用一定的手段和方式对数字出版业实施干预，以便其执政理念与价值观的推行。如采取法律法规、行政和经济手段干预，或者直接参与和干涉，或者间接施加影响。总而言之，世界上没有哪一个国家、哪一政党会放任数字出版业自由发展，而与其价值观和执政理念相违背。在这样的环境下，数字出版业实际上发挥着宣传和推广国家价值观和政府执政理念的作用。

6.5.2　数字出版产品价值体系及其构成

数字出版产品以满足人类精神文化需求为根本目的，其所创造的价值具有丰富的内涵。它不仅包含社会形态建设，还包含教育、文化、科学、经济、政治等方面的内容。可以说数字出版产品价值体系是一个复杂、完整的价值体系。

数字出版产品价值体系是一定时间内人类社会通过数字出版活动创造的全部数字出版产品价值的总和。它是数字出版活动作用于人类社会的集中反映，由出版商业价值、意识形态价值、教育价值、文化价值和科学价值等一系列价值构成。从本质上讲，数字出版产品价值体系是通过数字出版活动满足人类社会精神和物质文化需求的一个价值系统，是人类社会物质与文化需求的一个映射系统。

数字出版产品属于精神文化产品，它的出版属于精神文化活动，所以精神属性是它的本质属性；同时，数字出版产品又具有商

---

① 赵小兵. 出版的教育功能新论 [J]. 编辑之友，2002（5）：42.

业属性，而商业属性是实现精神属性的附属属性，即数字出版产品的商业目的要服务于它的精神文化目的。如果从人类对物质文化、精神文化的需求角度看，价值体系大概由满足人类社会精神文化需求的精神文化价值和满足人类社会物质需求的商业和经济价值共同组成。基于此，把数字出版产品价值分为精神文化价值和商业价值。其中，前者精神文化价值是数字出版产品的内在价值，而后者商业和经济价值是数字出版产品的外在价值。也可以这样说，内在价值和外在价值构成的"二元"结构是数字出版产品价值体系。体系中，内在价值是目的，外在价值是手段，两者互为补充、相互联系、缺一不可，共同构成完备的数字出版产品价值体系。

数字出版产品的内在价值是出版企业通过出版活动创造的精神文化价值，是出版企业通过数字出版产品的出版发行给社会和公众所带来的精神文化利益。数字出版产品的外在价值一般表现为数字出版产品存在形式对用户或社会产生的影响，可以这么说，数字出版产品的外在价值是出版企业创造的一种间接价值。数字出版产品的内在价值是一个内容丰硕的价值体系，它包含了意识形态价值、教育价值、文化价值和科学价值。

数字出版产品外在价值是出版企业通过数字出版活动创造的商业价值或者经济价值，是通过数字出版产品的销售所获得的利润或利益，是数字出版产品价值体系中重要的组成部分。其中，内在价值的传播和推广需要以外在价值为手段或载体，即依靠出版企业的宣传、推广和营销，经过网络渠道销售给用户，出版企业以此获得利润，产生商业价值。数字出版产品的商业价值主要通过三个相互紧密关联的路径得以实现：一是数字出版活动产业化；二是出版单位的企业化；三是数字出版产品的商品化。

数字出版产品的意识形态，可以认为是出版业服务意识形态建设的功能或效用。数字出版产品的教育价值是指出版及数字出版产品对社会主体——人（特别是青少年）成长成才所产生的影响或效用。数字出版产品的文化价值是指出版及数字出版产品传播和传承人类社会文化成果所产生的影响或效用，是数字出版业促进文化发展的表征。数字出版产品的科学价值是指出版业对科学信息交流产生的作用，也可以说是出版业对科学发展做出的贡献。

6.5.3 数字出版产品的价值增值路径

出版是人类文明发展的产物，其价值是出版活动、出版事业和出版物对个人、社会所产生的影响，出版物价值增值就是提升出版物对个人、社会所产生的积极作用和影响。《编辑实用百科全书》认为，出版物是人类表达思想、传播信息、普及知识、积累文化、丰富生活、促进社会进步的重要工具[①]。数字出版产品作为重要的出版物之一，其价值增值也应该从此角度探究。如贾彦峰[②]认为出版物价值在于传播正能量，产生"溢出效益"，形成更多正外部效益，最终实现整体社会效益最大化；李占山[③]从图书馆角度认为图书价值就是图书本身所具有的客观效用和满足一定读者主观需要程度的总和，并从可行性、可用性和可读性进行分析。其实，图书随着它所处的地位不同，其价值概念也是不同的。在出版发行部门，图书是被当作商品看待的，在商品价值规律影响下，它和其他商品一样，具有价值和使用价值两种属性。这时候的图书可以用货币做媒介进行衡量，通过买卖方式进行一次性的销售，使读者获得所有权。价值产生于事物的用途和积极作用。作为图书馆来说，正是本

---

① 边春光. 编辑实用百科全书 [M]. 北京：中国书籍出版社，1994：7-9.

② 贾彦峰. 出版物价值选择根向度：正能量传播及其正外部效益分析 [J]. 出版发行研究，2013（4）：31-33.

③ 李占山，张放. 图书价值规律初探 [J]. 黑龙江图书馆，1986（4）：17-19.

着这一概念来研究图书价值的。所谓使用价值（存在价值），就图书本身而言，是指一本书在社会中可能产生的客观效用。所谓实用价值，是指一本书在一个具体的图书馆中所具有的实际效用。

明晰出版物价值构成因素有利于发挥价值作用和价值创新，此方面研究，吴江文①从受众需求角度出发，认为电子书价值由受众媒体接触时间、受众接收终端和电子书的身份价值组成；尹杰②从感知价值角度出发，指出顾客决定图书价值的大小，图书价值主要体现在三个方面，一是与内容思想相关的认识价值和思考之美；二是情景体验下的心理价值和体验之美；三是知识内容与形式相互融合的美感价值与融合之美。出版物价值的体现与价值大小，与读者的阅读期望、阅读动机、阅读心境、知识水平、理解能力等因素息息相关。毛晓燕③借用叶继元的"三维一体"评价体系认为图书价值由图书内容、形式和效用组成；陈贤义④认为图书作为伴随人类文明发展而产生并不断衍化发展的文化物化形式，是人类精神文化和物质文化的结合体，承载着人类传递信息、传授知识、传播文化、传承文明的重要使命。图书价值的核心体现即图书品质和品位，品质即书的质量和水平，品位即书的品格和内涵；丛培兵⑤指出图书可以从教育接受和人类社会的传播延续等方面进行增值。概括地说，图书的原生价值可以分为知识价值、思想价值、历史价值、艺术价值等，都是教育接受者接受的重要内容。图书实质上是人类精

---

① 吴江文. 受众需求视域下的电子书价值构建 [J]. 科技与出版，2013 (8)：9 - 13.
② 尹杰. 图书价值感知的概念体系及其数理关系：双重视角 [J]. 出版发行研究，2013 (3)：54 - 56.
③ 毛晓燕. 中文馆藏图书价值评价的影响因素研究 [J]. 图书馆学研究，2013 (13)：37，50 - 52.
④ 陈贤义. 让图书价值回归图书本身 [J]. 出版广角，2015 (1)：39.
⑤ 丛培兵. 从教育接受的视角看图书价值的特性 [J]. 中国成人教育，2010 (17)：13 - 14.

神文化和物质文化的结合体，从教育接受的视角看，图书的价值具有原生性、整体性、增值性和多样性。图书的价值既是原生的又是增值的，既是整体的又是多样的，既是自身的又是可解读的。

具体出版物价值增值和创新方式主要研究有，沈强[①]从内容、模式和政策三个方面阐释图书价值的创新；覃琼送[②]提出用最低成本实现合适包装功能是提高图书价值的主要途径，并从哲学角度论述图书价值。任何产品都是有功能的，人们使用产品，实质上是使用产品的功能而非产品本身。图书是商品，读者通过付钱方式获得图书，即获得图书所具有的功能。显然，只有当图书中的功能对读者具有意义时，它才是有价值的。意义越大，价值越大。所谓有意义，就是图书能够满足读者实用或功利的需要。因为没有一个读者愿意花钱买一个对自己无用的或过剩的东西。所以，读者购买图书时认为是否划算、是否值得，乃至以图书中心的功能是否符合其需求与其所付出的经济代价是否相等来衡量的，这就是图书哲学意义上的价值；郭慧[③]从出版社角度提出三种价值增值方法：加大开发著作权和附属版权、维护和拓展图书品牌、提升和同化企业文化；杨敏[④]从工程价值角度论述由不同成本和功能组合构成的五种提升价值的途径；徐玉祥从电子书上下游企业的价值整合角度分析数字图书价值创新需要从价值分配向价值创造转变；方卿[⑤]利用产业链理论分析上下游出版企业间的价值增值问题。

综上所述，目前研究主要集中在以下几个方面，图书的价值组

① 沈强，杜都. 在数字出版市场中重塑图书价值——关于图书内容在互联网经济中的价值思考 [J]. 出版广角，2015（1）：31-33.

② 覃琼送. 图书包装及图书价值 [J]. 编辑之友，1996（4）：10-12.

③ 郭慧. 内容价值增值视阈下的出版媒介融合研究 [D]. 武汉：武汉理工大学，2008.

④ 杨敏. 从价值工程的角度看策划编辑提升图书价值的途径 [J]. 出版发行研究，2016（12）：70-71，77.

⑤ 方卿. 出版产业链研究 [M]. 北京：高等教育出版社，2011：43-47.

成、实现方式，图书对社会产生的影响，运用产业链理论关注企业间如何价值增值，利用波特价值链理论分析出版业务环节的价值增值等，并取得丰硕成果。这些研究主要引用经济学、图书馆学、工程价值等方面的理论分析图书对个人产生的积极作用，但是鲜有以顾客满意理论为基础，从读者使用意愿影响角度出发，结合数字出版产品特征，从读者因素、产品因素、外部情景因素等角度进行的综合研究。另外，这些研究目的是如何发挥出版物的社会效益和经济效益，很少基于数字出版产品自身因素探究如何提供高质量的增值服务，利用产品因素和增值服务如何打造数字出版产品在文化市场竞争中的差异性。为此，本研究借鉴顾客满意度理论，从读者需求与数字出版产品匹配角度出发，探究数字出版产品如何增值，如何满足读者的知识需求，进而推动数字出版产品的销售和使用。

（1）增值定位

数字出版产品增值定位：数字出版产品是出版业的改革而不是革命。从市场的角度而言，革命是利用暴力和强制方式将权力或财富从一部分人那里转移给另一部分人。这样，数字出版产品革命就会发生一些人的知识信息资源使用受损，而另一部分人受益，因此数字出版产品革命不会实现帕累托最优（任何人利益不受损同时至少有一个人受益①）。即便是数字出版产品革命大多数人获得更多知识信息资源，只有少数人减少资源，此时革命也不一定能增加人类的整体知识信息资源，这样革命实现不了卡尔多—希克斯改进（受益者所得大于受损者所得②）。

改革不同于革命，它的目的不是无偿地把一部分人占有、享用

---

① 张维迎. 市场的逻辑［M］. 西安：西北大学出版社，2019：135－138.

② Lei S. Kaldor－Hicks Improvement under Asymmetric Information［J］. Nankai Economic Studies，2008.

的知识资源转移给另一部分人，而是在承认原有出版机制下形成的出版利益格局的前提下，对权利和收益的重新安排，调动社会各方力量，便于知识信息传播和使用，并增加知识资源量，实现帕累托改进。按照此原则，数字出版产品变革需要出版企业给人们提供知识创新环境，以电商方式营销出版物，强化策划、编辑、加工出版物的能力，提升技术企业给人们提供简便阅读设备的能力，进而形成合理分工的数字出版产品价值增值生态链。增值生态链不仅要补偿原有传统出版企业在数字出版情景下的损失（出版物主要受益者），还要增值数字出版产品价值。

出版价值是出版活动满足人们需求的关系，或者说是出版活动所具有的能够满足人们需求的特殊属性，或者更简单地表述为出版对人们的有用性[①]。但是 5G 网络普及给人们的阅读、信息传播、知识消费等方面带来的变革，使出版业难以与所处环境相适应，使数字出版产品难以满足人们的知识消费需求，因此亟须依据这些变化探究如何提升数字出版产品价值和拓展数字出版产品使用场景等问题。

（2）增值模型

层次分析法（the analytic hierarchy process，AHP）是美国运筹学家匹茨堡大学托马斯·塞蒂（A. L. Saaty）教授于 20 世纪 70 年代提出的一种实用的多方案或多目标的决策方法[②]。该方法自 1982 年被学者介绍到我国以来，以其定性与定量相结合方式处理各种决策因素的特点，能够为多目标、多准则或无结构特性的复杂决策问题提供简便的决策方法，尤其适合于决策结果难以直接准确计量的场合。

层次分析法解决问题的思路是：首先将所要分析的问题层次

---

① 方卿，等．出版价值引导研究［M］．北京：商务印书馆，2018：4．
② 陆松福．品牌价值增值路径研究——模型构建与分析［M］．徐州：中国矿业大学出版社，2010：85 – 87．

化，根据问题的性质和达到的总目标，将问题分解成不同的组成因素，按照因素间的相互关系及隶属关系，将各因素按不同层次聚集组合，形成一个多层次分析结构模型；其次确定模型中每一层次每一个因素的相对重要性，依据客观现实的判断给予定量表示（也可以先进行定性判断，再赋值量化），再利用数学方法确定每一层次全部因素相对重要性次序的权值；最后通过综合计算各层因素相对重要性的权值，得到方案层相对于目标层和最高层（总目标）的相对重要性次序的组合权值，并以此进行方案优劣次序的排序，作为评价和选择方案的依据。

基于 AHP 法构建的数字出版产品价值增值模型，需要对影响数字出版产品价值增值目标的变量因素进行分解，分析各个因素的相互关系、逻辑归属以及重要性，运行分层排列，构造出有层次递进关系结构的模型，将影响数字出版产品价值增值所有变量因素进行分组并建立对应指标体系。结构模型一般包括三个层次：目标层，即数字出版产品的内在价值和外在价值；决策层，包含现实数字出版产品价值增值目标所涉及的中间因素；措施层，包括实现数字出版产品价值增值目标的措施或决策方案。数字出版产品价值增值模型如图 6 - 1 所示。

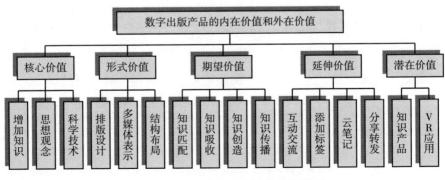

图 6 - 1　数字出版产品价值增值模型

根据研究需要，将数字出版产品价值的内在价值和外在价值设为总目标；将构成数字出版产品价值的中间因素作为分目标，借鉴菲利普·科特勒与凯文·莱恩·凯勒提出的顾客价值层级理论①，本研究将数字出版产品价值总目标分解为核心价值、形式价值、期望价值、延伸价值和潜在价值；措施层主要围绕五个价值分目标采取的实施措施，其中，核心价值和期望价值可以通过满足读者需求来提升，延伸价值和潜在价值可以通过优化数字出版产品自身因素来提升，形式价值可以通过外部情景因素来提升。

（3）增值路径

①从用户需求提升数字出版产品价值。在用户因素中，内容需求、娱乐休闲需求、社交互动需求和阅读习惯均对用户使用数字出版产品意愿存在显著正向影响。另外，用户需求的满足就是数字出版产品价值的实现。满足用户需求，一是需要性质的满足，即数字出版产品对用户是否有用；二是需要程度的满足，即数字出版产品对用户有用程度。前者是用户购买的基础，后者是购买条件。因此，数字出版产品价值的提升需要以满足用户需求为基础。

数字出版产品价值需要与用户需求相一致。一般情况下，用户阅读、使用数字出版产品后，其价值才能实现，这样其价值大小、价值作用的发挥都与用户的理解和接受能力有关。作者在创造作品过程中，需要对阅读对象进行假定，即大致确定数字出版产品的原生价值；编辑、加工、制作者要依据产品的原生价值、创作者的意愿去设计产品结构、确定内容展示方式、编辑校对内容等，从而形成产品的整体价值，基于此，对产品市场和用户进行定位。尽管每种数字出版产品事先已经预定了它的潜在用户，但是潜在用户要想

---

① 菲利普·科特勒，凯文·莱恩·凯勒. 营销管理 第 15 版 黑白版 ［M］. 何佳讯，于洪彦，牛永革，等译. 上海：上海人民出版社，2016：342.

成为真正的用户，还需要阅读、使用数字出版产品，领会其知识内涵，优化用户的知识结构、思维等。可见，数字出版产品的价值实现与用户阅读行为、使用行为密不可分，是其价值发挥的前提条件。用户一旦阅读、使用数字出版产品，它的价值就开始被用户接收，也就是潜在用户向现实用户转变。其中转化的这部分用户，易于和作者进行心灵沟通与交流，理解产品蕴含的意义，激起思想涟漪。这样，客观的数字出版产品价值和预先设定的用户获得的产品价值基本相一致，进而实现数字出版产品价值的提升。

作者与用户之间的价值取向相似度是数字出版产品价值提升的关键，即作者创作动机和用户阅读目的、使用动机的匹配情况，如数字出版产品的知识内容、思想、风格、排版格式、类型、形态等与用户的文化素养、知识结构、价值观念、生活经历、阅读习惯、理解能力的吻合程度。

实际上，数字出版产品价值的实现是产品所蕴含的思想与用户的理解能力、接受心理互相作用的结果。在此过程中，数字出版产品价值的发挥程度主要取决于用户的理解能力与接受心理。

海德格尔曾说："人是万物中的继承者和学习者。"① 而这种继承和学习的能力就成为人类独有的能力之一，也是人类精神存在的获取途径和来源。而出版活动有力支撑了阅读和学习行为的发生。第一，人是群体动物，他的生存离不开社会环境，个人的阅历、兴趣、素质等因素与自身阅读能力密不可分；第二，人是一种精神存在，会根据自己的判断能力与思辨能力去选择阅读内容；第三，人具有能动性，个人自身的阅读目的、阅读期望、阅读能力等具有主观能动性；第四，人是继承者，人需要不断学习，学习和阅读时总是受到所处时代的主流价值观和历史背景的影响。因此，人类阅读

---

① 黑格尔. 黑格尔全集［M］. 刘立群，等译. 北京：商务印书馆，2014：38.

是一个选择、融合自身情况、环境影响的能动性过程。此种能动性可以不受自身约束，成为潜在用户，还可以在数字出版产品的原生价值基础上进行升华，领悟或创造出更高的意蕴，也可以修改或提炼产品的内容，形成新的认识和思想，通过这种循环方式，达到数字出版产品的价值增值。

数字出版产品价值的被动性实现。一般情况下，潜在用户和现实用户并非完全一致。造成此种情况的原因可能是，数字出版产品的作者常常是某方面的知名学者或者专家，对产品潜在用户的预设会存在超前性；也可能是作者的自身因素问题，导致产品具有缺陷；从用户角度来讲，用户的人口结构因素、文化因素、所处环境、生活经历、思想意识、知识结构、阅读习惯、接受能力、价值观念等不同，造成用户的阅读目的、阅读期望、理解能力等各不相同，因此，数字出版产品预设的潜在阅读，与产品的实际用户存在差别，所以，实际情况是大部分用户是被动地接受产品的价值。

一般情况下，用户主动阅读并能体会到产品描述的场景、获得良好的感知体验，比较明显地受到产品价值的影响；学生出于求知目的学习、文学爱好者的求美动机阅读，会存在被动接受产品的价值[1]。

②从产品内容资源因素提升数字出版产品价值。数字出版产品的内容资源包括内容质量、内容呈现、功能服务和价格价值，均对使用意愿有显著正向影响。内容质量高低直接影响着用户需求的满足程度，内容呈现影响着用户对数字出版产品知识的理解和吸收，价格价值影响用户对数字出版产品的购买和选择。因此，数字出版产品价值增值需要从内容资源方面进行提升。

---

① 尹杰．图书价值论［J］．武汉理工大学学报（社会科学版），2013，26（6）：957 –960.

出版是一项由生活在社会中的人在特定的社会环境中进行的服务于社会中的人的活动，是一种生产精神产品和物质产品的行业①。因此，满足人的信息需求和推动人的社会化就成了出版的主要功能之一。实质上，出版是依靠编辑对知识的加工、整理，完成作者和用户之间的信息传递和交流。数字化时代，数字出版已从传统的物流变为信息流，从单向传递转变为双向互动，从以产品为主转变为产品和服务为主，从基于形式转变为基于内容②，但是当用户出现个性化知识需求、碎片化阅读学习需求时，出版机构需要从信息技术和知识服务上对出版进行转型，把数字出版和知识服务进行融合，积极探索出版特色的知识服务。如电子工业出版社通过多次调研、挖掘电子科学与技术领域的高校师生，以及需要培训电子信息的相关企业的需求，再结合其长期积累的电子信息资源和出版品牌优势，推出"E知元"App，利用知识导航、热度排行、知识专题、知识地图、知识束等方式给用户提供关联、智能的深度知识服务和深入阅读、专业阅读功能，以辅助用户学习相关知识与技能③。

"E知元"与"得到"的专栏订阅相比，二者同样都是在调研、分析用户需求的基础上，给用户提供系统化的知识资源，提升用户的认识水平，但是"得到"的专栏订阅始终以解决用户问题、赋能用户认识贯穿整个服务过程，利用某领域知识大咖的知识储备和"得到"团队的集体智慧经过反复打磨，提供每天更新、能与用户互动的系统化知识服务，独特之处在于利用知识大咖的思维去加工和再生已有知识资源，再加上声音、情感和娱乐化表达，形成人格化知识，使用户更容易吸收和问题解决。虽然出版社比"得到"拥

① 张志强. 现代出版学 [M]. 苏州：苏州大学出版社，2003：49-66.
② 周蔚华，等. 数字传播与出版转型 [M]. 北京：北京大学出版社，2011：46-48.
③ 李弘. 面向知识服务的出版融合发展浅析 [J]. 科技与出版，2016（12）：12-16.

有丰富的某领域知识资源和作者资源，但是出版社并没有与作者建立紧密的合作关系，再加上思维的束缚，以及物力、精力、财力的限制，造成出版机构在满足用户个性化知识需求上虽迈出了创新步伐，但缺少勇往直前、积极探索未知"蓝海"的行动，无形中增加了出版机构抢占知识付费商机的难度。

创新数字出版产品形态——打造连续性音频知识产品。思想转变是数字出版创新的第一步，打造符合用户需求的新型知识产品是创新的关键。移动网络环境下，随着生活节奏的加快和生活方式的日益丰富，人们的时间被分割得比以前更加零散，如何利用碎片化时间进行阅读、学习成为人们关注的焦点。碎片化阅读具有阅读时间断续性、场合随意性、篇幅短小性、结构简单性、内容多样性等特点[①]，因此有人认为碎片化阅读没有系统性，不利于知识的积累和传承[②]；也有人认为不利于人类真正有效地阅读[③]，但是，聂振宁、魏玉山等对此进行了否定，魏玉山指出：碎片化阅读进行整体规划，同样也可以实现完美的阅读人生[④]。因此，出版机构需要依据用户需求和问题提供经过知识块组织的定期更新且适合碎片学习的知识产品。

目前，用户的阅读习惯逐渐分化为微阅读、浅阅读、轻阅读和深阅读[⑤]。一定的时间内，微阅读是最快的阅读，浅阅读能够获取最多的信息量，倾向于消遣、轻松、愉快的阅读，深阅读强调理

---

① 赵婧. 比较视阈下的"碎片化"阅读与出版应对 [J]. 出版广角，2015（10）：108 - 109.

② 苑广阔. 碎片化阅读无法代替传统阅读 [EB/OL]. [2014 - 03 - 10]. http://guan-cha. gmw. cn/2014 - 03/10/content_10627937. htm.

③ 陈熙涵，郑文丰. 碎片化阅读：文字变"轻"内涵变"浅" [EB/OL]. [2013 - 03 - 04]. http://www. mzyfz. com/html/1407/2013 - 03 - 04/content - 676896. html.

④ 魏玉山. 不要轻易否定微阅读、浅阅读、碎片化阅读 [J]. 出版参考，2013（23）：1.

⑤ 吴江文. 受众需求视域下的电子书价值构建 [J]. 科技与出版，2013（8）：9 - 13.

解、领悟和升华。阅读是使用数字出版产品的主要方式。随着数字阅读方式的变迁，数字出版产品的形态需要与之相适应。微阅读需要数字出版产品按照知识体系去"拆册成页，切页成块"，通过条目开发、点线关联，形成价值读物；浅阅读的关键点是信息量，需要对内容进行提炼和浓缩，并强调内容的易理解性；轻阅读需要强化产品的互动交流功能，利用视频、音频等方式展现知识；深阅读强调知识的深度和逻辑，要提供一些辅助阅读功能，实现阅读延伸。

为实现用户的多样化阅读，数字出版产品还需要"一次制作，多元开发"。一次制作是产品的数字化加工，建立产品数据库，对知识、信息进行关联和挖掘。在此基础上，制作同一内容的不同产品形态，实现不同平台、多种终端对同一产品的重复使用。数字出版产品模式需要原创、同步和互补。原创，就是数字出版产品的内容独立于已有出版物的内容；同步是指可以与传统出版物推出同步电子读物；更重要的是，作为一种独立的出版形态，数字出版产品与传统出版物之间实为互补的关系①，以便为数字出版产品开拓更多市场。

③从外部情景提升数字出版产品价值。数字出版产品的外部情景因素包括促进因素、社会影响和努力期望，均对用户使用意愿存在显著正向影响。按照现代系统理论的观点，外部情景是指系统边界以外所有因素的集合。用户使用数字出版产品的环境是存在于数字出版产品系统以外的不可控制或难以控制的力量，它们是影响数字出版产品使用、营销及目标实现的外部条件。因此，数字出版产品价值增值可以从外部情景因素提升它的形式价值。

---

① 张宏. 从转型走向破局——关于数字出版与纸质出版的博弈［J］. 编辑学刊，2011（3）：6-11.

出版的核心功能是社会知识个人化和个人知识社会化。出版经历了印刷时代的文献产品，到信息时代的电子书与电子书数据库，再到今天智能时代的知识服务①，其满足人民精神生活需要的服务功能逐渐增强。在精神生活共同富裕情景下，数字出版需要把服务人民和教育引导人民结合起来，需要把满足人民精神文化需求与增强人民精神力量、提升人民文化素养融合起来，以便为人民提供有价值的知识服务。

马克思主义价值论认为，在任何时候，商品只有符合广大人民的利益并被人民所接受，才具有真正价值②。从此角度而言，出版社需要树立"一站式"知识服务理念，以满足广大人民的精神文化需求为目标，全面升级编、印、发流程，以内容为始点，以多种产品形态开发为目的，融合不同生产方式和营销方式，打造从图书到知识再到服务的全新业务流程价值链，从专注出版服务迈向文化传播服务；与时俱进，依据用户需求特点，利用技术优化平台功能、提供利于用户知识吸收的背景知识；以内容、用户、交互等数据为基础，创新数字出版产品形态并与用户建立长期关系，渗透到用户使用数字出版产品的每一个环节，关注用户需求与变化，趋向语义出版、智能出版；强化用户阅读行为数据采集，对用户画像，分析其阅读偏好，从数字阅读产业链角度优化数字出版产品内容和功能，创新营销模式；利用大数据技术汇聚、分析、管理用户需求，绘制知识图谱，即依据用户搜索的关键词和问题，提供知识间相互关联、知识表现多样、知识价值再生的能够解决用户问题的"一站式"知识服务。

---

① 方卿，王一鸣．论出版的知识服务属性与出版转型路径 ［J］．出版科学，2020，28（1）：22－29.

② 李德顺．马克思主义价值论 ［J］．江淮论坛，1992（5）：8－11.

以精神生活共同富裕为目标实施一体化融合营销。在激烈的知识消费市场中，数字出版营销不仅要满足用户当下需求，还要注重和提升如何满足潜在用户、未来用户的需求，为他们创造价值，并建立有价值的用户关系。因此，出版社可以根据用户阅读需求、偏好、人口统计、行为等因素细分用户群体，按照创造最大化用户价值并且能够持续发展的原则定位市场，按照"用户—作者—编辑加工—阅读使用"的需求链，利用社交媒体、网络直播、短视频等各种媒介，整合用户需求及数字出版产品知识内容、价格、分销渠道、促销手段，然后制定不同的营销组合，以便扩大群众接触数字出版产品的机会。

另外，面对低概率、影响大的肥尾效应事件，如近几年的新冠肺炎疫情，需要强化国内外两个市场，借助"一带一路"政策红利打造丰富多样的产品形态，积极参与数字出版域外传播服务平台建设，基于价值导向和内容质量打造自己的品牌，以便传播正能量和弘扬主旋律，彰显国家文化影响力和软实力。

依据用户需求打造多样化知识吸收场景。互联网时代，出版社在纸质出版物向数字出版物转型过程中，需要场景再造，场景再造就要出版社针对不同类型用户打造不同的知识吸收场景，把内容、用户、作者、服务、技术、市场等要素有机关联起来，使用户"随时随地随心所欲"地购买和使用数字出版产品。再造场景可以从满足欲望、响应需求、创造价值三个维度展开[①]。针对普通群众的消遣娱乐需求，出版社可以提供大众性质、价格偏低、易获取、易支付、具有互动功能的产品；针对有扩大知识面需求的群众提供科普性质、价格适中、易获取、带关联知识的产品；针对科研用户提供

---

① 谭天. 从渠道争夺到终端制胜，从受众场景到用户场景——传统媒体融合转型的关键［J］. 新闻记者，2015（4）：15－20.

专业的、易获取、带关联知识的产品并提供知识服务。

用户是数字出版产品发挥社会效益和经济效益的决定者，从大众社会理论讲，谁抓住了用户，谁就抓住了一切。因此，未来数字出版研究应重点关注如何解决用户问题，依据用户需求、行为、传播渠道、阅读终端去组织、加工知识和提供知识服务[①]，对已有数字资源进行重新组织、关联和深入挖掘，依据用户需求的多样性，以知识体系为核心建立数字资源智库和人性化互动交流平台，利用组件化思维构建多样化的阅读场景，进而满足用户的知识、互动、娱乐、碎片化阅读等需求。

利用区块链技术创建可信的数字出版生态。信息技术进步将数字出版实践推向新高度，研究内容得以丰富，并使之理论体系得到升华。传统出版体系中，作者是内容创作者和出版行业利润创造者，但却未能掌握出版利润分配应有的主动权，还是盗版的主要受害者。为此，出版业需要利用区块链的哈希计算和时间戳创建信任机制、净化版权环境、强化版权管理，使作者获得出版利润分配的主动权。

哈希计算能够保障数字版权记录真实不变地存储于数据库中，使用者可以验证是否匹配[②]；受信任的时间戳能够体现版权信息的可见性，随时捕获数字出版产品的创建和修改时间，让数字出版产品处于安全的验证环境中，区块链的这些功能保障了数字出版产品不被篡改并且保证作者控制所有权；智能钱包和智能合约能够保证作者、所有者的货币权利和知识产权内容，为作者将数字出版产品直接出售给用户创造新的生态环境，同时还可创建二手交易市场。

---

① 杨方铭，张志强. 电子书用户使用意愿影响模型构建与实证 [J]. 图书情报工作，2020，64（9）：85 - 94.

② Tresise A, Goldenfein J, Hunter D. What Blockchain Can and Can't Do for Copyright [J]. Australian Intellectual Property Journal, 2018: 1 - 14.

当用户购买数字出版产品，区块链平台把购买信息标记在区块链的所有权文件中，这样用户就可以获得一个令牌以证明他的所有权，随后用户就可以在二手市场转售，或者通过赠予方式发送给其他用户阅读。

基于此，数字出版平台可以借助区块链技术推出包月、包年、贵宾（VIP）用户自由阅读、单篇作品售卖等销售模式；推出"使用才支付"销售模式，即针对游客用户提供按阅读时间或阅读进度收费的运营模式；创建电子书"分享—打开"模式，即借助社会化媒体，让用户自由分享电子书，当朋友圈用户打开链接后，分享者获得收益。实践上，出版社可以借鉴以下案例的成功经验，如2016年利用区块链技术发行的《太平洋大劫杀》完整版的基于"游戏＋朋友圈"的转发传播方式[①]，英国伊莫金荷普（Imogen Heap）的小人类（Tiny Human）发行模式，美国矿山实验室（Minelabs）公司研发的媒体链系统（Mediachain）对数字图片版权的保护，纸链（Paperchain）平台利用智能合约合理分配版权报酬等。因此，出版社可以利用区块链技术围绕数字出版产品确权、授权、维权打造全新的运营模式，借助区块链不可篡改的分布式账本增加失信代价，借助虚拟币奖惩机制激励用户参与数字版权维护，借助智能合约监控全流程履约行为[②]，借助人工智能、云计算、大数据、物联网等技术构建存证保护、智能侵权监测、维权司法的"一条龙"版权保护体系，进而形成可信的数字出版生态系统，缓解盗版问题，创新商业模式。

---

① 华进，孙青. 区块链技术在数字出版领域的挑战与对策［J］. 科技与出版，2019（1）：69－73.

② 白龙，骆正林. 欧美数字出版的区块链创新治理实践启示［J］. 出版发行研究，2020（5）：59－65.

6.6　小　　结

本章基于研究结果阐释了数字出版产业发展的理念、发展方向、产品形态优化、产品价值增值等问题。在数字出版产品价值增值上，对其价值体系组成、数字出版价值研究状况进行论述，然后利用 AHP 法构建由核心价值、形式价值、期望价值、延伸价值和潜在价值组成的数字出版产品价值增值模型，再根据数字出版产品使用意愿影响因素的研究结果，提出增值数字出版产品价值的路径，即从用户价值感知角度提升数字出版产品的核心价值和期望价值；从产品内容资源因素提升数字出版产品的延伸价值和潜在价值；从外部情景因素提升数字出版产品的形式价值。

第 7 章
研究结论与展望

本章在回顾研究过程的基础上，对研究结论进行总结，阐述研究中存在的局限和未来研究发展方向。

7.1 结 论 分 析

数字出版产品作为数字出版活动的直接产物，不仅体现了数字出版工作者、创作者的劳动价值，还能通过人们的使用体现其文化价值和经济价值。这样有什么因素影响人们使用数字出版产品的使用意愿，就成为数字出版产业发展、出版社开展数字出版业务的一个关键问题。因此本研究对已有相关数字出版产品用户使用意愿影响因素进行了梳理和分析，结合数字出版产品发展现状、存在问题和特征，分别对不同类别（使用者、研究者、管理者）用户的使用意愿影响因素进行访谈，将扎根理论研究方法应用到此研究中，再根据使用满足理论、媒介丰富度理论和 UTAUT2 模型构建数字出版产品使用意愿影响因素模型。以此模型为基础，根据已有文献研究成果设计使用意愿影响因素的量表和问卷，经过预调研、问卷修改、正式调研以及数据收集，采用统计分析和结构方程模型的方法对理论模型进行验证，得出以下结论。

7.1.1 构建用户使用意愿影响因素模型

数字出版产品用户使用意愿影响因素模型主要从个体需求与心理因素、产品因素、外部环境等方面对使用意愿的影响因素进行阐释，其中价值感知、阅读习惯、努力期望属于个体因素，内容资源属于产品因素，促成因素和社会影响属于外部环境因素。价值感知和内容资源是影响使用意愿的关键因素，价值感知包括内容满足、娱乐休闲满足、自我认同满足、社交互动满足、体验满足五个子因素；内容资源包括知识内容、内容质量、表达方式和呈现功能四个子因素。经过 493 份调查问卷的实证分析，表明内容资源、价值感知、促进因素、阅读习惯、努力期望、社会影响能够有效解释用户使用数字出版产品受到的影响。

此研究能够明晰用户对数字出版产品使用的主观意愿，了解用户使用产品时想要什么，为出版社依据用户需求开展知识服务、更好地满足用户需求，提供可供参考的意见；能够清晰了解社会化媒体环境下，我国出版社在数字出版产品生产、编辑、营销等方面存在的弊端和不足，比如电子书仅是纸质书的数字版本，未能在表达方式、功能等方面体现数字技术方面的优势；促销手段仍以打折、降价为主，未能从用户阅读角度出发实施激励措施；面对用户碎片化阅读尚未出现成熟的产品形态，面对知识付费的挑战未能在业务、营销上做出有效的改进，等等。因此，本研究有助于出版社更新数字出版发展理念，重新确定产品功能，制定新的营销策略等。

7.1.2 模型能够解释使用意愿的影响因素

（1）价值感知是影响用户使用意愿的关键因素

在数字出版产品用户使用意愿影响因素验证分析中，发现价值感知对用户使用意愿存在正向显著影响作用，并且其影响程度最大，是使用意愿影响因素中的关键因素。

需求是与人类的活动行为密不可分的，是驱动人类活动的动力之一[①]。但是，需求并非一直处于唤醒状态，只有满足相应条件后，需求才能被激活，并促进用户采取相应的行为。互联网时代，随着我国改革开放的逐步深入，人民物质生活水平的逐步提高，以及我国社会主要矛盾的转化（转化为人民日益增长的美好生活需要和不平衡不充分的发展之间的矛盾），进一步激活了人民对美好精神生活的需求和向往，使数字出版产品成为满足群众精神需求的重要数字文化产品之一。所以，精神生活上的满足就成为提高我国民众使用数字出版产品的主观意愿。人们的精神需求是不会出现被完全满足和终结的时候，只会是一种需求被满足后，新的需求便会产生。因此，今后研究，要重视对用户需求的研究，从满足用户需求角度出发优化数字出版产品和发展数字出版产业。但是也不能无底线地满足用户需求，否则会出现不良后果，如个别出版社数字出版产品中出现了展示一些色情、犯罪、暴力、冲突、猎奇等不良价值观的内容，以博取大众眼球。

价值感知能够通过娱乐休闲满足、内容满足、体验满足、自我认同满足和社交互动满足五个因素正向反映。此结果表明，人们使用数字出版产品主要是出于娱乐休闲的目的，其次是知识内容，这

---

① 符国群. 消费者行为学 [M]. 北京：高等教育出版社，2015：119－121.

与使用纸质出版物主要是为了获取知识而有所不同。体验满足体现了人们使用数字出版产品过程中对其表现出的新功能和服务的需求，另外，用户还表现出分享知识、互动交流、自我认同等需求①。这些需求体现了互联网的精神和特征，也是用户产生的所谓新需求。数字出版产品对人们以上需求的满足程度，决定人们今后是否会使用数字出版产品的意愿和行为。因此，今后数字出版业需要从用户需求上寻求创新点，以用户需求为始点，对选题策划、资源组织、编辑加工、渠道营销等过程进行革新，进而形成基于用户价值感知的商业模式。

（2）内容资源是影响用户使用意愿的关键因素

在数字出版产品用户使用意愿影响因素研究分析中，发现内容资源对用户使用意愿存在正向显著影响作用，并且其影响程度仅次于价值感知，是使用意愿影响因素中的关键因素；内容资源可以通过知识内容、内容质量、表达方式和呈现功能正向反映。

数字出版产品属于阅读型文化产品。人们需要通过阅读认识和解读产品中的数据、信息和知识，用以满足自身需求。这样，数字出版产品所含的知识内容及其使用的图文、音频、视频等多媒体表达方式就成为人们了解它的核心元素。好的内容、易理解、合理表达、功能多样等产品能够产生让人反复阅读和品味的动力，体会到产品创造的知识意境，感受到不同的思想、情感和人生经历等，这样用户就能够获取知识，获得特定信息，另外，思维和行为还能够发生改变或者受到潜移默化的影响。因此，内容资源是满足用户需求的基础，是提高用户使用数字出版产品意愿的关键因素之一。今后研究，需要从内容资源角度出发，对产品的内容、质量、表达方

---

① Lih – Juan ChanLina, Yu – Ren Su. Assessing Information Needs and Interaction Needs for Library Facebook［J］. Procedia – Social and Behavioral Sciences，2015，191（2）：319 – 322.

式、呈现功能等方面进行研究，以便提高用户使用产品的意愿。

（3）阅读习惯是影响用户使用意愿的重要因素

在数字出版产品用户使用意愿影响因素研究分析中，发现阅读习惯对用户使用意愿存在正向显著影响作用，是使用意愿影响因素中的重要因素。

人们长期、稳定性的阅读行为称为阅读习惯。人们的阅读习惯，是人们心理行为的重要特征，也是人们日常阅读的重要反映。可见，阅读习惯是人们在长期阅读中逐渐积累而成的，反过来其又对阅读行为、阅读意愿产生积极影响。因此，阅读习惯是提高用户使用意愿的重要因素。

（4）促进因素是影响用户使用意愿的主要因素

在数字出版产品用户使用意愿影响因素研究分析中，发现促进因素对用户使用意愿存在正向显著影响作用，是使用意愿影响因素中的主要因素。

诱因理论认为，很大程度上人类的行为是在外部诱因的期望牵引下产生的，而不是受内在因素驱动产生的[1]。同样，人们使用数字出版产品的行为和意愿也会受到外部诱因的影响，比如给购买数字出版产品的用户一些奖励，设置以促进阅读为目的的等级制度，增加发行渠道以扩大用户接触产品的概率，降低产品价格，等等。这些措施一般情况下均能提升用户使用数字出版产品的意愿。

从经济学角度来看，数字出版产品的价值可以通过价格来体现，价格能够对资源配置和市场需求起到调配作用，且是市场营销的重要因素之一。只有价格比较低时，才能激发用户的使用愿望，也就是说数字出版产品的促销价格比平时销售价格低很多，才会容易引起用户的使用愿望，如果差别不大则效果不太明显。

---

① 李文同. 消费者心理与行为学［M］. 郑州：河南人民出版社，2010：127.

电子书降价的目的一般是刺激需求，激发用户购买欲望，从而增加销量。但是有时候会出现事与愿违的结果。比如，用户认为电子书不如纸质书质量高，价格可能继续下降等，造成用户不会购买或者不急于购买降价电子书。另外，根据 1967 年贝恩提出的自我知觉理论，大多数情况下，人们并不知道自己的真实态度，此时会依据自己的行为或者周围环境来推断自己的态度[①]。如果数字出版产品营销为获得更大的销量，就连续地降价、打折促销，长此以往，用户会减少对产品自身价值的评价，而把使用产品的原因归咎于外部的促进因素。这样势必会起到相反的作用，因此，数字出版产品不能长期实施低价促销策略，而是要建立以促进用户阅读、便于用户知识汲取为营销目的的促销策略。

（5）努力期望是影响用户使用意愿的主要因素

在数字出版产品用户使用意愿影响因素研究分析中，发现努力期望对用户使用意愿存在正向显著影响作用，是使用意愿影响因素中的主要因素。

依据齐夫（Zepf）的"最小努力原则"，人们总想通过付出最小的努力来解决自己的问题。人们在使用数字出版产品过程中，也存在想用最小的努力来获得最大价值感知的心理和行为趋势，这样努力期望就成为提高用户使用数字出版产品意愿的主要影响因素之一。

（6）社会影响是影响用户使用意愿的主要因素

在数字出版产品用户使用意愿影响因素研究分析中，发现社会影响对用户使用意愿存在正向显著影响作用，是使用意愿影响因素中的主要因素。

---

① Bem, Daryl J. Self perception：An alternative interpretation of cognitive dissonance phenomena [J]. Psychological Review, 1967, 74 (3)：183 – 200.

人类活动一般不能脱离社会而孤立发生，总是受到其所处的正式群体和非正式群体的信念、规范、行为等的影响。人们使用数字出版产品的意愿和行为同样也会受到社会群体和个体的影响。个体的影响程度主要由三个方面因素来决定：一是他人对用户使用数字出版产品所持态度的激烈程度；二是他人与用户关系的密切程度；三是他人对用户欲使用产品领域的权威性。社会群体方面，群体成员有关使用数字出版产品的行为、观念、意见一般会成为有参考价值的信息，影响到群内个体成员的使用意愿和行为；群内成员有关使用数字出版产品的信念和价值观，也会使个体成员的使用行为和使用意愿与之保持相似。

（7）人口结构因素对使用意愿产生的显著差异

在市场经济环境下，人口结构因素成为数字出版产业市场细分、营销策略制定、市场机会探寻等重要的参考依据。本研究发现，用户的不同年龄和不同职业能够对用户的主观愿望产生显著差异，而不同性别、不同收入、不同教育程度则没有产生显著差异。

7.2　局限与展望

本研究通过对不同类型用户的深入访谈，再运用扎根理论的方法对其数据进行编码，结合已有相关文献研究成果，基于使用满足理论、媒介丰富度理论、UTAUT2 模型，构建数字出版产品用户使用意愿影响因素理论模型，然后按照实证研究的范式和标准设计量表和问卷，通过预调查、正式调查、数据分析，利用结构方程分析方法验证模型，得出比较可信的研究成果。但是由于可供直接参考文献极其有限，以及个人科研能力、人力、物力、精力等因素的限制，本研究的数据收集、研究模型等方面难免存在一些局限和待完善之处。

一是在访谈对象的选取上，尽管涉及十多个城市，既有一线、二线大城市，也有三线、四线小城市，发达地区、欠发达地区都有所覆盖，但是农村的访谈对象比较少，职业类型也没有过度细分，可能存在对此类用户数据的收集不够全面，导致一定资料数据的缺失或偏颇。后续研究中，需要扩大访谈对象，强化对农村用户使用意愿影响因素数据的收集和分析，对用户职业进一步细分，以便得到更加均衡完备的用户数据。

二是本研究中人口统计学特征对用户使用意愿影响程度的研究还不够详细，虽然发现不同年龄、不同职业对影响用户使用意愿存在显著差异，但是没有深入探讨具体年龄段、不同职业类型影响因素之间的差异。后续研究中，可以按照年龄段、职业类型等对用户进行分群，探究不同群体之间的不同，为数字出版企业实施个性化营销、开展针对性知识服务、编辑特色化产品提供合理建议。

三是本研究中的数字出版产品，仅指以数字形态存在的出版物，主要包括电子书，以及主要由电子书组成的数据库。如果按照原国家新闻出版总署对数字出版产品的规定，其包含"电子图书、数字报纸、数字期刊、网络原创文学、网络教育出版物、网络地图、数字音乐、网络动漫、网络游戏、数据库出版物、手机出版物（彩信、彩铃、手机报纸、手机期刊、手机小说、手机游戏）等"。① 这样本研究只是对电子书及其数据库的用户使用意愿影响因素进行了探索性研究，而其他形态的产品虽然已有相关研究，但是侧重点均不相同。后续研究还需对其不同形态产品进行比较分析，找出它们之间的异同点，以加强研究深度，同时还可以在此研究的

---

① 新闻出版总署. 关于加快我国数字出版产业发展的若干意见［EB/OL］.［2011 – 11 – 01］. http：//www. gov. cn/gongbao/content/2011/content_1778072. htm.

基础上，对其他不同形态的数字出版产品、其他行业产品的用户使用意愿影响因素进行研究，验证本研究理论模型是否具有普适性和针对性，这样能够对本研究构建的理论架构的发展和成熟起到积极推动作用，还能为不同数字出版产品的生产主体提供不同层面的优化产品和业务发展的参考性建议。

四是如果把 1971 年 7 月由美国迈克尔·哈特数字化的《美国独立宣言》称为第一本电子书[①]，那么它仅有近半个世纪的历史，与已有千年历史的纸质书相比还处于起步阶段，一些影响因素尚未完全表现出来。随着社会的数字化程度日益加深，数字出版产品的进一步普及，除了本研究中提出的价值感知、内容资源、阅读习惯、促进因素、努力期望、社会影响等因素外，还会存在值得研究的其他方面的因素，比如心理情感因素、社会文化因素等。使用意愿作为多个学科、众多学者研究的热点，涉及多种学科知识、研究方法的综合应用，其研究成果能够为相关行业制订发展规划提供积极指导作用。今后，笔者会持续此方面的研究，也期待更多学者专注于此，以便此领域产生更加丰硕的研究成果。

---

① 玛丽·勒伯特. 电子书出版简史［M］. 刘永坚，译. 广州：世界图书出版广东有限公司，2013：3 - 4.

附录1 出版社访谈提纲

出版社数字出版情况访谈提纲

尊敬的女士/先生：

您好！感谢您在百忙之中接受我的访谈，预计需要 30~60 分钟。本次访谈旨在了解贵社在数字出版产品编辑、开发、发行过程中遇到的问题。您的意见和建议仅用于学术研究，我们对此信息将严格保密，请您根据贵社的真实情况认真回答，您的回答对我们的研究非常重要，恳请得到您的帮助！再次表示感谢！

序号	访谈内容
1	基本信息：职位、主要职责
2	请简谈贵社的数字出版发展历程？
3	请谈谈您对数字出版产品的认识？或者与纸质出版产品的区别？
4	请谈谈贵社开发的数字出版产品类型有哪些？
5	请谈谈贵社选题、编辑数字出版产品的流程？
6	请谈谈贵社选题、编辑数字出版产品过程中遇到的问题？
7	请谈谈贵社数字出版平台运营情况及遇到的困难？
8	请谈谈贵社与第三方平台合作的情况？
9	请谈谈贵社如何获取用户数据及遇到的问题？

续表

序号	访谈内容
10	请谈谈贵社如何组织、维护用户数据及解决遇到的问题？
11	请谈谈贵社如何利用用户数据及解决遇到的问题？
12	请您谈谈未来数字出版发展的趋势？

附录2 调查问卷

数字出版产品用户使用意愿影响因素的调查问卷

尊敬的女士/先生：

您好！感谢您在百忙之中抽出几分钟时间完成这份问卷。本次调查旨在了解大家使用数字出版产品的感受和看法。您填写的信息仅用于学术研究，我们对此信息将严格保密，请您根据真实情况和想法认真填写！您的回答对我们的研究非常重要，恳请得到您的帮助！再次表示感谢！

数字出版产品，是指以数字形态存在的出版物，本调查主要将其限制为电子书，以及主要由电子书组成的数据库。

第一部分：基本资料

1. 您的性别 （　　　）

A. 男　　　　　　B. 女

2. 您的年龄 （　　　）

A. 18 周岁以下

B. 18～29 周岁

C. 30～39 周岁

D. 40 ~ 49 周岁

E. 51 ~ 60 周岁

F. 60 周岁以上

3. 您的最高学历（　　）

A. 高中（中专）及以下　B. 大专　C. 本科　D. 硕士及以上

4. 您的职业（　　）

A. 学生　B. 教师　C. 公务员　D. 企事业单位工作人员（不含教师）　E. 自由职业者　F. 其他

5. 您当前所在地（　　）

A. 一线大城市（北京、上海、广州、深圳）

B. 省会城市

C. 普通地级市

D. 县级市及县城

E. 乡镇及农村

6. 您每月可支配的经济收入是（　　）

A. 2000 元及以下　B. 2001 ~ 3000 元　C. 3001 ~ 4000 元

D. 4001 ~ 6000 元　E. 6001 ~ 8000 元　F. 8001 ~ 10000 元

G. 10000 元以上

7. 您是否使用过数字出版产品（　　）

A. 是　　　B. 否

如回答"是"，请继续答题；如回答"否"，请回答第11、第12题答题。

8. 您使用数字出版产品的年限是（　　）

A. 1 年以下　B. 1 ~ 3 年　C. 4 ~ 10 年　D. 10 年以上

9. 您使用数字出版产品的频率是（　　）

A. 极少使用　B. 每周 1 ~ 3 次　C. 每周 4 ~ 6 次　D. 每天都使用

10. 您平均每次使用数字出版产品的时间是（　　　）

A. 10 分钟以下　B. 10 ~ 30 分钟　C. 30 ~ 60 分钟　D. 1 小时以上

请跳转到第二部分开始答题

11. 您不使用数字出版产品的原因是（　　　）［可多选］

A. 眼睛容易疲劳，不习惯数字阅读

B. 获取数字出版产品不方便

C. 没有自己的数字阅读设备（如计算机、智能手机、电子阅读器等）

D. 没有纸质出版物使用方便

E. 阅读过程中不能深入思考

F. 不能静下心去阅读

G. 数字出版产品需要付费

H. 其他＿＿＿＿＿＿＿＿＿＿＿＿

12. 您将来是否打算使用数字出版产品（　　　）

A. 是　　　　　B. 否

注：第 7 题回答"否"，问卷结束

第二部分：使用数字出版产品的感受

选项中的数字 1 ~ 5 代表您的同意程度。1 表示非常不符合；2 表示不符合；3 表示一般；4 表示符合；5 表示非常符合。请根据您使用数字出版产品的感受，选择您认同的最佳选项，在其对应的数字上打"√"。

测量题项	非常不符合（1）——非常符合（5）				
内容资源					
数字出版产品包含的知识信息种类比较全面	1	2	3	4	5
数字出版产品包含的知识内容比较丰富	1	2	3	4	5

测量题项	非常不符合（1）——→非常符合（5）				
内容资源					
我能够根据需求，快速从数字出版产品中获取知识信息	1	2	3	4	5
数字出版产品包含的知识内容创新程度比较高	1	2	3	4	5
数字出版产品包含的知识信息可靠性强，值得信赖	1	2	3	4	5
总的来说，数字出版产品包含的知识信息质量比较高	1	2	3	4	5
数字出版产品运用了多媒体方式表达知识内容，如图文、音频、视频、动画等	1	2	3	4	5
数字出版产品能够用多媒体方式清晰表达知识信息	1	2	3	4	5
数字出版产品比纸质书的知识表达方式更丰富	1	2	3	4	5
在使用数字出版产品过程中，我能够做笔记、添加标签等	1	2	3	4	5
在使用数字出版产品过程中，我能够根据个人爱好调整字体、字号和颜色	1	2	3	4	5
我喜欢数字阅读软件提供的云阅读同步功能	1	2	3	4	5
数字阅读软件提供的功能，能够帮助我更好地理解数字出版产品中的知识内容	1	2	3	4	5
价值感知					
使用数字出版产品能够扩大我的阅读范围	1	2	3	4	5
使用数字出版产品可以提升我的知识水平	1	2	3	4	5
使用数字出版产品可以帮助我更好地工作和学习	1	2	3	4	5
分享自己使用数字出版产品的感受或评论，我感觉对他人是有帮助的	1	2	3	4	5
转发他人使用数字出版产品的感受或评论，我感觉自己在知识信息传播中具有重要作用	1	2	3	4	5
使用数字出版产品，我可以获得更多人的认可、赞同和尊重等	1	2	3	4	5
使用数字出版产品可以让我与朋友们保持联系和交流	1	2	3	4	5
使用数字出版产品可以让我接触兴趣相同的人，扩大人际关系	1	2	3	4	5

测量题项	非常不符合（1）——→非常符合（5）				
价值感知					
使用数字出版产品可以让我与他人交换意见、分享知识信息	1	2	3	4	5
我在使用数字出版产品过程中感觉轻松愉快	1	2	3	4	5
使用数字出版产品给我带来很多乐趣	1	2	3	4	5
我觉得使用数字出版产品是一种不错的休闲方式	1	2	3	4	5
我能够"随时随地"阅读数字出版产品	1	2	3	4	5
使用数字出版产品能够打发我的碎片时间	1	2	3	4	5
数字阅读软件能够根据我的兴趣爱好推荐数字出版产品	1	2	3	4	5
促进因素					
阅读软件设置的虚拟阅读等级制度激励我进一步阅读数字出版产品	1	2	3	4	5
线上促销活动激励我进一步阅读数字出版产品	1	2	3	4	5
我可以从互联网上找到很多免费数字出版产品	1	2	3	4	5
我觉得数字出版产品价格整体上来说是低廉的	1	2	3	4	5
我可以负担得起购买数字出版产品的费用	1	2	3	4	5
社会影响					
我身边的人认为我应该使用数字出版产品	1	2	3	4	5
如果我的大多数朋友使用数字出版产品，我也会使用	1	2	3	4	5
使用数字出版产品与我的价值观念相符	1	2	3	4	5
使用数字出版产品与我的职业环境相符	1	2	3	4	5
使用数字出版产品与我的生活形态相符	1	2	3	4	5
阅读习惯					
目前，我愿意使用数字出版产品	1	2	3	4	5
某些情境下，我必然会使用数字出版产品	1	2	3	4	5
对我而言，使用数字出版产品是很自然的事情	1	2	3	4	5

测量题项	非常不符合（1）——→非常符合（5）				
努力期望					
我觉得熟练掌握使用数字阅读软件的技巧是容易的	1	2	3	4	5
数字阅读软件在系统稳定性方面是可靠的	1	2	3	4	5
我觉得熟练使用数字阅读设备是容易的	1	2	3	4	5
使用意愿					
今后，我计划持续使用数字出版产品	1	2	3	4	5
今后，我预计会更加频繁地使用数字出版产品	1	2	3	4	5
今后，我会建议其他人使用数字出版产品	1	2	3	4	5

非常感谢您完成此次问卷调查，祝您生活愉快！

参 考 文 献

中文部分

［1］阿尔维托·曼古埃尔 . 阅读史［M］. 吴昌杰，译 . 北京：商务印书馆，2002.

［2］波拉特（Porat，M. U.）. 信息经济论［M］. 李必祥，等译 . 长沙：湖南人民出版社，1987.

［3］陈丹 . 数字出版产业创新模式研究［M］. 北京：科学技术文献出版社，2012.

［4］陈洁 . 数字出版商业模式研究［M］. 北京：中国社会科学出版社，2017.

［5］陈生明 . 数字出版理论与实践［M］. 北京：人民教育出版社，2009.

［6］戴维 L. 马瑟斯博（Dvid L. Mothersbaugh），［美］德尔 I. 霍金斯（Del I. Hawking）. 消费者行为学［M］. 陈荣，许销冰，译 . 13 版 . 北京：机械工业出版社，2018.

［7］段鹏 . 传播效果研究：起源、发展与应用［M］. 北京：中国传媒大学出版社，2008.

［8］方卿，等 . 出版价值引导研究［M］. 北京：商务印书馆，2018.

［9］方卿，曾元祥，敖然 . 数字出版产业管理［M］. 北京：电子工业出版社，2013.

［10］风笑天．社会调查中的问卷设计 ［M］．天津：天津人民出版社，2002．

［11］符国群．消费者行为学 ［M］．北京：高等教育出版社，2015．

［12］郭庆光．传播学教程 ［M］．北京：中国人民大学出版社，1999．

［13］贺子岳．数字出版形态研究 ［M］．武汉：武汉大学出版社，2016．

［14］侯治平．消费者网络信息产品购买行为及演化规律：有限理性视角的实证与实验研究 ［M］．北京：经济科学出版社，2014．

［15］胡典世，练小川．图书营销学 ［M］．武汉：武汉大学出版社，1990．

［16］黄孝章，张志林．数字出版产业发展模式研究 ［M］．北京：知识产权出版社，2012．

［17］江林．消费者心理与行为 ［M］．北京：中国人民大学出版社，2007．

［18］凯西·卡麦兹（Charmaz，K.）．建构扎根理论：质性研究实践指南 ［M］．边国英，译．重庆：重庆大学出版社，2009．

［19］柯惠新等．传播统计学 ［M］．北京：北京广播学院出版社，2003．

［20］李苓．数字出版学概论 ［M］．成都：四川大学出版社，2017．

［21］李凌凌．传播学概论：第2版 ［M］．郑州：郑州大学出版社，2014．

［22］李文同．消费者心理与行为学 ［M］．郑州：河南人民出版社，2010．

［23］刘绍怀．论价值研究［M］．昆明：云南大学出版社，2017．

［24］罗紫初．出版学导论［M］．武汉：武汉大学出版社，2014．

［25］玛丽·勒伯特．电子书出版简史［M］．刘永坚，译．世界图书出版广东有限公司，2013．

［26］迈克尔·巴斯卡尔．内容之王：出版业的颠覆与重生［M］．北京：机械工业出版社，2017．

［27］茆意宏．移动互联网用户阅读行为研究［M］．北京：中国社会科学出版社，2016．

［28］邱君玉，门兆捷．现代连续出版物管理与利用［M］．呼和浩特：内蒙古人民出版社，2008．

［29］荣泰生．AMOS 与研究方法［M］．重庆：重庆大学出版社，2010．

［30］沈大庆．数学建模［M］．北京：国防工业出版社，2016．

［31］师曾志．现代出版学［M］．北京：北京大学出版社，2006．

［32］孙建军．基于 TAM 与 TTF 模型的网络信息资源利用效率研究［M］．北京：科学出版社，2013．

［33］文鹏．社会化媒体用户使用行为影响因素研究［D］．武汉：武汉大学，2014．

［34］吴明隆．结构方程模型：AMOS 实务进阶［M］．重庆：重庆大学出版社，2013．

［35］吴增基．现代社会调查方法：第 2 版［M］．上海：上海人民出版社，2003．

［36］夏富伟．价值原理与经济管理［M］．沈阳：东北大学出

版社, 2009.

[37] 闫新华. 基于习惯形成的中国居民消费行为研究 [M]. 北京: 冶金工业出版社, 2012.

[38] 杨方铭. 读者使用电子书意愿的影响因素研究 [J]. 出版与印刷, 2021 (4): 70 - 78.

[39] 杨方铭, 刘满成, 洪涵璐, 等. 科技创新与电子商务高质量发展的耦合关系及影响因素分析 [J]. 统计与决策, 2023, 39 (10): 80 - 83.

[40] 杨方铭, 刘满成, 童安慧. 数字出版产业高质量发展评价体系构建与测度 [J]. 中国出版, 2023 (2): 42 - 47.

[41] 杨方铭. 图书粉丝营销的内涵及逻辑流程 [J]. 江苏经贸职业技术学院学报, 2021 (1): 38 - 41.

[42] 杨方铭, 张志强. 电子书用户使用意愿影响模型构建与实证 [J]. 图书情报工作, 2020, 64 (9): 85 - 94.

[43] 杨方铭, 张志强. 知识付费浪潮下数字出版的新业态——从专栏订阅谈起 [J]. 现代出版, 2018 (3): 35 - 37.

[44] 杨方铭, 张志强. 中国数字出版研究脉络——数字出版主题图书统计分析 [J]. 出版发行研究, 2018 (1): 46 - 50.

[45] 杨方铭, 张志强. 中外电子书发展策略比较——以亚马逊与当当为例 [J]. 图书馆学研究, 2017 (9): 29 - 32, 52.

[46] 杨方铭. 知识付费模式下的图书营销 [J]. 杨凌职业技术学院学报, 2022, 21 (1): 26 - 29, 41.

[47] 杨方铭, 邹鑫. "得到" App 运营模式及其对数字出版的启示 [J]. 出版发行研究, 2018 (7): 8 - 11.

[48] 杨方铭, 邹鑫. 全民阅读发展水平的测度体系、演进特征与发展障碍 [J]. 出版发行研究, 2023 (10): 63 - 69.

[49] 杨维忠, 张甜. SPSS 统计分析与行业应用案例详解 [M].

北京：清华大学出版社，2013.

［50］叶再生. 编辑出版学概论［M］. 武汉：湖北人民出版
社，1988.

［51］易图强. 出版学概论［M］. 长沙：湖南师范大学出版
社，2008.

［52］殷登祥. 科学、技术与社会概论［M］. 广州：广东教育
出版社，2007.

［53］尹杰. 图书价值感知——基于价值感知的出版经营管理
研究［M］. 北京：世界图书出版公司，2015.

［54］袁勤俭. 数字出版物的营销模式研究［M］. 北京：清华
大学出版社，2014.

［55］袁园. 微博用户转发意愿的影响因素研究［D］. 南京：
南京大学，2013.

［56］曾祥芹，韩雪屏. 阅读学原理［M］. 开封：河南教育出
版社，1992.

［57］张国锋. 管理信息系统［M］. 北京：机械工业出版社，
2001.

［58］张立. 数字出版学导论［M］. 北京：中国书籍出版社，
2015.

［59］张志强. 现代出版学［M］. 苏州：苏州大学出版社，
2003.

［60］周俊. 问卷数据分析：破解 SPSS 的六类分析思路［M］.
北京：电子工业出版社，2017.

［61］周茵. 营销渠道治理策略选择与应用研究［M］. 西安：
西安交通大学出版社，2016.

［62］朱宇. 电子书读者行为调查及影响因素研究［D］. 南京：
南京大学，2018.

［63］邹鑫，杨方铭. 电子书产品因素与读者需求的关系［J］.
图书馆论坛，2020，40（7）：78－86.

英文部分

［1］Aarts H. , Verplanken B, Knippenberg A. Predicting behavior from action in the past：repeated decision making or a matter of habit？［J］. Journal of Applied Social Psychology，1998，28（15）：1355－1374.

［2］Alan R. Dennis，Susan T. Kinney. Testing media richness theory in the new media：the effects of cues，feedback，and task equivocality［J］. Information Systems Research，1998，9（3）：256－274.

［3］Alharbi S，Drew S. Mobile learning-system usage：Scale development and empirical tests［J］. International Journal of Advanced Research in Artificial Intelligence，2014，3（11）：31－47.

［4］Chang Pui Yee，Ng Min Qi，Sim Hau Yong，Yap Jing Wee，Yin Suet Yee. Factors influencing behavioral intention to adopt mobile e-books among undergraduates：UTAUT2 framework［D］. Gaznipur Gity：Uuiversiti Tunku Aboul Rahman，2015.

［5］Fan－Chen Tseng，T. C. E. Cheng，Kai Li，Ching－I Teng. How does media richness contribute to customer loyalty to mobile instant messaging？［J］. Internet Research，2017，27（3）：520－537.

［6］Gerhart，N，Peak，D. A，Prybutok，V. R. Searching for New Answers：The Application of Task－Technology Fit to E－Textbook Usage［J］. Decision Science Journal of Innovative Education，2015，13（1）：91－111.

［7］John R，Jennifer B. MySpace and Facebook：Applying the uses and gratifications theory to exploring friend networking sites［J］. CyberPsychology & Behavior，2008，11（2）：169－174.

［8］ Jung – Yu Lai, Chih – Yen Chang. User attitudes toward dedicated e-book readers for reading: The effects of convenience, compatibility and media richness ［J］. Online Information Review, 2011, 35 (4): 558 – 580.

［9］ Katz E, Blumler J G. The uses of mass communications: current perspectives on gratification research ［M］. Sage Publicatins, 1974.

［10］ Lei – da Chen, Mark L. Gillenson, Daniel L. Sherrell. Consumer Acceptance of Virtual Stores: A Theoretical Model and Critical Success Factors for Virtual Stores ［J］. ACM SIGMIS Database, 2004, 35 (2): 8 – 31.

［11］ Liu S H, Liao H L, Pratt J A. Impact of media richness and flow on e-learning technology acceptance ［J］. Copputers & Education, 2009, 52 (3): 599 – 607.

［12］ Pedersen, P. E. Adoption of mobile internet services: an exploratory study of mobile commerce early adopters ［J］. Journal of organizational computing and electronic commerce, 2005, 15 (3): 203 – 211.

［13］ Shin, D – H. Understanding e-book users: Uses and gratification expectancy model ［J］. New Media & Society, 2011, 13 (2): 260 – 278.

［14］ Thomas, T. D, Singh, L, Gaffar, K. The utility of the UTAUT model in explaining mobile learning adoption in higher education in Guyana ［J］. International Journal of Education and Development using Information and Communication Technology, 2013, 9 (3): 71 – 85.

［15］ Tri – Agif I, Noorhidawati A, Ghalebandi S G. Continuance intention of using e-book among higher education students ［J］. Malaysian Journal of Library & Information Science, 2016, 21 (1): 19 – 33.

[16] Viswanath Venkatesh, James Y. L. Thong, Xin Xu. Consumer Acceptance and Use of Information Technology: Extending the Unified Theory of Acceptance and Use of Technology [J]. MIS Quarterly, 2012, 36 (1): 157 – 178.

[17] Viswanath Venkatesh, M. G. Morris, G. B. Davis, F. D. Davis. User acceptance of information technology: toward a unified view [J]. MIS Quarterly, 2003, 27 (3): 425 – 478.

[18] Yang, K. Determinants of US consumer mobile shopping services adoption: implications for designing mobile shopping services [J]. Journal of Consumer Marketing, 2010, 27 (3): 262 – 270.

[19] Yang Y, Humphreys P, McIvor R. Business service quality in an e-commerce environment [J]. Supp Chain Manag, 2006, 11 (3): 195 – 201.

后　记

在本书撰写完成之际，回首自己的求学之路，以及所学专业从"坐拥宝藏无人比，笑看天下读书人"的图书馆学向"昌明教育平生愿，故向书林努力来"的出版学转变，使我心中充满无限感慨。在此期间，我领悟了一分耕耘并非一定有一分收获，但是不耕耘一定没有收获的道理，以及生命在于运动，人生在于学习的真正含义。

本书写作过程中，得到了我的博士生导师、南京大学信息管理学院张志强教授的悉心指导和无私教诲。他在日常生活中给予帮助和关心，使我深深地感受到张老师既是我的学术训导师，又是我的人生领路人。在此，谨向张老师再次表示衷心谢意！另外，特别感谢我的硕士生导师张怀涛教授，感谢苏州大学的高俊宽副教授、邹桂香副教授，河南大学的郭晶副教授，上海出版印刷高等专科学校的陈志文教授，上海理工大学的王军教授等对问卷设计、发放提出的建议和给予的帮助。感谢被访谈的教师、学生、公务员、企事业人员、自由职业者、出版社的数字出版负责人以及问卷填写者对本研究的配合和支持。感谢爱妻邹鑫对我的大力支持和鼓励，对家庭的默默付出，以及对儿子杨子渔、杨佳一的培养和教育！感谢我的父母对家务的承担和对孩子的照管！感谢两个儿子给我带来的欢乐和幸福！感谢责任编辑李雪老师、袁潋老师对本书的认真编辑与校对！正是有了他们的支持，最终使我完成了本书的写作出版。

　　由于本人学识有限，书中难免会存在疏漏之处，请各位读者批评指正！

杨方铭

2024 年 1 月